U0951223

中国特色学徒制试点
学徒岗位教材

网络营销推广学徒岗位手册

王　琪　牛泽鹏　主编

中国农业大学出版社
·北京·

内 容 简 介

本教材面向电子商务专业学徒制营销推广岗位，以从事网络营销策划必须掌握的知识和技能为逻辑线索，基于任务驱动理念，以操作示例为手段、以任务为实操单元，结合学徒合作企业运营的四大营销推广平台，针对性地按照工作流程与岗位任务分解学徒任务。针对岗位和具体工作过程分析，以网络营销推广业务流程为主线，以职业岗位能力和素质培养为核心，涵盖网络营销推广基本理论知识、业务操作流程、岗位技能应用等方面内容，设计真实的企业情境，通过任务驱动、师徒协作，使学徒掌握网络营销推广技能，能够开展网络营销推广工作。

本教材适合高等职业院校电子商务、农产品营销、食品营销等相关专业课程教学使用，也可作为网络营销从业人员的自学资料和参考书。

图书在版编目(CIP)数据

网络营销推广学徒岗位手册 / 王琪，牛泽鹏主编 . --北京：中国农业大学出版社，2023.10

ISBN 978-7-5655-3073-9

Ⅰ.①网… Ⅱ.①王… ②牛… Ⅲ.①网络营销 Ⅳ.①F713.365.2

中国国家版本馆 CIP 数据核字(2023)第 178625 号

书 名 网络营销推广学徒岗位手册

Wangluo Yingxiao Tuiguang Xuetu Gangwei Shouce

作 者 王 琪 牛泽鹏 主编

策划编辑 郭建鑫 **责任编辑** 郭建鑫

封面设计 李尘工作室

出版发行 中国农业大学出版社

社 址 北京市海淀区圆明园西路 2 号 **邮政编码** 100193

电 话 发行部 010-62733489，1190 读者服务部 010-62732336

编辑部 010-62732617，2618 出 版 部 010-62733440

网 址 http://www.caupress.cn **E-mail** cbsszs@cau.edu.cn

经 销 新华书店

印 刷 运河(唐山)印务有限公司

版 次 2023 年 10 月第 1 版 2023 年 10 月第 1 次印刷

规 格 185 mm×260 mm 16 开本 14.75 印张 370 千字

定 价 45.00 元

图书如有质量问题本社发行部负责调换

编 写 人 员

主　编　王　琪（新疆农业职业技术学院）

　　　　　牛泽鹏（新疆艺牛网络科技有限公司）

副主编　石　林（新疆农业职业技术学院）

　　　　　赵　丹（新疆农业职业技术学院）

　　　　　张晓丹（新疆农业职业技术学院）

参　编　崔炜炜（北京博导前程信息技术股份有限公司）

　　　　　杜艳艳（新疆哎呦喂食品有限公司）

前　言

党的二十大报告指出“加快建设制造强国、质量强国、航天强国、交通强国、网络强国、数字中国”。数字经济的发展和科学技术的进步，使企业所处的营销环境发生了前所未有的变化，消费者购买习惯发生了颠覆性转变。数字经济促进了企业营销模式的多样化发展，网络营销成为企业必不可少的销售服务模式之一。企业若要在变幻莫测的市场环境中获得并保持强有力的竞争优势，就必须紧抓机遇，遵循长期发展原则，制定并执行适合企业自身的网络营销推广策略。

网络营销是实践性较强的新型交叉学科。网络营销以高效、便捷、直接、交互、信息无限等优点深受消费者的青睐。网络营销推广是电子商务专业学生就业的重要岗位之一，对从业人员的学习能力、实践能力与创新能力均有较高要求。本教材旨在通过实践实训操作，让学生掌握网络营销推广的基本理论知识和核心技术，理解网络营销推广中具体的实施环节和细节。通过网络营销推广学徒阶段的培养，学生可以熟悉岗位工作环境、工作流程、工作内容与相应的职业文化。

《网络营销推广学徒岗位手册》是新疆农业职业技术学院中国特色学徒制试点建设成果，由新疆农业职业技术学院电子商务专业群专业教师和企业专家共同编写。本教材针对网络营销推广企业发展的实际情况，开展以岗位能力与业务流程为导向的课程体系改革，在对相关岗位任职要求进行分析、归纳的基础上，将业务流程分解为知识、能力、素质的具体要求，同时参照专业教学标准进行教材模块设计，以此为基础进行教材资源开发，力求对准技能定内容，根据企业运营的实际业务流程及岗位要求设计教学任务，根据教学任务设计教学情境，共设计了九个教学项目，体现理论学习与技能实践的一致性。

本教材由王琪、牛泽鹏担任主编，并负责全书的统稿工作；石林、赵丹、张晓丹担任副主编；崔炜炜、杜艳艳参编。由于编写时间仓促，加之作者水平有限，书中难免有不妥之处，敬请广大读者批评指正。

编者

2023 年 6 月

目录

第一部分

The first part

步入企业

入职培训专题一

网络营销发展现状与趋势

党的二十大报告提出"加快发展数字经济,促进数字经济和实体经济深度融合,打造具有国际竞争力的数字产业集群"。

在数字经济大背景下,网民数量增速逐渐放缓,网络支付、网络购物依然呈现蓬勃发展的态势。第三方市场预测数据显示,2030 年中国数字经济比重将超过经济总规模的 50%,数字经济时代将正式到来。数字经济背景下,市场环境的变化给企业带来了新的威胁,也为企业创造了新的市场机遇。企业若要在变幻莫测的市场环境中获得并保持强有力的竞争优势,就必须紧抓机遇,遵循长期发展原则,制定并执行适合企业自身的网络营销策略。

电子信息技术以及移动智能设备的迅速发展和普及使得营销渠道发生了巨大变化,市场营销已进入新时代,网络营销越来越被人们所重视。网络营销是随着互联网进入商业应用而产生的一种新型市场营销方式。网络营销是企业整体营销战略的重要组成部分,是为实现企业整体经营目标所进行的以互联网为基础手段营造网上经营环境的各种商业活动。简单概括,网络营销就是以互联网为主要平台进行的为达到一定目的的全面营销活动。

一、我国网络营销的发展历程

1997 年之前是我国网络营销的摸索阶段。目前无从考证我国企业最早利用互联网开展营销活动的历史,只能从部分文章中看到一些细枝末节。例如,作为网络营销经典案例的"山东农民网上卖大蒜",据现在可查到的资料记载,原山东省陵县西李村支部书记李敬峰在 1996 年 5 月注册了自己的域名,把西李村的大蒜、菠菜、胡萝卜等产品的信息一股脑儿地搬上互联网,发布到了世界各地。对这次"网络营销"所取得的成效记载为:"1998 年 7 月,青岛某外贸公司通过网址主动与李敬峰取得联系,两次出口大蒜 870 吨,销售额 270 万元,初战告捷。"在摸索阶段,网络营销的基本特征为:概念和方法不明确、能否产生效果主要取决于偶然因素、多数企业对于上网几乎一无所知。因此,网络营销的价值主要在于其对新技术、新应用的新闻效应,以及对于了解和体验营销手段变革的超前意识。

(一)萌芽阶段

1997 年至 2000 年是我国网络营销的萌芽阶段。根据中国互联网信息中心(CNNIC)发布的第一次《中国互联网发展状况统计报告》(1997 年 11 月),1997 年 10 月底,我国上网人数为 62 万人,万维网站点数约 1 500 个。无论上网人数还是网站数量均微不足道,但发生于 1997 年前后的部分事件标志着中国网络营销进入萌芽阶段,如网络广告和 E-mail 营销在中国诞生、电子商务的促进、网络服务如域名注册和搜索引擎的涌现等。到 2000 年底,多种形式的网络营销被应用,网络营销呈现快速发展的势头并且逐步走向实用。互联网以远远超过人们预期的速度,迅速发展成为真正的全球化网络,越来越多的企业开始注重网络营销。这一时期,互联网与企业传统营销密切结合,使人们对网络营销的认识从感性转变为理性,这为网络营销进入实际应用奠定了基础。

(二)应用和发展阶段

2001 年至 2008 年,我国的网络营销进入实质性的应用和发展阶段。2001 年开始,网络营销已不再是空洞的概念,网络营销服务市场初步形成,网上销售环境日趋成熟;企业网站建设迅速发展,为企业网络营销奠定了基础;网络广告不断创新;营销工具与手段不断涌现和发展。第三方网络营销服务市场蓬勃兴起,包括网站建设、网站推广、网络营销顾问等付费网络营销服务都获得了快速发展。这不仅体现在网络营销服务市场规模的扩大,同时体现在企业网络营销专业水平的提高、企业对网络营销认识程度和需求层次提升,以及更多的网络营销资源和网络营销方法不断出现等方面。例如,门户网站(新浪、网易、搜狐)、搜索引擎服务商、电子商务服务商等群雄并起,快速进入网络营销领域。同时,各地的网络营销渠道也在快速发展和巩固,配合厂商的全国布局,形成了成熟的全国网络营销服务网络。搜索引擎在线推广成为这一时期网络营销推广的基本手段,并一度被视为网络营销的核心内容。

(三)大爆发阶段

2009 年至今是网络营销大爆发的阶段。网络营销社会化的表现是这个时期的一个显著特征,网络营销从专业知识领域向社会化普及知识发展演变,这是互联网应用环境发展演变的必然结果,这种趋势反映了网络营销主体必须与网络环境相适应的网络营销社会化实质。需要说明的是,网络营销社会化并不简单等同于基于社会性网络服务(SNS)的社会化网络营销,社会化网络营销只是网络营销社会化所反映的一个现象而已。网络营销大爆发阶段,互联网的商机遍地皆是,网络营销逐渐遍布各个行业和阶层。同时,网络营销的投入在各企业营销中不断被加大,网络营销所涉及的行业和领域更加广泛,营销的产品和服务在创意、质量、效果以及精准度等方面不断被提高。尤其是随着移动网络技术的发展、智能手机和 4G、5G 网络的普及,出现了移动网络营销,营销的方式日趋多样。微博、微信、二维码、手机 App、网络微视频等新媒体、自媒体的广泛应用,以及后来的微商、O2O 电商体系对网络营销信息、网络营销方式和网络营销思路带来的强烈冲击,使网络营销更具平台性、开放性、互动性和精准性,为用户提供了更好的消费体验和服务。

二、网络营销的特点与职能

(一)网络营销的特点

网络营销随着互联网的变化而发展,相比传统市场营销手段,网络营销主要具有以下特点。

1. 交易的跨时空性

互联网具有跨越时间和空间约束的信息传播功能,网络营销以互联网为载体,凭借互联网的功能，使跨时间、跨空间的交易皆成为可能，企业不仅有了更灵活的时间和更大的空间进行营销活动，还能随时随地提供全球性营销服务，创造更多营销价值。

2. 交互的便捷性

互联网的信息沟通功能不仅方便企业展示商品目录、提供商品信息，还方便用户对产品信息进行搜索、认识、对比和咨询。企业和用户的双向沟通更加快速，反馈更加及时，客户在更信赖和认可企业的同时，企业还能通过互联网准确了解市场和用户情报，合理进行产品测试和开发，为用户提供更有效的服务。

3. 消费方式的个性化

网络营销打破了传统营销的限制，以消费者为核心和主导的营销方式更加人性化，客户可以根据自己的需求选择服务，在信息提供和交互沟通的基础上，更有利于双方建立长期友好的营销关系。

4. 形式的多元化

互联网的传播方式非常多元化，包括文字、声音、图像、视频等，每一种都可以为网络营销人员提供更多的方向。

5. 资源的整合性

网络营销是对各种营销工具和手段的系统化整合，企业可以借助互联网统一规划和协调所有营销活动，并整合各种营销工具，全方位、立体化地进行营销传播。

6. 传播的高效性

在数据时代，企业不仅可以储存信息并及时提供信息供用户查询，同时信息获取的数量和精确度都得到了极大的提升，企业可以快速对市场需求的变化做出反应，以适应不断变化的市场。

7. 信息交换的经济性

利用互联网进行信息交换，可以节约多个方面的营销成本，如店面租金和人工费用等。

（二）网络营销的职能

网络营销自萌芽开始即在国内得到快速的发展，而在实际应用中，网络营销主要表现出以下基本职能。

1. 市场调查与分析

市场调查是现代商业运作中至关重要的一环，对企业制定战略、推出新产品、了解消费者需求等方面具有深远影响。网络营销的第一个基本职能就是进行市场调查与分析，了解市场动态，帮助企业更好地定位自己的产品和服务。

2. 品牌策划和推广

品牌是企业的形象和资产，作为一种经济资源，具有稀缺、高效、增值的特点，是企业的重要竞争力。网络营销的第二个基本职能是进行品牌策划和推广，根据企业的特点和产品需求，设计和推广品牌形象。

3. 网络广告的策划和执行

网络广告在网络营销中起着非常重要的作用，是吸引潜在客户和消费者的重要手段。网络营销的第三个基本职能是进行网络广告的策划和执行，制定广告策略，设计广告内容和形式，使用适当的广告媒介传递信息。

4. 电子商务的规划和实施

电子商务是基于信息技术和互联网的现代流通方式，通过网络、移动设备等电子化手段进行商业交易。网络营销的第四个基本职能是进行电子商务的规划和实施。从商品展示、下单、支付等方面进行电子商务的设计和实现，更加精准地定位目标客户，提供更好的产品和服务，拓展市场空间、提升经济效益。

5. 社交媒体的运营

社交媒体是网络营销中非常重要的一部分，可以通过社交媒体来吸引潜在客户，提高品牌号召力。网络营销的第五个基本职能是进行社交媒体的运营，包括社交媒体的账号建立、内容发布、互动等方面。

6. 搜索引擎优化

搜索引擎优化（SEO）是一种提高网站排名、增加流量、提高转化率、影响品牌形象的技术。网络营销的第六个基本职能是进行搜索引擎优化。通过制定合理的 SEO 策略，包括相关词的选择、网站优化、内容优化等来提高网站的排名和权重。

7. 内容营销

在当前市场竞争日益激烈的背景下，内容营销为企业带来了更多的机会和优势。内容营销是指通过优质、有价值的内容吸引、留住潜在客户，提高品牌形象，影响消费者的购买决策。网络营销的第七个基本职能是进行内容营销，包括内容制定、常规内容更新、新媒体推广等方面的工作。

8. 数据分析

在当今信息爆炸的时代，数据分析已经成为企业和组织中不可或缺的一部分。数据分析是通过数据对网络营销结果进行分析，以便调整网络营销的策略和方法，提高网络营销效果。网络营销的第八个基本职能是进行数据分析，通过对收集到的数据进行分析，了解市场趋势和消费者需求，优化网络营销策略，从而发掘新的机会，提高业务决策的准确性，帮助企业提升效率，改善业务流程，获得更好的绩效。

三、网络营销的发展前景与趋势

互联网是一个辐射面广、交互性强的媒体，它的飞速发展不仅让网络营销逐步崛起，其方便、实惠的营销形式还逐渐改变了人们的生活。越来越多的行业和领域开辟了新的网络营销模式，网络营销的思维模式开始逐渐发生变化。

最开始的网络营销思维主要表现为技术思维，即以技术为导向，注重网站建设和推广技术本身。后来逐渐发展至流量思维，这个时期网站流量是网络营销的重要指标，也是网站运营的核心目标。新时期的网络营销开始体现粉丝思维和生态思维，以人为本，关注用户价值，重点建立用户与用户之间、用户与企业之间的价值关系网络，创造客户价值成为网络营销的出发点和落脚点。

（一）大数据营销

科技的发展为大数据营销提供了极大的助力，大数据营销成为企业发展中必不可少的战略之一。运用大数据技术，结合各种媒体资源，对线上和线下资源进行整合，可以全面利用企业资源，实现精准营销。

（二）内容营销取代过程营销

轰炸式营销、拦截式营销以及以自我为中心的营销模式不再像以往那样奏效，步入社交媒体时代后，这类营销模式可能会起反作用。内容营销逐渐取代这些传统模式，企业越来越愿意投入在移动内容上，包括制作在移动设备上易于阅读的短小内容，理解目标用户的移动设备使用习惯，并将重心放在可以借助移动设备轻松消费的可视化内容上。供应商编故事，消费者看故事，目的是让消费者被故事打动产生共鸣，进而产生消费冲动。在消费者掌握信息自主选择权的今天，被动地向消费者传递信息已经不再是营销重点，生产和利用有价值的内容吸引目标消费人群的主动关注是现在的营销趋势。做好品牌内容，充分利用社交媒体，从用户关注的海量内容中脱颖而出，才是营销的关键。

（三）移动终端的广泛应用

相比于 PC 端，移动端与消费场景的距离更近。智能手机是目前手机市场的主流，各类 App 覆盖了生活的各个领域，开发商不再仅限于为企业设立响应式网站或开发移动应用，转向注重面向移动终端优化的内容和社交媒体营销。2017 年“双十一”购物狂欢节总销售额中，移动端支付占比超过 90%。越来越多的企业意识到移动端社交媒体战略的重要性，开始分析移动端用户的消费模式，此后移动端也将继续作为网络营销的主流端口成为企业和品牌之间的主要“战场”。

（四）社会化媒体营销

在经历了论坛、博客、社交网站等形式之后，社会化媒体营销也开始呈现多元化趋势。随着社会化媒体的不断发展，信息发布和获取成本大大降低，社会化媒体营销也发展出更丰富的可能性，信任度高、口碑效应、多级传播、门槛低等特点，使其成为各个企业最为关注的领域。

未来网络营销的核心依然是以人为中心、以用户价值为中心，网络营销不再单纯地以流量为目标，而是必须打造一个以用户为核心的价值关系网络，整合各种多媒体媒介和工具，实现多元化、立体化的营销。

四、新媒体发展背景下的网络营销策略

新媒体发展时代，企业发展模式、消费者消费行为模式等都产生了很大的变化，在新的发展阶段，网络营销也要结合时代发展特点，重视对新媒体发展背景的研究，积极研究网络营销的策略。

（一）把握新媒体发展规律

新媒体是在大众传播基础上，借助数字技术和信息技术发展的新的传播媒体，包括数字电视、博客、手机媒体等都是新媒体的重要内容，当前新媒体是互联网发展的重要形态。新媒体发展对消费者信息获取产生了很大的影响，消费者可通过网络主动获得信息，同时也能随时随地发布信息，加速了信息传播的速度，也扩大了信息传播的范围。信息全球化传播的背景下，营销传播面临着新的机遇和挑战。因此，只有把握新媒体的特性，才能做好营销。在发展中，要充分解读新媒体，发挥其积极作用，更好地服务于营销传播。新媒体传播与传统媒体发展时代不同，具有自己的特点和规律，掌握这些规律，并了解新媒体发展给企业和用户带来的影响，才能采取针对性的措施。

（二）创新营销传播手段和模式

伴随新媒体的发展，出现了一些新的营销方法和广告形式，如常见的口碑营销、事件营销

及病毒式营销等，这些新的传播手段给企业带来了新的发展思路。在具体实践中需要思考如何利用这些营销方式，并把握好不同方式的规律和具体的应用方法，利用这些特征，建立与用户的合作与交流，更精准地了解用户的需求。同时，要重视营销模式的创新。营销模式包括搜索营销、微信营销和短视频营销等。搜索营销模式下，要重视其细致化发展，企业要重视将网站建设和产品的推广进行协调统一，提升营销效果。当前微信用户的数量不断增加，微信几乎成为人们日常交流互动、工作等必须使用的软件，企业可根据自身的实际需求，并充分借助大数据分析技术等，实行精准营销，给潜在客户推广信息。短视频和直播营销也是重要的模式，具有多元化和灵活性的特点。我国网民的数量不断增加，企业应根据自身所在的领域，打造某一领域内的垂直内容，在视频内容、直播场景等方面进行精心打造，吸引用户的关注，对用户进行观念的宣传。在实际应用中加以整合利用，结合自身实际将不同模式进行结合，降低企业的营销成本。

（三）正确处理传统媒体与新媒体的关系

新媒体与传统媒体相比具有较大的优势，但这并不代表可以放弃传统媒体。如果将传统媒体与新媒体加以结合，能实现资源共享，从而拓宽传播渠道，最终提升传播价值。广告学和营销学的分析表明，媒体组合策略是重要的发展方向，要充分了解新媒体和传统媒体的特点和优势，实现二者优势互补，促进营销传播。

（四）重视危机公关策略

要认识到负面消息对企业带来的损失和影响，且新媒体的信息传播速度快，覆盖范围广，这种影响力会持续较长一段时间。因此，在营销传播中要充分发挥新媒体的优势，建立科学的公关模式，并重视完善危机预警机制，正确处理与媒体的关系，并积极主动研究应对突发危机的策略，减少负面消息给企业营销带来的不利影响。

入职培训专题二
认识电子商务企业

一、电子商务企业组织架构

组织架构，概括地讲是指企业、组织或团队的整体结构形式。具体则是指企业、组织或团队在管理要求、管控定位、管理模式及业务需求等多因素的影响下，根据内部资源、业务流程等形成的职能部门。

传统企业中常见的组织架构形式有中央集权制、分权制、直线式以及矩阵式四种，但在电商业务中就简化了许多，以直线式和矩阵式为主。

1. 直线式组织架构

如图 1-2-1 所示，直线式组织架构是最简单、最基础的组织形式。它的优点在于结构简单，便于统一指挥，部门之间分工明确。缺点在于若组织规模较大，一人承担所有管理职能会难以执行，并且不同部门之间协调性较差。

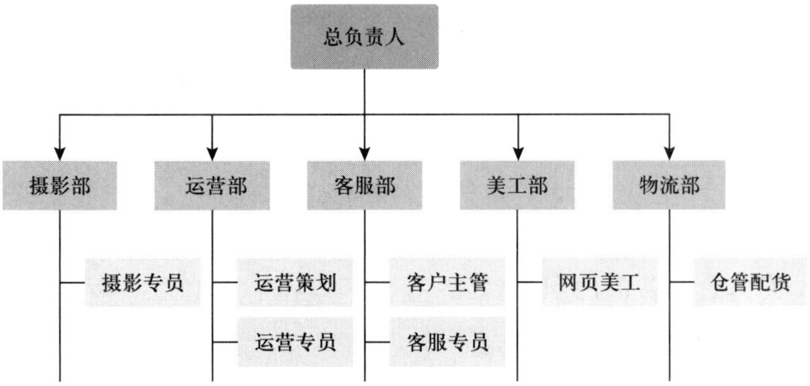

图 1-2-1　直线式组织架构

2. 矩阵式组织架构

矩阵式组织架构如图 1-2-2 所示，其优点在于灵活性和适应性较强，并且部门之间的协调性较好，可相互支持。缺点则是双重领导，若出现意见不一致可能使工作难以开展；资源分配与项目优先的问题易引发冲突，管理成本增加；难以监测和控制。

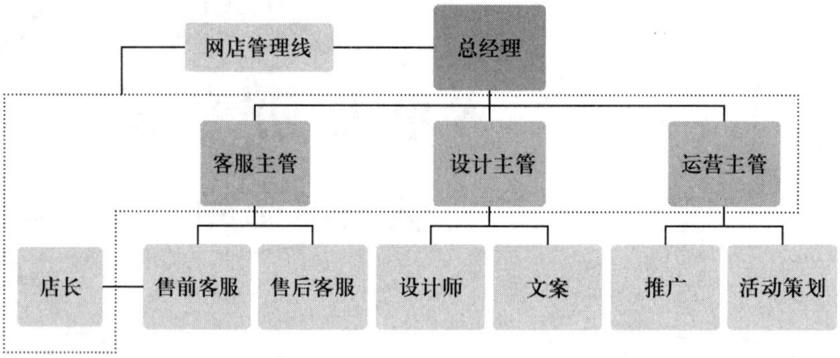

图 1-2-2　矩阵式组织架构

事实上，企业要从宏观上认识并理解电子商务线上业务的模式、规模、影响力，以及未来明确向上的趋势和巨大的潜力，并从电商渠道、品牌、产品、服务、人才等方面综合考虑公司未来电商的发展趋势和基础组织架构，这样才可能把电商业务真正做成熟、做长久。如图 1-2-3 所示，就是趋于成熟的电商企业组织架构。

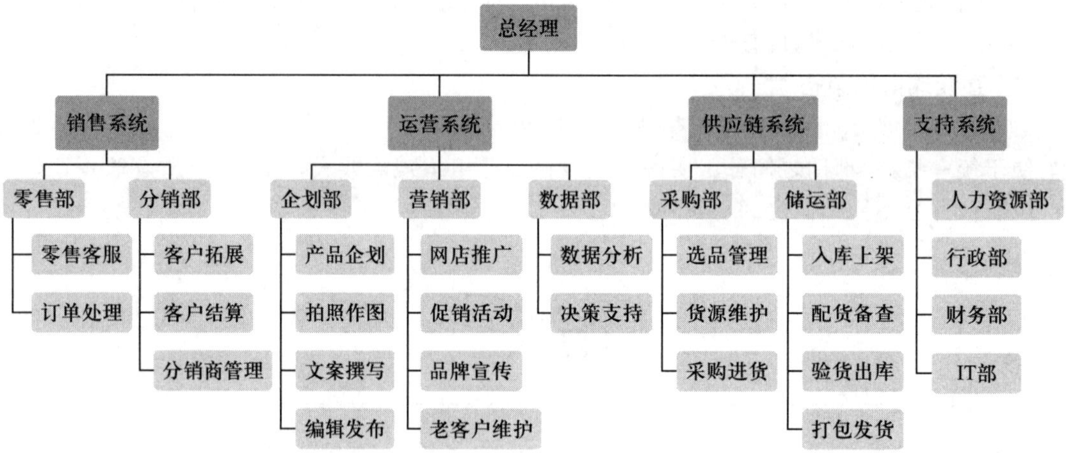

图 1-2-3　趋于成熟的电商企业组织架构

二、电子商务企业各部门职责

1. 市场部

负责市场营销、推广工作，包括以各种方式或途径提高网站的声誉、提升网站访问的流量，并确保高的订单转化率。

2. 运营部

负责团队内部资源的由上到下的整合，计划、组织、跟进团队的运营事务，掌控全局，综合统筹，把控团队方向。

3. 推广部

通过微博、微信等工具对产品信息进行宣传推广，提高网站访问量；通过其他的网络方式进行产品推广。

4. 营销部

负责项目推广定位和主题策划设计工作，通过自身主题式营销结合电商活动，优化买家的购物体验，同时增强营销效果，提高店铺转化率。

5. 零售部

直接面对消费者，以最好的服务态度，利用销售技巧，寻找和满足买家的需求点，并提供良好的售后服务和良好的客户体验。

6. 物流管理部

负责管理库存，安排配货、打包发货等物流相关事项。

7. 技术部

负责企业网站程序功能升级，开发新的特色功能；定期设计活动促销网页与相关促销图片；根据搜索引擎状况与企业网络推广需要，进行搜索引擎优化；每天进行产品信息的采集与产品或新闻信息的发布等。

8. 人力资源部

主要负责人力规划、招聘、薪资、培训、绩效等各方面的工作。

9. 行政部

主要负责办公设备、用品的采购和管理，活动组织，车辆管理等各种繁杂事务。

10. 客服部

负责后台的订单审批、到账确认、订单完结、积分处理、退货处理、退款处理，以及前台的客户投诉和咨询的处理。

11. 产品部

负责商品的规划、销售预测、招商、基础数据处理等工作，产品部更多关注商品、商品供应商以及销售前端的工作。

三、电子商务运营业务流程

电子商务运营是以成交为导向的。运营在整个电子商务中占据着不可或缺的重要地位，如果想要做好电子商务的运营，那么就需要了解电子商务运营的整体业务流程，如图 1-2-4 所示。

通过流程图（图 1-2-4）可以看出，电子商务运营业务主要包括营销流程、订单流程、交易流程、售后服务流程四个方面的具体内容。

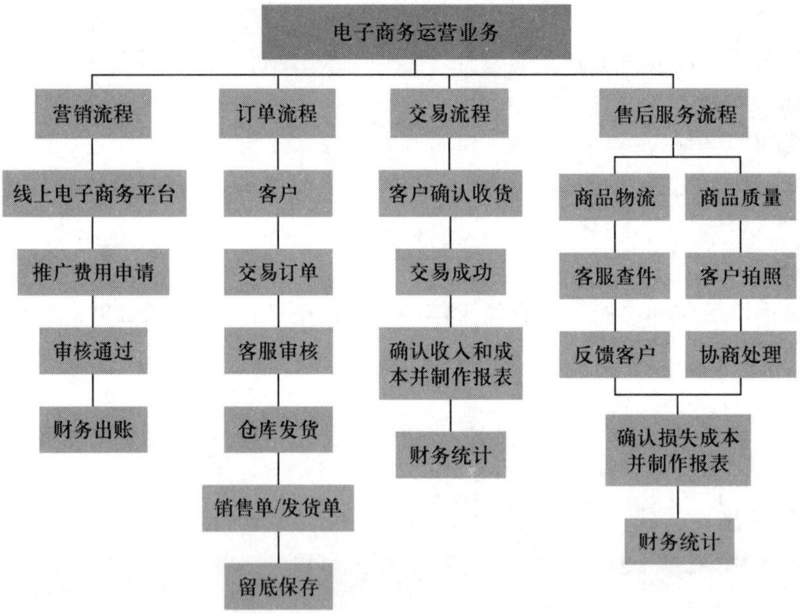

图 1-2-4　电子商务运营业务流程

第二部分

认识岗位

The second part

The second part
The second part
The second part

入职培训专题三

认识网络营销推广岗位

一、网络营销推广业务特点

1. 时域性

营销的最终目的是占有市场份额，由于互联网能够超越时间约束和空间限制进行信息交换，使得脱离时空限制进行交易变成可能，企业有了更多的时间和更大的空间进行营销，可随时随地提供全球性营销服务。

2. 富媒体

互联网被设计成可以传输多种形式的信息，如文字、声音、图像等，使得为达成交易进行的信息交换能以多种形式存在，可以充分发挥营销人员的创造性和能动性。

3. 交互式

互联网通过展示商品图像、商品信息资料库提供有关的查询服务，来实现供需互动与双向沟通。还可以进行产品测试与消费者满意度调查等活动。互联网为产品联合设计、商品信息发布以及各项技术服务提供了最佳工具。

4. 个性化

互联网上的促销是一对一的、理性的、消费者主导的、非强迫性的、循序渐进式的，而且是一种低成本与人性化的促销，避免推销员强势推销的干扰，并通过信息提供与交互式沟通，与消费者建立长期良好的关系。

5. 成长性

互联网使用者数量快速增长并遍及全球，这部分群体购买力强而且具有很强的市场影响力，因此互联网是一条极具开发潜力的市场渠道。

6. 整合性

互联网上的营销可由发布商品信息至收款、售后服务一气呵成，因此也是一种全程的营销渠道。此外，企业可以借助互联网将不同的传播营销活动进行统一设计规划和协调实施，以统一的传播资讯向消费者传达信息，避免不同传播活动不一致产生的消极影响。

7. 超前性

互联网是一种功能最强大的营销工具，它同时兼具渠道、促销、电子交易、互动顾客服务以及市场信息分析与提供多种功能。它所具备的一对一营销能力，符合定制营销与直复营销的未来趋势。

8. 高效性

计算机可储存大量的信息，供消费者查询，可传送的信息数量与精确度远超过其他媒体，并能回应市场需求，及时更新产品或调整价格，因此能及时有效了解并满足顾客的需求。

9. 经济性

通过互联网进行信息交换，代替以前的实物交换，一方面可以减少印刷与邮递成本，可以无店面销售，免交租金，节约水电与人工成本；另一方面可以减少由于迂回多次交换带来的损耗。

10. 技术性

网络营销是建立在高技术作为支撑的互联网的基础上的，企业实施网络营销必须有一定的技术投入和技术支持，改变传统的组织形态，提升信息管理部门的功能，引进懂营销与计算机技术的复合型人才，未来才能具备市场竞争优势。

二、网络营销推广岗位职能

网络营销推广的职能就是经营网络品牌，使公众注意这个网络品牌；开展网络营销的意义就在于充分发挥各种职能，让网上经营的整体效益最大化。具体来说，网络营销推广的职能主要包括网络品牌、网站推广、信息发布、销售促进、网上销售、客户服务、客户关系、网上调研。网络营销推广的职能不仅表明了网络营销推广的作用和网络营销推广工作的主要内容，同时也说明了网络营销推广所能达到的效果，对网络营销推广职能的认识有助于全面理解网络营销推广的价值和网络营销推广的内容体系。

1. 网络品牌

企业利用网络营销在网上建立并推广自己的品牌，同时让线下的品牌在线上得到延伸和拓展，这是网络营销的重要任务之一。网络品牌建设以企业网站建设为基础，包括专业性的企业网站、域名、搜索引擎排名、网络广告、电子邮件、会员社区等，同时通过一系列的推广措施，实现顾客和公众对企业的认知和认可。网络品牌价值是网络营销效果的最直接表现，在一定程度上说，网络品牌的价值甚至高于通过网络获得的直接收益。

2. 网站推广

这是网络营销最基本的职能之一，是网络营销的核心工作。相对于其他功能来说，网站推广显得更为迫切和重要，获得必要的访问量是网络营销取得成效的基础。所以，网站推广是网络营销的核心工作。尤其对于中小企业，由于经营资源的限制，发布新闻、投放广告、开展大规模促销活动等宣传机会比较少，因此通过互联网手段进行网站推广的意义显得更为重大，这也是中小企业对于网络营销更为热衷的主要原因。即使对于大型企业，网站推广也是非常必要的，事实上许多大型企业虽然有较高的知名度，但网站访问量并不高。因此，网站推广是网络营销最基本的职能之一，其基本目的就是让更多的用户对企业网站产生兴趣并通过访问企业网站内容，使用网站的服务来达到提升品牌形象、促进销售、增进客户关系、降低客户服务成本等目的。

3. 信息发布

网络营销的基本思想是通过各种互联网媒介，将企业营销信息以高效的手段向目标用户、合作伙伴、公众等群体传递，因此，信息发布就成为网络营销的基本职能之一。互联网为企业信息的发布创造了良好的内部资源，包括企业网站、注册电子邮箱等，以及外部资源，包括搜索引擎、网络广告服务资源、供求信息发布平台等。掌握尽可能多的网络营销资源，并充分了解各种网络营销资源的特点，向潜在用户传递尽可能多的有价值的信息，是网络营销取得良好效果的基础。

4. 销售促进

营销的基本目的是为增加销售提供支持，网络营销也不例外，大部分网络营销方法都有直接或间接促进销售的效果，但这些促销方法和手段并不仅限于对网上销售的支持，对于促进线下销售也十分有价值。这也就是为什么一些没有开展网上销售业务的企业一样有必要开展网络营销。

5. 网上销售

网上销售是企业销售渠道在网上的延伸，一个具备网上交易功能的企业网站本身就是一个网上交易场所。网上销售渠道建设也不限于网站本身，还包括建立在综合电子商务平台上的网上商店，以及与其他电子商务网站不同形式的合作等。因此，网上销售并不仅仅是大型企业才能开展，不同规模的企业都有可能拥有适合自己需要的在线销售渠道。

6. 客户服务

客户服务质量对于网络营销效果具有重要影响，因此在线客户服务成为网络营销的基本组成内容。互联网提供了常见问题解答(FAQ)、电子邮件、邮件列表、网络论坛(BBS)、聊天室等各类简单、方便、即时的信息服务手段。这些方式成本低、效率高，较好地提高了客户服务水平，也直接影响了网络营销效果。

7. 客户关系

良好的客户关系是网络营销取得成效的必要条件，通过网站交互、客户参与等方式，在开展客户服务的同时增进了客户关系。客户关系对于开发客户的长期价值具有至关重要的作用，以客户关系为核心的营销方式成为企业创造和保持竞争优势的重要策略。

客户关系是与客户服务相伴产生的一种结果，良好的客户服务才能带来稳固的客户关系。网络营销为建立客户关系、提高客户满意度和忠诚度提供了更为有效的手段，通过网络营销的交互性和良好的客户服务手段，增进客户关系成为网络营销取得长期效果的必要条件。

8. 网上调研

相对于传统调研采集难、费用高、调研时间过长等问题，网上调研具有高效便捷、质量可控性强等特点，因此，网上调研成为网络营销的主要职能之一。网上调研不仅为制定网络营销策略提供支持，也是整个市场研究活动的辅助手段之一。合理利用网上市场调研手段对于市场营销策略具有重要价值。网上市场调研与网络营销的其他职能具有同等地位，既可以依靠其他职能的支持而开展，同时也可以相对独立进行，网上调研的结果反过来又可以为其他职能更好地发挥提供支持。

网络营销推广的各个职能并非相互独立，而是相互联系、相互促进的，网络营销推广的最终效果是各项职能共同作用的结果。网络营销推广的职能是通过各种网络营销推广方法来实现的，同一个职能可能需要多种网络营销推广方法的共同作用，而同一种网络营销推广方法也可能适用于多个网络营销推广职能。网络营销推广的八项职能也说明，开展网络营销推广需要用全面的观点，充分协调和发挥各种职能的作用，让网络营销推广的整体效益最大化。

三、网络营销推广岗位职责

网络营销推广岗位职责示例见表 2-3-1。

表 2-3-1　网络营销推广专员岗位说明书

岗位名称	网络营销推广专员	岗位代码	SC-WL-003	所属部门	市场部
直属上级	网络营销推广主管		直属下级	无	
岗位职责概述	在网络营销推广主管的领导下，负责网站的推广工作，包括网站排名、网站优化、关键词的推广及网络销售工作。				
工作职责	1. 负责市场数据收集与分析，对销售情况进行监测，提出网络营销推广运营改善建议，完成网络市场调研分析报告撰写。				
	2. 负责网络营销推广活动标题、文案等撰写。				
	3. 负责根据公司营销战略与网络营销推广运营需要，进行微信推广策划与实施。				
	4. 负责根据公司营销战略与网络营销推广运营需要，进行微博推广策划与实施。				
	5. 负责根据公司营销战略与网络营销推广运营需要，进行短视频推广策划与实施。				
	6. 负责根据公司营销战略与网络营销推广运营需要，进行直播推广策划与实施。				
	7. 对各渠道、平台营销推广效果进行监控与评测并提出优化建议。				
	8. 关注、分析公司可能存在的舆情危机风险点，及时提供舆情管控建议。				
	9. 根据公司网络营销推广需要，撰写相关方案并参与实施。				
	10. 完成领导交办的其他任务。				
监督及岗位关系	1. 所受监督：本岗位直接受网络营销推广主管的指导和监督。				
	2. 内部联系：本岗位与公司销售部、售后服务部有工作上的协调和配合关系。				
	3. 外部联系：本岗位与网络公司等有业务上的联系。				
	4. 本岗位晋升阶梯图：网络营销推广专员→网络营销推广主管→网络营销推广经理				

四、网络营销推广岗位个人职业生涯发展

网络营销推广岗位职业生涯发展一般路径见表 2-3-2。

表 2-3-2　网络营销推广岗位职业生涯发展一般路径

发展阶段	职业层次	就业岗位	发展年限
一级	专家级	行业专家、企业高管	13 年以上
二级	总监级	营销总监	8～13 年
二级	总监级	业务总监	8～13 年
二级	总监级	区域经理	8～13 年
三级	经理级	产品销售经理/客服经理/项目经理	5～8 年
三级	经理级	区域经理/网络营销经理	5～8 年

续表2-3-2

发展阶段	职业层次	就业岗位	发展年限
四级	主管级	网络营销主管、企业培训师、业务主管	2～4年
五级	专员级	网络营销主管助理、营销员、客服、数据分析员	0～2年
六级	学徒级	营销员、客服	0～1年

入职培训专题四

网络营销推广学徒岗位培养目标

网络营销推广学徒岗位旨在培养理想信念坚定，德、智、体、美、劳全面发展，具有一定的科学文化水平，良好的人文素养、职业道德和创新意识，精益求精的工匠精神，较强的就业能力和可持续发展的能力，掌握本专业知识和技术技能，面向互联网和相关服务业、批发业、零售业等行业的销售人员、商务专业人员等职业群，能够从事网络营销策划、新媒体编辑、网络渠道推广、客户服务、互联网产品销售等工作的高素质技术技能人才。

一、职业素质

1. 坚定拥护中国共产党领导和中国特色社会主义制度，在习近平新时代中国特色社会主义思想指引下，践行社会主义核心价值观，具有深厚的爱国情感和民族自豪感。

2. 崇尚法治、遵纪守法、崇德向善、诚实守信、尊重生命、热爱劳动，遵守道德准则和行为规范，具有社会责任感和社会参与意识。

3. 具有质量意识、环保意识、安全意识、信息素养、工匠精神、创新思维。

4. 勇于奋斗、乐观向上，具有自我管理能力、职业生涯规划的意识，有较强的集体意识和团队合作精神。

5. 具有健康的体魄、心理和健全的人格，养成良好的健身与卫生习惯，以及良好的行为习惯。

6. 具有一定的审美和人文素养。

二、职业知识

1. 掌握必备的思想政治理论、科学文化基础知识和中华优秀传统文化知识。

2. 熟悉与本专业相关的法律法规以及环境保护、安全消防等知识。

3. 掌握计算机应用、网络技术的基本理论，电子商务的基本理论以及新技术、新业态、新模式、创新创业相关知识。

4. 掌握文字写作、语言与文字交流、信息技术应用以及商业文化素养等知识。

5. 掌握品牌策划及日常运营、活动策划方案制订与实施的相关知识。

6. 掌握文案创意方法与文案撰写、新媒体设计与制作、网络广告制作与投放的相关知识。

7. 掌握搜索引擎站内站外优化、竞价账户搭建及维护的相关知识。

8. 掌握客户服务、客户关系维护的相关知识。

9. 掌握新媒体推广、社群运营的相关知识。

10. 掌握互联网产品分类、互联网产品销售的相关知识。

三、职业能力

1. 具有探究学习、终身学习、分析问题和解决问题的能力。

2. 具有良好的语言、文字表达能力和沟通能力。

3. 具备一定的哲学、美学、伦理、计算、数据、交互、互联网思维能力。

4. 具备计算机、互联网等信息技术应用以及信息收集、处理及数据分析的能力。

5. 能够针对企业经营目标,开展品牌定位调研、制订品牌推广计划并实施。

6. 具备文案创意与撰写的能力,能够挖掘客户需求,制订文案创意方案并撰写发布。

7. 具备新媒体推广策划、渠道选择、运营实施的能力,能够根据公司战略,确定推广方法和内容并实施。

8. 具备网络广告策划及投放的能力,能够根据企业网络广告投放目标策划并制作网络广告,合理规划投放时间、资金预算,并进行投放。

9. 具备搜索引擎营销的能力,能够对企业的搜索引擎竞价账户进行搭建和维护,能够对企业的网站(店)进行站内优化、站外优化。

10. 具备线上、线下活动策划与执行能力,能够策划活动方案、整合资源,进行活动实施与监控。

11. 具备开发客户、服务客户、维护客户关系的能力,能够帮助企业开发新客户,提升客户满意度。

12. 具备社群营销策划及运营的能力,能够自建社群并开展社群运营活动。

入职培训专题五

制订网络营销推广岗位学徒培养计划

网络营销推广岗位学徒由校企联合培养，一体化育人。教学组织形式主要有集中授课、企业培训、任务训练、岗位培养等。公共课程及专业技术技能课程的理论知识在学校或企业教学点由学校导师负责，专业技术技能课程的技术操作在企业教学点及岗位由企业导师负责。人才培养方案体现校企双主体、交互训教、岗位培养、学徒双身份、工学交替、在岗成才等特征。

网络营销推广岗位学徒就业范围、职业能力及培养计划见表 2-5-1 至表 2-5-3。

表 2-5-1　网络营销推广岗位就业范围

对应职业(岗位群)	学徒就业方向	职业资格证书
网络营销推广岗位(客户服务员、营销员、采购员、业务员等)	客户服务员、营销员、采购员、业务员等	网店运营推广证书

表 2-5-2　网络营销推广岗位职业能力分析

岗位	典型工作任务	工作项目及职业能力	课程设置
网络营销推广	网络营销客户服务、线下推广销售策略研究、销售手段研究、客户维护	1. 规划能力：首先需要对商业具有敏感度，否则无法明确市场定位。商品线构建、市场推广、网站 UI 以及用户的会员规则，都是根据市场定位确定的。 2. 产品规划、管理能力：熟悉主流的 B2C 网店体系和流程，具备产品策划经验，对网站的板块设置、界面、订单、会员、商品等子系统有个人见解和实操经验。 3. 成本意识和监控能力：B2C 网站运作的主体是商品、客户和网站，市场意识一定要敏锐，明确主打产品、促销商品、走量产品和利润产品，要能监控运营成本，实现总体利润率的控制。 4. 市场推广：知道客户是谁，分布在哪些渠道，通过什么样的方式能够到达，什么样的方式成本较低。 5. 数据分析能力：以结果为导向，数据能反映市场最真实的一面，指引企业提升。	营销策划、消费者行为、网络营销、客户服务

续表2-5-2

岗位	典型工作任务	工作项目及职业能力	课程设置
网络营销推广		6. 定位市场的能力。 7. 查看数据的能力。 8. 全局把控的能力。 9. 营销推广的能力。 10. 人群定位的能力。 11. 卖点挖掘的能力。	

表 2-5-3 网络营销推广岗位学徒培养计划

学习工作任务	学习内容	工作内容
网络市场调研	1. 数据的主要来源、Excel 中不同数据类型。 2. 运营数据、转化数据的相关概念、公式与主要工具。 3. 用户画像的主要内容、构建步骤与方法。	1. 分析市场数据。 2. 构建用户画像。 3. 撰写网络市场调研分析报告。
网络营销推广内容设计	1. 新媒体内容的表现形式,能够描述内容定位原则、流程。 2. 常见电商标题与文案类型。	1. 定位新媒体内容。 2. 设计标题与文案。
微信营销推广	1. 微信营销的特点。 2. 个人微信营销的内容、个人微信运营的步骤与方法。 3. 微信公众号申请与认证的流程。 4. H5 营销流程与制作注意事项。 5. 社群规则、社群构建与维护的方法与步骤。	1. 微信个人号营销。 2. 微信公众号营销。 3. 制作 H5 内容。 4. 社群构建与维护。
微博营销推广	1. 微博内容的不同发布形式、特点、优势与用户特点。 2. 微博内容素材库建设的步骤。 3. 微博常用数据维度。	1. 微博内容设计与发布。 2. 微博话题策划。 3. 微博数据分析。
短视频营销推广	1. 短视频的概念、特征与分类等。 2. 常用短视频拍摄设备特征与使用方法、适用情境。 3. 熟悉常用短视频营销平台的特征。	1. 设计短视频内容。 2. 短视频拍摄与剪辑。 3. 短视频发布。
直播营销推广	1. 直播平台的特征与规则。 2. 直播活动流程。	1. 直播活动策划。 2. 直播活动实施。
网络营销推广效果评估	1. 营销推广效果监控与评测的常见评估指标及其含义、算法。 2. 微信、微博等常用网络营销推广平台运营效果分析方法及工具。	1. 营销推广效果监控与测评。 2. 运营评估优化。
网络营销推广舆情管理	1. 网络舆情管理的重点、难点与管理原则。 2. 网络舆情危机的特征与类型。	1. 舆情危机风险点分析。 2. 撰写公司网络舆情风险管控应急预案。
网络营销推广策划方案撰写	1. 网络营销推广策划的原则、步骤。 2. 网络营销推广策划书的内容。	撰写网络营销推广策划方案。

第三部分

学徒工作学习任务

The third part

The third part

The third part

The third part

【专业知识准备】

一、网络营销概述

随着互联网技术发展成熟以及联网成本的降低，互联网好比是一种“万能胶”，将企业、团体、组织以及个人跨时空连接在一起，使得它们之间信息的交换变得“唾手可得”。市场营销中最重要也最本质的是组织和个人之间进行信息传播和交换。如果没有信息交换，那么交易也就是无本之源。正因如此，互联网具有营销所要求的某些特性，使得网络营销呈现时域性、富媒体、交互式、个性化、成长性、整合性、超前性、高效性、经济性等特点。

（一）什么是网络营销

网络营销，也称网上营销或者电子营销，指以现代营销理论为基础，借助网络、通信和数字媒体技术等，为实现企业整体经营目标所进行的以互联网为基础手段营造网上经营环境的各种商业活动。简单来说，网络营销就是以互联网为主要平台进行的，为达到一定营销目的的全面营销活动，是企业整体营销战略的重要组成部分。该过程由市场调查、客户分析、产品开发、销售策略、售后服务、反馈信息等环节组成。

作为在互联网上进行的营销活动，网络营销不是僵化的概念。虽然它的基本营销目的与其他营销形式是一致的，但是随着信息技术的不断发展，网络营销的内涵和手段在不断发展演变。不同的人对网络营销的理解存在细微差异，为了领会网络营销的精髓，我们需要进一步了解网络营销的内涵。

1. 网络营销不等于网上销售

网上销售是网络营销发展到一定阶段后产生的现象，网络营销本身并不等于网上销售。一方面，网络营销的目的不仅是促进网上销售，很多情况下还表现为提高企业的品牌价值、加强与客户之间的沟通、拓展对外信息发布渠道和改善客户服务等；另一方面，网上销售的推广手段也不仅有网络营销，还有许多传统方式，如传统媒体广告宣传、发布新闻和印发宣传册等。

2. 网络营销不等于电子商务

电子商务主要是指交易方式的电子化，是利用互联网进行的各种商务活动的总和。我们可以将电子商务简单地理解为电子交易，电子商务强调的是交易行为和方式。因此，可以说网络营销是电子商务的基础，在具备开展电子商务活动的条件时，企业同样可以开展网络营销。网络营销只是一种手段，无论传统企业还是互联网企业，都需要网络营销，但网络营销本身并不是一个完整的商业交易过程。

3. 网络营销不等于网站推广

网络营销的开展需要科学地制订网络营销目标与计划，因而不能片面地认为网络营销就是网站推广，网站推广只是网络营销的基础性内容。单纯进行网站推广，其营销效果会大打折扣。企业往往会发现，虽然网站访问量提高了，关键词搜索也使用了，却没有带来多少客户和订单。这是因为配套的网络营销措施不到位，所以，企业在开展网络营销时，要制订包括网站推广在内的系统且周密的网络营销计划，以达到预期效果。

4. 网络营销是手段而不是目的

网络营销具有明确的目的和手段，但网络营销本身不是目的。网络营销是为实现网上销售目的而开展的一项基本活动。网络营销是营造网上经营环境的过程,也就是综合利用各种网络营销方法、工具、条件并协调它们之间的关系,从而更加有效地实现企业营销目的的手段。

5. 网络营销不是孤立存在的

许多企业开展网络营销的随意性很强,往往是根据网络营销平台的建议进行的,企业营销部门几乎不参与,网络营销成了营销平台的"表演秀"。事实上,网络营销应纳入企业整体营销战略规划。网络营销活动不能脱离一般营销环境而独立存在,网络营销应被看作传统营销理论在互联网环境中的应用和发展。网络营销与传统营销之间并不冲突。网络营销依赖互联网应用环境并具有自身的特点,因此它有相对独立的理论和方法体系。在营销实践中,传统营销往往是与网络营销并存的。

（二）网络营销的优势

网络营销是企业整体营销战略的一个组成部分,是建立在互联网基础之上,借助互联网来实现一定营销目标的一种营销手段。因此,互联网所具备的独特优势,网络营销也都具备。与传统营销相比,网络营销的优势表现在以下6个方面。

1. 网络营销有利于企业降低成本

对企业来说,网络营销最具诱惑力的优点之一是可以降低企业的交易成本。这可以从以下3方面进行考察。

(1)降低采购成本　企业采购原材料是一个烦琐、复杂的过程。运用网络,企业可以加强与主要供应商之间的协作关系,将原材料的采购与产品的制造过程有机结合,形成一体化的信息传递和信息处理体系,简化采购程序。

(2)降低促销成本　与其他销售渠道相比,网络营销的促销成本降低了不少。首先,产品特征、公司简介等信息存储在网络空间,可供客户随时查询;所有的营销材料都可直接在线上更新,从而节省了打印、包装、存储和交通等费用。其次,可以节省广告宣传费用。与传统广告相比,无论是在宣传范围的广度和内容的深度方面,网络广告都具有明显的优势,且各类网络营销工具和方法的费用较低。

(3)降低售后服务成本　网络营销在提高售后服务效率的同时,大大降低了其运作成本。传统的售后服务主要通过电话、书信等手段与客户沟通,不仅需要大量人力,还常常会造成延误。而在网络营销中,企业与客户之间可通过各类通信软件即时交流,从而快速解决问题。另外,企业可在网页上提供诸如"商品注意事项""问题解答""使用程序"等资料,方便客户随时查询,这极大地降低了售后服务成本,并提高了售后服务质量。

2. 网络营销的互动性更强

网络是一个互动信息传输通道。网络营销突破了传统营销方式的单向性,互动性极强。不管是大型企业,还是中小企业,都可以通过网络平台、线上讨论和E-mail等方式,以极低的成本在营销过程中对客户进行即时的信息收集。也正是基于这种极强的互动性,在企业进行网络营销的同时,客户也可通过互联网对企业、对产品进行关注与讨论,让客户有机会对产品的设计、包装、定价和服务等发表意见。这种双向互动的沟通方式,增强了客户的参与性和积极性。不仅如此,还能增强企业营销策略的针对性,有助于实现企业的营销目标。

3. 网络营销的宣传范围更广

互联网是一个全球范围的网络平台,不局限于某一地区或某一国家。企业可利用互联网将其产品和服务宣传推广至全世界,使企业品牌超越空间的限制进行传播。在传统的市场营销中，企业品牌大多以一个区域为主要宣传点，这样就造成了品牌推广的局限性；而选择网络营销，则可以有效地解决品牌推广地区局限性这一难题。

4. 网络营销的持续时间更长

网络营销可以让企业举行 24 小时不间断的“品牌秀”。通过网络营销，将产品发布到互联网上，可以让企业产品的瞬间展示变为持续性展示。不同于报纸、杂志及电视广播的简短推广方式，通过网络营销，企业品牌可以长时间地在互联网上停留，从而避免了客户因一时不察而忽略了企业品牌。这种从不中断的营销方式，使客户在任何时间都有机会参与到企业的营销中。

5. 网络营销的传播速度更快

网络营销高效的传播速度是毋庸置疑的，这得益于网络中社交群体、朋友圈之间信息的高效传输。网络营销真正达到了“一传十、十传百、百传千”的效果，好的产品和品牌在网络营销中能够快速形成口碑传播。

6. 网络营销能够更加有效地服务客户

任何企业要想取得竞争优势，就必须充分考虑客户的需要，正所谓“得客户心者方能得天下”。网络营销正是实现这一目标的最佳方式。网络营销是一种以客户为导向、强调个性化营销的营销方式。网络营销比传统营销更能体现客户的中心地位，客户将拥有更大的选择自由。他们可根据自己的个性特点和需求，在全球范围内不受限制地寻找满意的商品。例如，一家销售户外活动商品的企业，在网络上提供定制旅行袋的业务，允许客户自行设计或修改旅行袋的样式、颜色、尺寸、装饰品和附件等，还可绣上自己的姓名或其他标志，极大地满足了顾客的个性化需求。

二、网络推广概述

流量是电子商务交易完成的第一步，没有流量，就没有交易。既然流量如此重要，找到流量背后的影响因素，相应地进行有针对性的精准推广引流就具有重要意义。

（一）什么是网络推广

网络推广是以当今互联网为媒介的一种推广方式，是以企业产品或服务为核心内容，建立网站、App、小程序、H5 等，然后将它们通过各种免费或收费渠道展现给网民的一种广告方式。网络推广可以实现小投入大回报，把产品或者服务利用各种网络手段与媒介推广出去，使企业能获得更高的利益。

网络推广和网络营销是两个不同的概念，网络营销偏重于营销层面，更重视网络营销后是否产生实际的经济效益，而网络推广重在推广，更注重的是在推广后，给企业带来的网站流量、世界排名、访问量、注册量等，目的是扩大被推广对象的知名度和影响力。网络营销的核心是市场定位，定位是指一种行为过程，即主体将客体塑造成差异化的形象，并通过传播在受众大脑中占据特殊位置。市场定位是指为使产品在目标消费者心目中相对于竞争产品而言占据清晰、特别和理想的位置而进行的安排。市场的本质是客户，需求的外显形态会与时俱进地发生变化，市场定位就是把商品的差异化形象烙印在受众大脑中的过程，而非“定位高端人群”“定位中高端市场”。若以“交换”为市场营销的核心，则无法解决市场在哪里的问题。从目的角度来看，网络推广的主要目的是利用各种网络推广方法使商品在最大范围内被受众知晓。网络营销更注重的是通过推广能够产生什么样的销售指标和经济效益。可以说，网络营销中必须包含网络推广这一步骤，且网络推广是网络营销的核心工作。

（二）网络推广方法

网络推广其实更应该理解为网络传播，即利用互联网向目标受众传递有效信息。

从过程来说，网络推广要经过三个步骤：首先，要确定目标受众，即向谁说；其次，要策划传播内容信息，即说什么；最后，要确定采取什么方式推广，即怎么说。只有经过这三个步骤的有机组合，才能构成一个成功的传播方案，达到传播的目的。

从方式来说，网络推广可分为：话题事件、病毒式营销、信息发布、互动游戏、创意软文、图片视频多媒体等。

从传播渠道来说，网络推广可分为：搜索引擎营销（SEM）、搜索引擎优化（SEO）、论坛推广、微信推广、微博推广、新闻软文推广、B2B平台推广、QQ（IM）推广、短视频营销推广、直播营销推广、邮件推广、广告投放、广告联盟等。

在信息爆炸时代，吸引眼球成为营销第一要素。网络推广成功的核心：不仅要明确说什么、向谁说，更需要创造性地解决怎么说的问题，这样才能穿透各种信息干扰，将网络推广的信息成功传递到目标受众心中。所以，网络营销推广不仅是信息传递传播，更重要的是要让客户实施行动，从知道、信任、喜欢再到购买，其重点是激起客户行动，也就是提升转化率。

本书将着重介绍如何进行微信营销推广、微博营销推广、短视频营销推广、直播营销推广等新媒体营销推广。

（三）网络推广发展趋势

从电子商务流量红利时期到精细化运营时期，网络推广经历了五个发展阶段。

阶段一，没意识，无网站。没有网络营销的意识，并且企业没有专业的营销方式。

阶段二，有思路，无网站。初步了解网络营销，有属于自己的网络营销的思路。

阶段三，有网站，无流量。网站无流量的情况存在于很多企业，显然推广宣传没有做到正确合理。

阶段四，有流量，无销量。没有针对性地对特定的潜在客户进行推广，网络咨询转化不得力。

阶段五，有销量，无品牌。品牌的打造需要长期积累，短时间内可以通过正确有力的方法让网站有流量并且有销量，但是不可能在短时间内通过互联网打造出一个行业知名品牌。

随着5G技术的逐渐落地，移动互联网与物联网的结合将进一步打破线上线下的边界，未来网络推广将存在以下几个发展趋势。

1. 场景化全渠道营销，增强消费体验

商家将整合传统媒体和新媒体资源，构建场景（线下或线上），引领消费者进入，全渠道挖掘流量。线上流量的减少和价格疯涨使很多电子商务企业转向传统流量，并寻找突破。无论是线下门店（新零售）、传统广告（如报纸、杂志、广播、电视等），还是最古老的人员地面推广，都已成为挖掘流量的手段。

2. 私域流量，创造粉丝社群经济

企业要运营好流量，让流量带来销量和增长。而电子商务淘宝体系80%的交易额属于某猫头部商家，淘宝中小商家瓜分剩下20%的交易额，所有流量和交易集中到头部。对于大多数企业来说，流量从必需品变成了奢侈品。

私域流量是商家可以自由反复利用、无须付费，又能随时触达的，是被沉淀在公众号、微信群、个人微信号、抖音等自媒体渠道的用户。利用私域流量，商家可以多次免费触达用户，节省流量成本，获得稳定客户。利用较低投入获取流量之后，通过内容运营和IP打造使用户“种草”，从而提高用户的复购率并使其分享，提升用户终身价值，对现有流量进行更有效的转化，并对未发掘流量进行更深入、更精准地开发。这就要求企业从流量思维转向用户思维，专注于把内容、服务、用户关系做得更好更精细，通过私域流量池生产原生化的内容，以增强用户黏性，进而创造“粉丝经济”。

3. 效果导向，打造极致品牌

企业在营销活动中要做到品效合一，也就是实现“品牌”和“实际效果”的双增长，在进行品牌曝光的同时，也要带来效果转化。效果营销，不是简单的广告形式，而是在移动互联网时代，一切传播形式都具备导向购买功能。2017年，某国产护肤品牌推出《时间的敌人》一则高达3 000万次单文阅读量的广告，但阅读转化率不到0.008%，引来网上大量的质疑。企业不再满足于品牌的刷屏和简单的“10万＋”阅读量，而是考虑如何叫好又叫座，如何在移动互联网上实现闭环购买，如何让传统广告带来快速增长。

“流量占据通路，品牌占据人心。”品牌不仅是心理占有和信任背书，而且品牌本身就是巨大的流量池，品牌即流量，未来网店之间的竞争也是品牌的竞争。

（四）网络推广思维

不管网络营销推广的方式如何变化，营销的本质是没有改变的，既要符合客户的需求，又要透过现象看本质，洞察营销背后的真正逻辑。因此，只有更新推广思维，适应变化，才能保持自身的优势地位。

1. 流量思维转向用户思维

过去很长一段时间，网络推广的惯性思维就是尽可能多地“收割”流量。但由于流量的消失和获客成本的持续攀升。许多企业开始从流量思维转向用户思维，要从关心数字到关注数字背后的人。流量思维的典型体现是漏斗模型。漏斗模型传递的核心信息有两点：一是让尽量多的流量汇入漏斗入口，二是让每个环节流量的流失率降到最低。从本质上看，流量思维背后的导向是“一锤子买卖”式的单项交易，这种思维的终点是不计后果地获取流量。简单地说，流量思维不关注用户的生命周期价值，其弊端在行业高速发展时期并未显现，但显然流量思维已经不适合当下的行业状态。因此，从流量思维转向用户思维是不可逆的趋势。

企业需要的是关系沉淀和销售转化。流量思维不是广告营销的目的地，而是中转站；由真实用户带来的关系沉淀和销售转化，才应该是网络推广的终点。

2. 用户思维的路径

如何给客户带来更好的体验？如何让客户获得更满意的服务？这两个基于用户思维的问题将是未来企业网络推广的核心。建立用户思维，有两条细分路径：一是提高对客户的精准识别能力，同时保证他们的购买体验；二是企业能应对推广过程中各种挑战，提高客户服务能力。

目前，像信息流推广等基于大数据的广告形式可以帮助店铺实现精准广告投放，让合适的人在合适的时间和合适的地点看到合适的广告，提升客户体验。而企业也可以在推广中搭建私域流量池，提供内容和服务，不断沉淀客户，进而形成“粉丝经济”。

项目一
网络市场调研

【知识目标】

• 熟悉数据的主要来源、Excel 中不同数据类型。

• 掌握运营数据、转化数据的相关概念、公式与主要工具。

• 理解用户画像的主要内容、构建步骤与方法。

【能力目标】

• 能够根据分析需求，灵活选择合适的运营数据、转化数据指标，对营销数据进行分析。

• 能够正确使用生意参谋工具。

• 能够运用 Excel 进行数据转化与可视化展示，并得出有效结论。

• 能够使用数据透视表进行消费者偏好分析，构建用户画像。

• 能够根据网络营销推广需求开展网络市场调研，并撰写网络市场调研报告。

【素质目标】

• 树立"求真务实、实事求是"的市场调研与数据分析工作原则，掌握"具体问题具体分析"的分析思路，具备"用数据说话"的解读问题能力。

• 将"以人为本"思想作为岗位工作的指导思想和行动指南，树立服务意识，以满足客户需求为出发点，为客户提供多样、个性及定制化服务。

任务一　分析市场数据

【专业知识准备】

一、认识数据

（一）数据的来源

根据数据的来源不同，可以将数据分成一手数据和二手数据。一手数据也称为原始数据，是指通过调查或实验等方式直接获得的数据。获取一手数据的方法有观察法、采访法、问卷调查法、抽样调查法、实验法、报告法等。

1. 观察法

观察法是指调查人员亲自到现场对调查对象进行观察，在被调查者不察觉的情况下获得数据资料的一种调查方法。其特点是资料一般准确，但人力耗费大、时间长。例如，在对农作物收获量进行调查时，调查人员到调查地区参加收割和计量；在研究工人劳动消耗量时，调查者测定完成作业所需时间等都是采用直接观察法。

2. 采访法

采访法是通过指派调查人员对被调查者提问，据被调查者的答复取得资料的一种调查方法。其特点是资料准确、全面，但工作量大。例如，第二次全国农业普查部分资料的收集、人口普查、一些专题性个案的调查等。

3. 问卷调查法

问卷调查法是把调查项目列于表格上形成问卷，通过发放问卷收集调查对象情况的一种采集资料的方法。问卷中问题的设计应注意以下原则。

(1)具体性原则　即问题的内容要具体，不要提抽象、笼统的问题。

(2)单一性原则　即问题的内容要单一，不要把两个或两个以上的问题合在一起提。

(3)通俗性原则　即表述问题的语言要通俗，不要使用被调查者感到陌生的语言，特别要避免使用过于专业的术语。

(4)准确性原则　即表述问题的语言要准确，不要使用模棱两可、含混不清或容易产生歧义的语言或概念。

(5)简明性原则　即表述问题的语言应该尽可能简单明确，不要冗长和啰唆。

(6)客观性原则　即表述问题的语言要客观，不要有诱导性或倾向性。

(7)非否定性原则　即要避免使用否定句形式表述问题。

(8)可能性原则　即必须符合被调查者回答问题的能力。凡是超越被调查者理解能力、记忆能力、计算能力、回答能力的问题，都不应该提出。

(9)自愿性原则　即必须考虑被调查者是否会自愿真实回答问题。凡被调查者不可能自愿真实回答的问题，都不应该正面提出。

4. 抽样调查法

抽样调查法是根据随机性原则，从研究对象的总体中抽取一部分个体作为样本进行调查研究，据此推断有关总体数字特征的研究方法。抽样样本应遵循随机性、代表性的原则，若样本由具有明显不同特征的部分组成，应按比例从各部分抽样。

5. 实验法

实验法是在设定的特殊实验场所、特殊状态下，对调查对象进行实验以获得所需的资料。

6. 报告法

报告法是通过报告单位一定的原始记录和台账，根据统计表的格式和要求，按照隶属关系，逐级向有关部门提供统计资料的一种调查方法。其特点是取得资料快、节省人力物力。原始记录是基层单位通过一定的表格形式对生产经营活动所做的最初记录。台账是基层单位根据填报统计表的要求，用一定的表格形式，将分散的原始资料按时间先后顺序进行登记的账册。

7. 自动生成的数据

在大数据时代，数据的产生方式呈现多样化，如从传感器、摄像头自动收集的数据，电子商务在线交易日志数据、应用服务器日志数据等自动保存的数据都是自动生成的数据。

二手数据与一手数据相对应，是指那些从同行或一些媒体上获得的、经过加工整理的数据，比如国家统计局定期发布的各种数据，从报纸、电视上获取的各种数据。

（二）数据的类型

根据不同层次和不同学科，数据的类型可以有多种分类方式。此处以最常用的数据分析软件 Excel 为例，见图 3-1-1，可见在 Excel 中数据的细分类型有很多，但最常用的分别为数值、货币、日期、时间、文本。

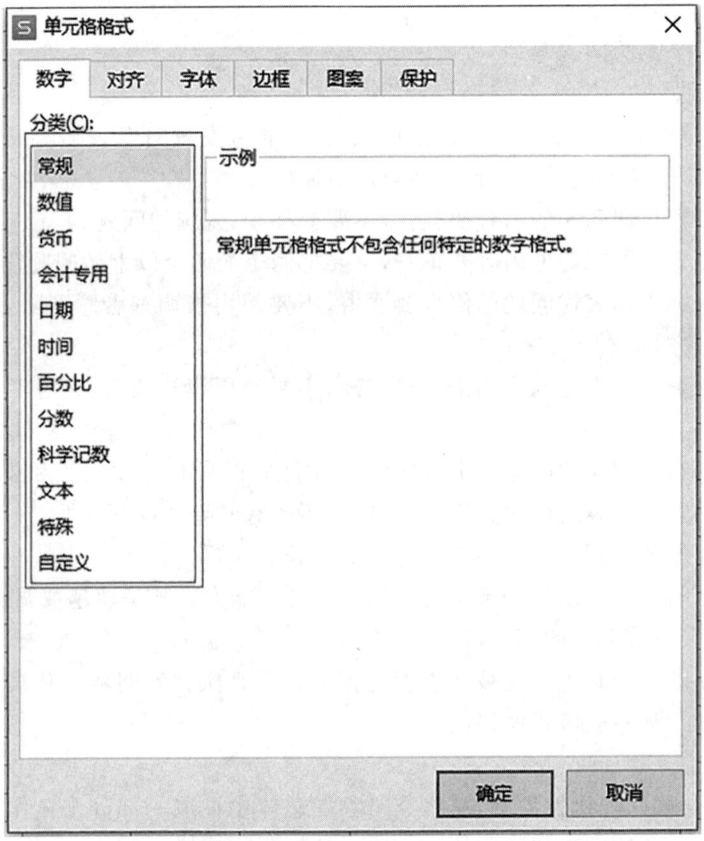

图 3-1-1　Excel 表格数据类型

在数据分析过程中，我们发现，数值、货币、日期与时间都可以进行加、减、乘、除等算术运算，所以统称为数值型；而文本只能进行简单的“计数”，不能进行算术运算，称为文本型。所以，在 Excel 数据分析中，我们把数据分成两种：数值型数据和文本型数据。数值型数据对应统计学中的数量标志的标志表现，文本型数据对应统计学中的品质标志的标志表现。

二、运营数据

网店运营分析多从网店运营过程及最终的成效上进行，重点分析过程中相关服务的及时率和有效率，以及不同类型客户之间对于服务需求的差异化表现。网店运营分析通常采用常规的数据分析方法，即通过同比、环比以及帕累托图来呈现简单的变动规律以及主要类型的客户。网店运营分析还可以通过统计学分析方法，得出哪些特征的客户对哪些服务是有突出的需求的，以及通过回归分析法来判断各项绩效指标中哪些指标是对购买以及满意度有直接影响的。通过这些深入的挖掘，可以帮助指导运营人员更好地完成任务。

（一）运营数据相关公式与概念

1. 销售额计算公式

网店销售额计算公式为：

销售额＝访客数×转化率×客单价

对于网店运营人员来说，提升销售额要做好这三项工作：提高访客数、提高转化率、提高客单价。

2. 利润计算公式

利润计算公式为：

利润＝访客数×转化率×客单价－成本

对于运营人员来说，实现网店利润的增加不仅要增加访客数、提升转化率、提高客单价，还要降低成本。

3. 投资回报率

投资回报率（return on investment，ROI）是指投资后所得的收益与成本间的比率，计算公式为：

投资回报率＝（利润÷投资总额）×100％

对于网店运营来说，需要时刻关注单位广告费用可以产生多少利润，即投入产出比。通过ROI数值，能够直接地判断营销活动是否盈利，如ROI为100％，那么可以判断本次营销活动的收益与花费是持平的。

4. 访客数

访客数（unique visitor，UV）是指网店各页面的访问人数。所选时间段内，同一访客多次访问会进行去重计算。

5. 转化率

转化率（conversion rate，CR）是指所有到达网店并产生购买行为的人数与所有到达网店的人数的比率。转化率的计算公式为：

转化率＝（产生购买行为的客户人数÷所有到达店铺的访客人数）×100％

6. 客单价

客单价（per customer transaction，PCT）是指在一定时期内，网店每一个顾客平均购买商品的金额，即平均交易金额。客单价计算公式为：

客单价＝成交金额÷成交用户数　或　客单价＝成交金额÷成交总笔数

一般采用前一个公式，即按成交用户数计算客单价。单日客单价是指单日成交用户产生的成交金额。客单价均值是指所选择的某个时间段，客单价各日数据的平均值。例如，按月计算客单价均值的公式为：

$$客单价均值=该月各日客单价之和\div该月天数$$

7. 购买频率

购买频率(frequency of purchase)是指消费者或用户在一定时期内购买某种或某类商品的次数。一般说来，消费者的购买行为在一定的时限内是有规律可循的。购买频率是度量购买行为的一项指标，它一般取决于使用频率的高低。购买频率是企业选择目标市场、确定经营方式、制定营销策略的重要依据。

（二）运营数据分析主要工具

1. 生意参谋

生意参谋诞生于2011年，最早应用于阿里巴巴B2B平台，2013年正式进入淘宝系，2014年至2015年，生意参谋整合量子恒道和数据魔方，最终成为阿里巴巴商家端统一的数据分析平台。2016年生意参谋更新至2.0版，增加个性化首页、多店融合、服务分析、物流分析、财务分析等多项功能。

2. 阿里指数

2012年11月26日，阿里指数正式上线。2015年，阿里巴巴在原1688市场阿里指数、淘宝指数的基础上，推出新版阿里指数，新版阿里指数是基于大数据研究的社会化数据展示平台，商家、媒体、市场研究员及其他想了解阿里巴巴大数据的人均可以通过该平台获取相关分析报告及市场信息。

3. 百度指数

百度指数是基于百度搜索并以大量网民行为数据为基础的数据分析平台。2006年7月，百度指数1.0测试版上线，2013年更新至2.0版本。百度指数主要的功能板块有趋势研究、需求图谱、舆情管家、人群画像等。

三、转化数据

（一）转化率公式

转化率是指在一个统计周期内，完成转化行为的次数占推广信息总点击次数的比率。转化率高说明进店的客户中成功交易的人数比例高。要想网店有销量，就要让进店的客户下单购买商品，提高转化率才会有业绩。转化率是衡量店铺运营健康与否的重要指标。转化率的计算公式为：

$$转化率=(转化次数\div点击量)\times100\%$$

例如，有200名访客访问某网店，其中有40名访客点击浏览了某商品的信息，最终2人购买了该商品，那么该商品的转化率$=2\div40\times100\%=5\%$。

（二）转化漏斗模型

商家投入的资源不可能完全转化为订单，从客户进入网店开始，每一步客户访问，都有可能产生客户流失，尤其是客户触达第一个页面(不一定是网店首页)的流失率往往过高，这其中的因素很多，例如，进入者是因为被广告诱导进入，发现与预期严重不合，造成流失。从展现到成交，一般符合转化漏斗模型，该模型有五个关键步骤，见图3-1-2。

1. 展现

展现量主要与以下因素有关：

(1)匹配模式　以淘宝为例,淘宝搜索关键词匹配方式有三种:一是精确匹配,买家搜索词与所设关键词要求完全相同。例如,若商家设置的关键词是“连衣裙”,只有买家搜索“连衣裙”时,商家的推广才有机会展现;若买家搜索的是“牛仔连衣裙”“裙子”等,商家的推广因为关键词不完全相同就不会有展现的机会。二是中心词匹配,买家搜索词包含了卖家所设关键词。例如,若商家设置的关键词是“连衣裙”,当买家搜索“连衣裙、牛仔连衣裙、白色连衣裙、针织连衣裙”等关键词时,因为其完全包含了商家设置的关键词,则商品有展现的机会,流量较多。三是广泛匹配,买家搜索词与卖家所设关键词相关。例如,若商家设置的关键词是连衣裙,当买家搜索“连衣裙、牛仔连衣裙、白色连衣裙、针织连衣裙、裙子”等时,因为其与商家设置的关键词相关(包括精确匹配方式、中心词匹配方式),则商品均有展现的机会,流量更多。

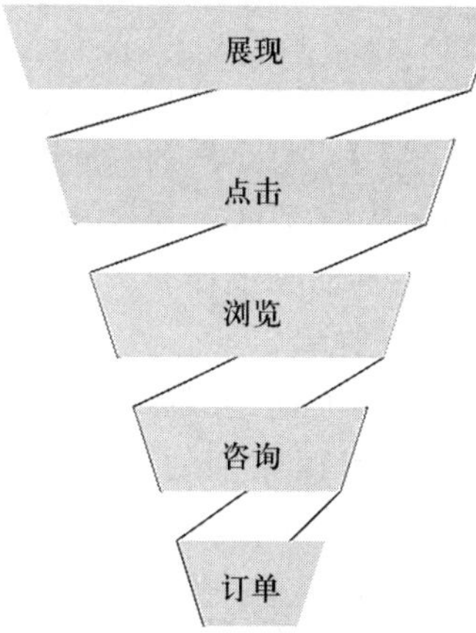

图 3-1-2　转化漏斗模型

(2)关键词排名　客户搜索某个关键词时,如手机、珍珠、空调等,搜索结果的排名顺序对展现量有直接的影响。关键词排名越靠前,客户就越容易看到商家或商品的信息。在行业内关键词排名高,则意味着商家在本行业的影响力超过同行。

(3)关键词的数量　关键词的数量越多,商家或商品的展现量就越多。但需要注意的是,应根据搜索词报告否定一些不相关的关键词和根据关键词报告否定一些低展现、低点击、无转化的关键词,否则将影响关键词的质量分,导致关键词排名下降。自然搜索中商品标题包含的关键词限制在 60 个字符、30 个汉字的范围内。直通车规定一个产品最多能设置 200 个关键词。

(4)推广的时间长短　在做搜索引擎营销(SEM)时,如果推广人员设置账户推广的时间是在白天,夜间账户就会暂停,那么客户在夜间搜索关键词时就看不到该商家的推广信息,该商家的关键词也就得不到展现。

(5)推广地域　在做 SEM 时,商家设置的推广地域越广,覆盖的人群就越多。但不同地区的点击率和成交转化率是不一样的,如果选择的推广地域多,一些地区的点击率和成交转化率低也会影响关键词的质量分,这将不利于关键词的排名。

(6)推广预算　在做 SEM 时,商家的 SEM 推广账户每天都会有一定的预算,当预算额度用完时,账户将会暂停,推广信息将不会再展现。

2. 点击

当商家或商品的关键词得到足够多的展现后,就要考虑怎样才能吸引客户去点击推广信息。在做 SEM 时,需要考虑三个关键因素:一是主图的创意度;二是关键词与主图创意度的相关性;三是账户结构,账户结构很重要,需要合理设置推广计划和推广单元。

3. 浏览

当客户顺利点击商家或商品的推广信息时,才算访问商家的店铺首页或商品页面。这主要跟网站的访问速度和网页能否打开有关,还与商品详情页的设计有关。如果登录页是商品页,则访客看到的是商品的一组主图、价格、运费、销量、累计评价数、尺码表和颜色表。当访客在登录页再次点击收藏、打开详情页、发起旺旺咨询、加入购物车、立即订购时,该访客才算有效入店。

4. 咨询

当客户点击后登录商家或商品的页面，商家能否激发客户的购买欲望而去咨询，主要与以下几个因素有关：一是关键词与登录页面的相关性；二是登录页面内容是否满足客户的需求；三是登录页面的体验。

5. 订单

当客户想购买商家的商品时，就会联系客服，这时是否达成订单，主要看客服的能力和水平了。例如，客服的回应速度、客服的服务态度以及客服的专业性。

【任务导入】

俗语说市场行情“金九银十”，这句话同样适用于9月的玩具电商行情。统观9月的玩具电商销售榜单，上榜品牌种类繁多，而且不乏众多国外品牌。从具体产品上看，近来新登榜产品有“小瑞森林乐园积木”“三通道合金飞机”“儿童益智百变大块积木”“欢跃小赛马”“EQ摇摆大黄鸭”“变形恐龙”“宝贝方向盘”“卡通摇马”“红色木制陀螺”“考古恐龙”“超航海王造型-艾斯人偶”“遥控飞碟”“水晶双面有声挂图”“3.5通道陀螺仪遥控飞机”等。

细观榜单会发现，遥控产品的身影充斥在各大电商平台，9月俨然是遥控类玩具的主场，而遥控类飞机更是脱颖而出，趁势飞翔。

一、三大类遥控飞机流行

在市面上，主流的遥控飞机类玩具目前可分为滑翔机型、直升机型与飞碟机型三大种类。调查得知，直升机作为传统的机型，操作简单，销售领域宽，市场沉淀较久，款式也比较丰富，如今占据电商市场主流。飞碟作为比较新颖的产品，在功能上有很好的表现，室内、室外均可进行操作，可在空中进行360°翻转等特技表演，部分高端机型还配置了高清航拍、远距离遥控、定位返航等功能，受到广大航模爱好者的喜爱，网上销售呈直线上升趋势。滑翔机型则对使用场地要求稍高，需要比较宽阔的地方才能够施展卓越的飞行功能，操作者也需要具备一定的飞行操控技巧，作为传统产品，滑翔机曾经风靡一时，但现在稍为逊色。直升机类玩具作为遥控飞机产品的佼佼者，目前主要从功能型和外观型两大方向发展。

某玩具厂首推的重力感应手柄遥控器直升机，融入了智能化、高仿真的设计理念；某科技有限公司，推出航拍、合金、常规产品、四轴飞行器等系列遥控飞机；某玩具实业有限公司注重功能创新，生产出的遥控飞机能在飞行过程中变形，并增加了红外线对打功能及目标射击功能，有效增加了实操飞行的乐趣。

遥控飞机类玩具在国内玩具界已经有一定发展历史，其电商市场也显得较为成熟。为了取得更多的销售份额，部分企业积极针对遥控飞机在网络营销中的劣势，推出了免费维修活动。例如，与一般兼售飞机零件的线上电商不同，“海宝”更希望能保障消费者的实际利益，而不是靠卖零件“曲线创收”，所以，公司开通了全国400条免费售后电话，由专业工程师为消费者提供免费的咨询及维修服务，并以此树立良好的品牌形象。

二、技术趋于成熟，玩家更易上手

遥控飞机类玩具未来走势多被业内人士看好。每年年底，市场的销售气氛都会比较活跃，这和国人的周期性消费习惯密不可分，市场有消费的刚需，自然会带动线上商品的热销。在具体的产品评价上，市场对三通道直升机的需求依然是主流，但四轴飞行器可能会有比较乐观的销售走势，因为现在飞行器类产品技术越来越成熟，操作技术的要求也不高，普通玩家容易上手，飞行器的抗风、远距离飞行、航拍、空翻等多样化的功能，更能够满足消费者的娱乐需求，从长远来看，遥控飞机的发展趋势会向耐摔、易操控、远距离、抗风性强、航拍、与 IT 设备配套兼容的方向发展，整个产业会向由专业性到大众性、娱乐性的产品发展格局过渡。

三、消费者之声

电商平台消费者对部分遥控飞机类玩具有以下反馈：续航时间过短、容易损坏、飞行时发出大量杂音、漏发部分备用小零件、碰撞后机身掉漆。

思考：

1. 请描述遥控飞机类玩具的电商市场行情。

____

____

____

____

____

2. 请描述热销的遥控飞机类玩具的特征。

____

____

____

____

____

____

子任务一　交易数据分析

在师傅的指导下，对店铺持续三个月的销售额情况进行分析，针对“销售额除了在平台大促活动时有所上升外，其他时间均处于下降状态”这一情况，找到销售情况变化的原因。

【任务目标与质量要求】

在网店经营销售过程中会产生大量的销售数据，这些销售数据对网店的经营策略会有很大影响。通常网店的销售策略是需要根据前期的销售数据和市场变化情况及时调整的，以帮助销售部门实现销售目标。进行销售数据分析，首先要明确此次数据分析的目标，然后围绕该目标收集相关的数据，整理并分析相应的数据，找到数据变动的原因，最后调整相关的内容，改善销售情况。

【学习产出目标】

1. 确定合理的交易数据分析维度。
2. 使用 Excel 制作折线图。
3. 根据相关图表进行分析。
4. 得出有效结论。

【工作程序与方法要求】

由于单日数据存在不确定的起伏，所以建议以周为单位观察销售额情况，统计每周的销售额，见表 3-1-1。绘制成折线图，如图 3-1-3 所示，可发现网店的销售额有了明显下降。

表 3-1-1　销售额统计表

日期	周数	销售额/元	客单价/元	订单量/笔	转化率	访客量/人
2019 年 09 月 02 日—2019 年 09 月 08 日	第 36 周	25 000	82.7	302	3.00%	10 077
2019 年 09 月 09 日—2019 年 09 月 15 日	第 37 周	26 135	112	233	3.33%	7 007
2019 年 09 月 16 日—2019 年 09 月 22 日	第 38 周	18 790	116.3	162	2.84%	5 689
2019 年 09 月 23 日—2019 年 09 月 29 日	第 39 周	16 931	119.7	141	2.95%	4 795
2019 年 09 月 30 日—2019 年 10 月 06 日	第 40 周	15 790	110	144	3.58%	4 010
2019 年 10 月 07 日—2019 年 10 月 13 日	第 41 周	14 780	113.5	130	2.46%	5 294
2019 年 10 月 14 日—2019 年 10 月 20 日	第 42 周	13 190	110.6	119	2.76%	4 321
2019 年 10 月 21 日—2019 年 10 月 27 日	第 43 周	12 178	109.4	111	3.39%	3 284
2019 年 10 月 28 日—2019 年 11 月 03 日	第 44 周	11 980	109.1	110	3.81%	2 882
2019 年 11 月 04 日—2019 年 11 月 10 日	第 45 周	10 414	111	94	2.67%	3 514
2019 年 11 月 11 日—2019 年 11 月 17 日	第 46 周	26 234	120.4	218	2.61%	8 348
2019 年 11 月 18 日—2019 年 11 月 24 日	第 47 周	24 130	116	208	2.37%	8 777
2019 年 11 月 25 日—2019 年 12 月 01 日	第 48 周	20 154	139.1	145	2.87%	5 048
2019 年 12 月 02 日—2019 年 12 月 08 日	第 49 周	21 708	119.8	181	3.43%	5 283

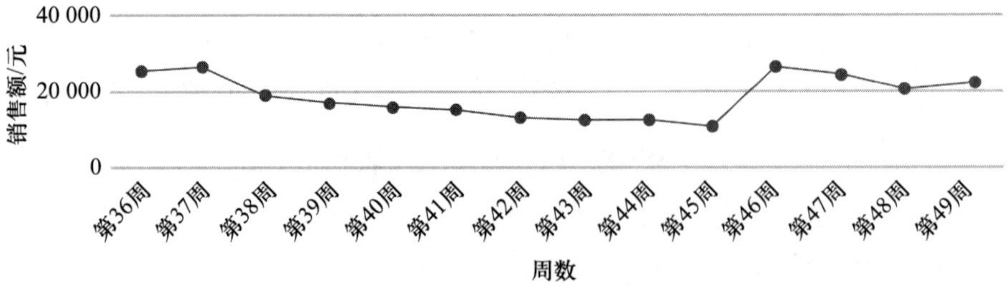

图 3-1-3　销售额变化趋势

除第 46 周受到“双十一”活动的影响，数据存在波动外，从 37 周开始到 44 周，每周的销售额逐渐下降。针对以上情况，需要及时分析销售额下降的具体原因，得出结论，并做出相应的调整。

步骤 1　确定目标数据

网店的销售额＝展现量×点击率×转化率×客单价＝访客数×转化率×客单价

网店商品的展现量与商品的搜索排名关系密切。商品的点击率与商品价格、主图设计等有重大关系。展现量与点击率相乘得到点击量，在实际网店经营中，可用数据去重的访客数替代数据存在重复计算的点击量，将更具参考意义。

转化率高低与商品详情页设计、促销活动等息息相关，它反映了网店商品对每个访客的吸引力。在访客数稳定的情况下，提高转化率就能提高网店的销售额，反之，销售额下降。

客单价与商品定价、促销活动等有重大关系，反映平均每个客户（订单）的购买金额。在订单数量基本稳定的情况下，提高客单价就可以提高网店的销售额，反之，销售额下降。

在发现网店整体销售金额出现明显下降趋势后，就要从展现量、转化率、客单价这几个方面整理和观察数据变化原因，发现网店销售过程中存在的问题，并及时进行调整。

步骤 2　客单价数据分析

从公式的最后端往前推，先将对应销售时间区间的客单价数据整理出来，绘制成折线图，如图 3-1-4 所示。

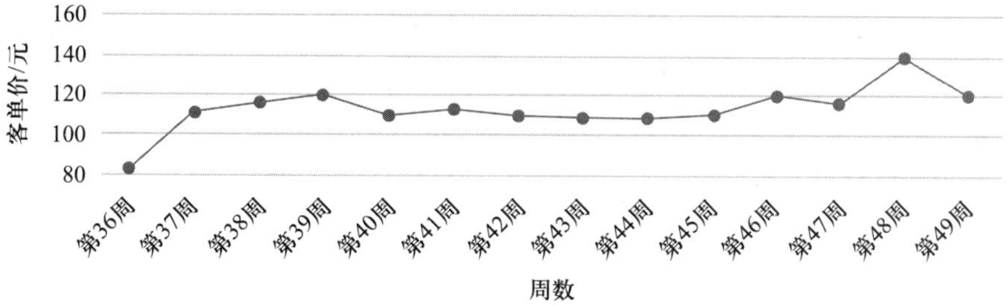

图 3-1-4　客单价变化趋势

从整理出来的客单价数据中可以看到，除第 36 周（82.7 元）和第 48 周（139.1 元）波动较大外，其余几周客单价基本稳定在 100～120 元的范围内，对比图 3-1-3 的销售额变化趋势，第 36 周与第 48 周的数据异常并不是主因。同时，也可以看出，并不存在活动降价或促销导致客单价持续下降的情况。通过以上情况的分析，基本上可以排除掉因客单价下降导致销售额下滑的可能性。

步骤 3　订单量数据分析

在销售额公式中，去除客单价后，展现量、点击率、转化率三个数据的乘积就是订单量。在排除客单价影响销售额的可能性后，整理大致的订单数量数据，如图 3-1-5 所示，基本能佐证前面的判断。

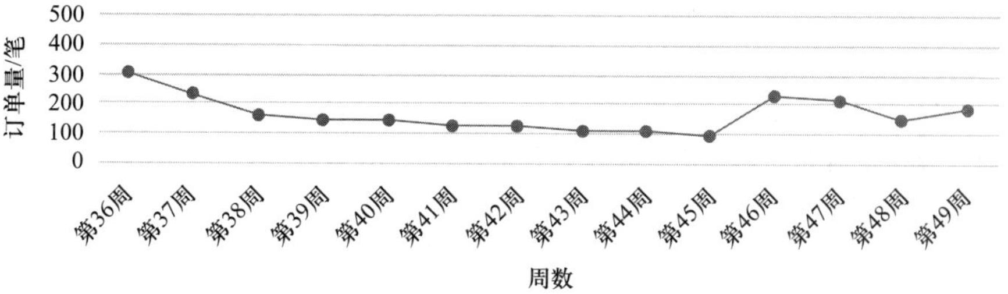

图 3-1-5　订单量变化趋势

对比图 3-1-3 的销售额变化趋势，在客单价基本稳定的情况下，订单量下降趋势与销售额下降趋势基本吻合。因此，应在展现量、点击率、转化率三个数据中找到订单量下降的原因。

步骤 4　转化率数据分析

随后，整理店铺的转化率数据，绘制店铺转化率变化趋势图，如图 3-1-6 所示。

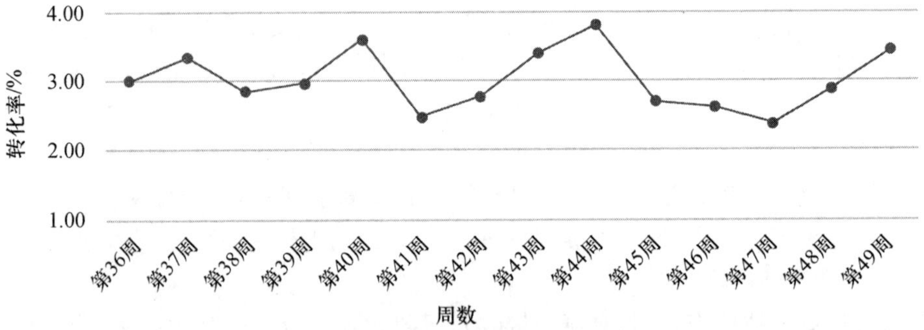

图 3-1-6　转化率变化趋势

可从图 3-1-6 中观察店铺转化率的数据变化。转化率一直处于 2%～4%，虽有一定程度的波动，但基本在 3%左右。而且对比图 3-1-3 的销售额变化，转化率的波动对销售额有一定影响，比如第 44 周至第 47 周，但并非是销售额下滑的主因。

步骤 5　访客数数据分析

收集和整理第 36 周至第 49 周的店铺访客数数据，绘制访客数数据折线图，如图 3-1-7 所示。

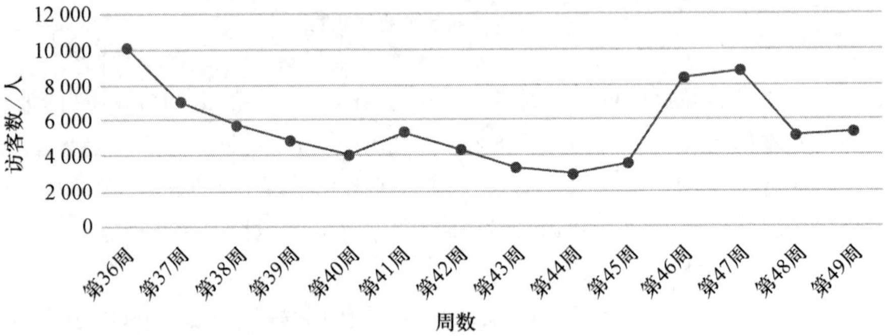

图 3-1-7　访客数变化趋势

对比图 3-1-3、图 3-1-5 可以明显发现，这三个数据的变化趋势非常相近。由此可以推断出，访客数下降导致了销售额下降。

步骤 6　分析数据变动原因

在整理和分析了各目标数据后，可以大致得出导致销售额下降的主要指标是访客数。影响访客数的指标有两个：一个是展现量，另一个是点击率，在网店运营过程中展现量都是比较稳定的，所以重点就是提升点击率。点击率高，访客数高；点击率低，访客数低。要提升点击率就要优化店铺的商品详情页、商品主图、购物路径等，以提升店铺的访客数。

【工作任务实施记录与评价】

1. 工作任务实施记录

序号	实施步骤	实施记录
1	确定目标数据	
2	客单价数据分析	
3	订单量数据分析	
4	转化率数据分析	
5	访客数数据分析	
6	分析数据变动原因	

2. 工作任务实施自我评价

师傅指导记录	任务经验总结	自我评价
		优秀□ 良好□ 一般□ 较差□
		学徒签名
		日期

3. 工作任务实施师傅评价

学徒工作任务实施情况评价(50%)				
序号	内容	分值	师傅评价	
			评分	评价与提升建议
1	交易数据分析维度确定	10		
2	折线图制作	15		
3	图表分析	15		
4	分析结论有效性	10		
小计		50		
学徒关键职业能力及职业品质、工匠精神评价(50%)				
序号	内容	分值	师傅评价	
			评分	评价与提升建议
1	工作态度	10		
2	吃苦耐劳、学习钻研	10		
3	团队协作、沟通交流	10		
4	认真负责、诚实守信	10		
5	主动创新	10		
小计		50		
合计		100		
师傅签名		日期		

子任务二　产品最小存货单位分析

最小存货单位(SKU),英文全称为 stock keeping unit,即库存进出计量的基本单元,可以是以件、盒、托盘等为单位。

某猫店铺上新一款铝制旅行箱,并针对黑色 18 寸旅行箱推出了返现活动。按照师傅的要求,以近 30 天的销售数据为准,对该产品进行 SKU 分析,为进一步的运营计划调整提供依据。

【任务目标与质量要求】

SKU 分析是基于单品进行的,可以通过生意参谋的商品 360 模块来查看该铝制旅行箱的 SKU 销售详情,并利用 Excel 进行数据可视化处理,对爆款产品,给出加大推广、增加库存等建议;对于销量过小的产品,给出优化建议或下架处理的判断;同时,结合店铺对黑色 18 寸旅行箱的优惠活动,分析该活动的有效性。

【学习产出目标】

1. 能够正确使用生意参谋。
2. 能够运用 Excel 软件进行数据类型转化。
3. 能够运用 Excel 软件进行分列操作。
4. 能够创建数据透视表、数据透视图并进行相关分析。

【工作程序与方法要求】

步骤 1　数据获取

按路径“生意参谋”—“品类”—“商品 360”,在搜索框中输入产品标题,进入查看 SKU 销售详情,然后修改统计时间,以 30 天为时间维度,选定“加购件数”“支付金额”“支付件数”以及“支付买家数”四个指标,如图 3-1-8 所示,并将数据下载。获取该数据报表后使用 Excel 软件打开,效果如图 3-1-9 所示。

图 3-1-8　SKU 销售详情

图 3-1-9　商品 SKU 销售详情数据(部分)

步骤 2　数据转化

工作表中的数据格式不利于数据处理与分析,因此需要进行数据转化。选中"加购件数""支付金额""支付件数"及"支付买家数"列的数据,点击左上角的错误提示按钮,选择"转换为数字"选项,将以文本形式存储的数字转化为数值形式,如图 3-1-10 所示。

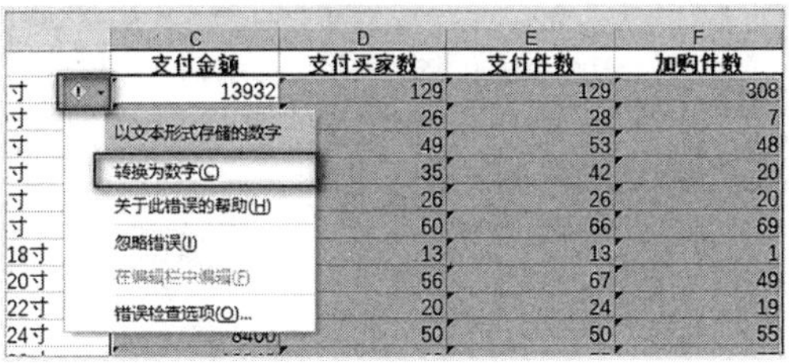

图 3-1-10　文本转换为数字

在"支付金额"列前插入一列,然后选择"SKU 名称"列,点击"数据"选项卡中的"分列"工具,根据向导完成操作,其中第 1 步使用默认选项,第 2 步分隔符号选择"分号",如图 3-1-11 所示。修改 B、C 列的字段名,结果如图 3-1-12 所示。

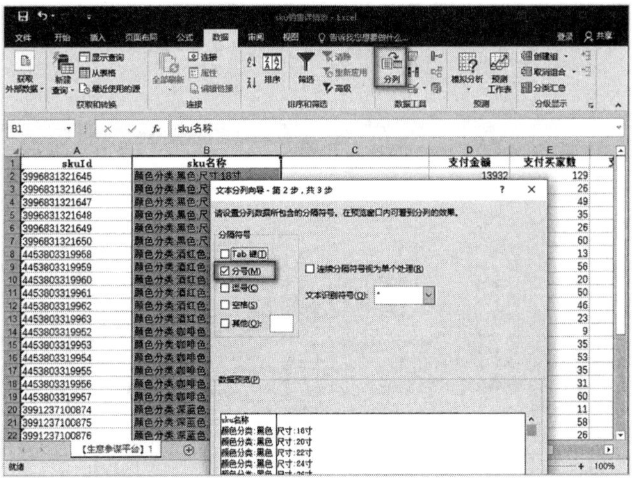

图 3-1-11　分列操作

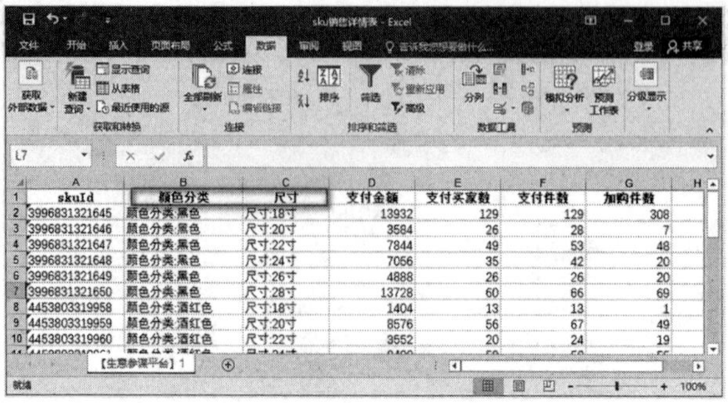

	A	B	C	D	E	F	G
1	skuId	颜色分类	尺寸	支付金额	支付买家数	支付件数	加购件数
2	3996831321645	颜色分类:黑色	尺寸:18寸	13932	129	129	308
3	3996831321646	颜色分类:黑色	尺寸:20寸	3584	26	28	7
4	3996831321647	颜色分类:黑色	尺寸:22寸	7844	49	53	48
5	3996831321648	颜色分类:黑色	尺寸:24寸	7056	35	42	20
6	3996831321649	颜色分类:黑色	尺寸:26寸	4888	26	26	20
7	3996831321650	颜色分类:黑色	尺寸:28寸	13728	60	66	69
8	4453803319958	颜色分类:酒红色	尺寸:18寸	1404	13	13	1
9	4453803319959	颜色分类:酒红色	尺寸:20寸	8576	56	67	49
10	4453803319960	颜色分类:酒红色	尺寸:22寸	3552	20	24	19

图 3-1-12 字段名修改

步骤 3 创建数据透视图和数据透视表

插入数据透视图和数据透视表，选择要分析的数据及放置数据透视表的位置，在右侧“数据透视表字段”编辑区添加字段，结果如图 3-1-13 所示。然后针对数据透视图，点击“设计”选项卡下的“更改图标类型”工具，更改“求和项:支付金额”系列的图表类型为“折线图”，并使用次坐标轴，如图 3-1-14 所示，更改后的数据透视图如图 3-1-15 所示。

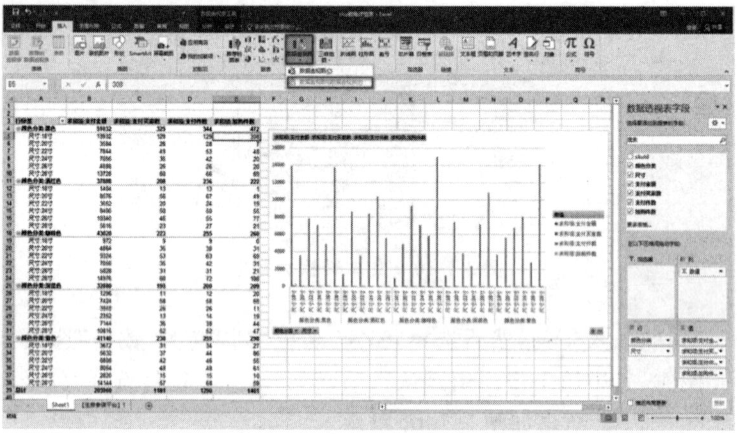

图 3-1-13 创建数据透视表

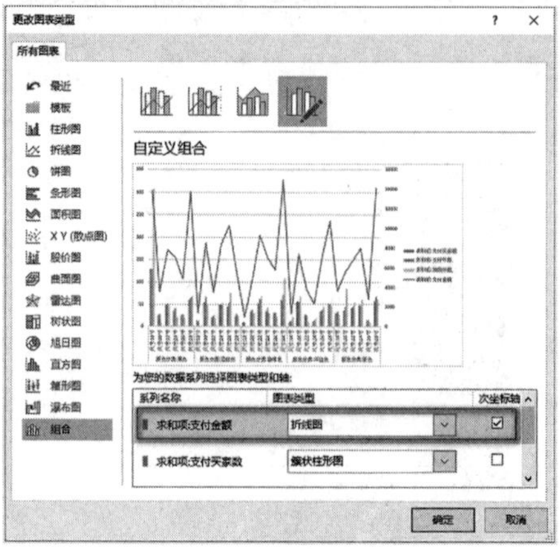

图 3-1-14 更改图表类型

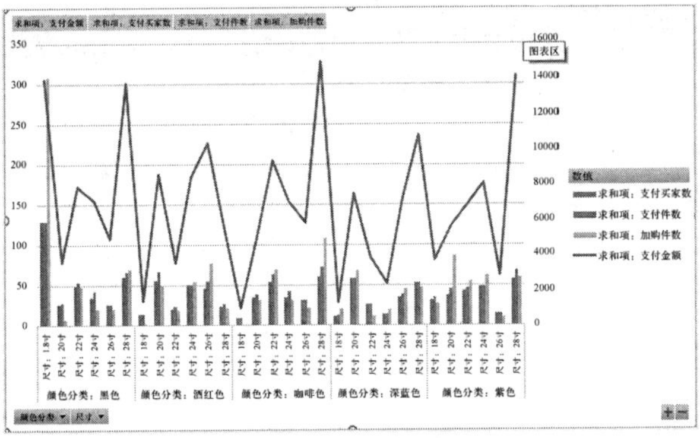

图 3-1-15 数据透视图

步骤 4 插入切片器

点击“分析”选项卡下的“插入切片器”工具，在打开的对话框中勾选“颜色分类”和“尺寸”选项，创建两个切片器，如图 3-1-16 所示。

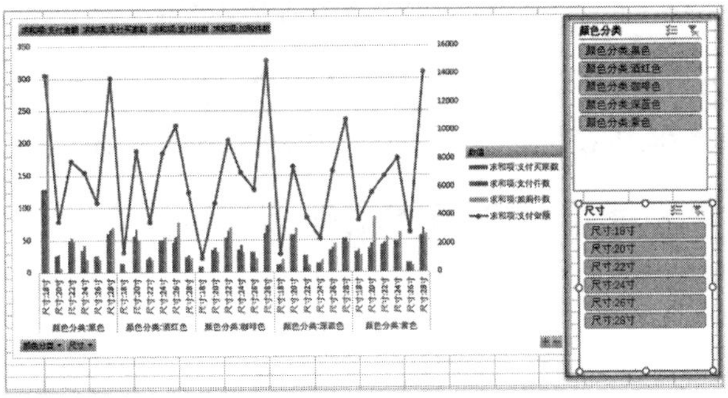

图 3-1-16 插入切片器

步骤 5 产品 SKU 分析

单击“切片器”按钮自动将其应用到数据透视表及数据透视图。如图 3-1-17 所示，在“颜色分类”切片器中单击“颜色分类:黑色”，即可筛选出黑色旅行箱不同尺寸的销售数据；如图 3-1-18 所示，在“尺寸”切片器中单击“尺寸:18 寸”，即可筛选出 18 寸旅行箱不同颜色的销售数据。

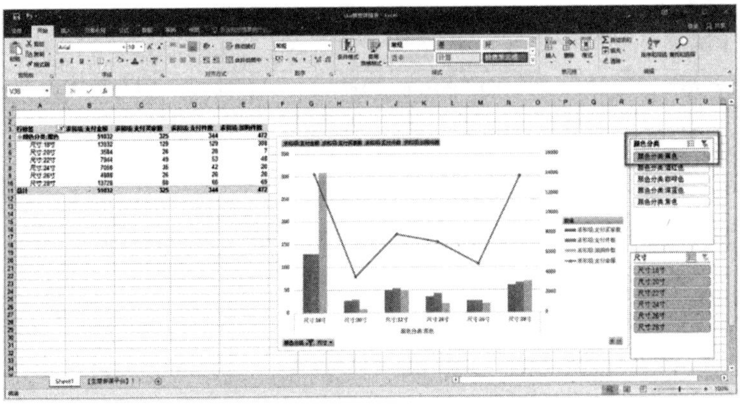

图 3-1-17 黑色旅行箱销售数据

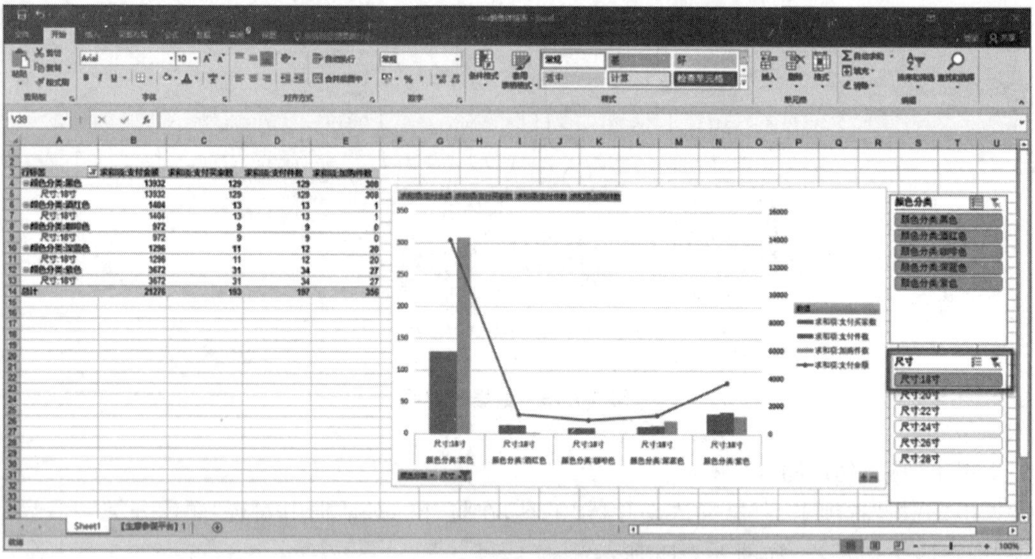

图 3-1-18　18 寸旅行箱销售数据

按以上方法，请同学们依次观察其他 SKU 的相关指标，从客户对产品的颜色偏好、尺寸需求、爆款 SKU、营销效果、访客行为、销售趋势及优化建议等方面，做对比分析。

【工作任务实施记录与评价】

1. 工作任务实施记录

序号	实施步骤	实施记录
1	数据获取	
2	数据转化	
3	创建数据透视图和数据透视表	
4	插入切片器	
5	产品 SKU 分析	

2. 工作任务实施自我评价

师傅指导记录	任务经验总结	自我评价
		优秀□　良好□　一般□　较差□
		学徒签名
		日期

3. 工作任务实施师傅评价

<table>
<tr><td colspan="5">学徒工作任务实施情况评价(50%)</td></tr>
<tr><td rowspan="2">序号</td><td rowspan="2">内容</td><td rowspan="2">分值</td><td colspan="2">师傅评价</td></tr>
<tr><td>评分</td><td>评价与提升建议</td></tr>
<tr><td>1</td><td>正确使用生意参谋</td><td>20</td><td></td><td></td></tr>
<tr><td>2</td><td>数据类型转化</td><td>10</td><td></td><td></td></tr>
<tr><td>3</td><td>数据分列操作</td><td>10</td><td></td><td></td></tr>
<tr><td>4</td><td>创建数据透视表并进行相关分析</td><td>10</td><td></td><td></td></tr>
<tr><td colspan="2">小计</td><td>50</td><td></td><td></td></tr>
<tr><td colspan="5">学徒关键职业能力及职业品质、工匠精神评价(50%)</td></tr>
<tr><td rowspan="2">序号</td><td rowspan="2">内容</td><td rowspan="2">分值</td><td colspan="2">师傅评价</td></tr>
<tr><td>评分</td><td>评价与提升建议</td></tr>
<tr><td>1</td><td>工作态度</td><td>10</td><td></td><td></td></tr>
<tr><td>2</td><td>吃苦耐劳、学习钻研</td><td>10</td><td></td><td></td></tr>
<tr><td>3</td><td>团队协作、沟通交流</td><td>10</td><td></td><td></td></tr>
<tr><td>4</td><td>认真负责、诚实守信</td><td>10</td><td></td><td></td></tr>
<tr><td>5</td><td>主动创新</td><td>10</td><td></td><td></td></tr>
<tr><td colspan="2">小计</td><td>50</td><td></td><td></td></tr>
<tr><td colspan="2">合计</td><td>100</td><td></td><td></td></tr>
<tr><td>师傅签名</td><td></td><td>日期</td><td colspan="2"></td></tr>
</table>

任务二　构建用户画像

【专业知识准备】

一、用户画像概述

(一)用户画像发展及其定义

经过 20 多年的发展,随着海量数据处理技术的出现,互联网走向了一个全新的阶段——大数据时代,个性化营销渐渐成为商业化应用中一个非常重要的落脚点。与传统的线下问卷调查相比,大数据使企业能够通过互联网便捷地获取用户更为广泛的信息,为进一步获得用户消费习惯等重要商业信息,提供了足够的数据基础。随着对大数据技术的深入研究与应用,企业的关注点日益聚焦于怎样利用大数据来为精准营销服务,进而深入挖掘用户的潜在商业价值。于是,“用户画像”的概念应运而生。简而言之,用户画像是根据用户社会属性、生活习惯和消费行为等信息抽象出的一个标签化的用户模型。构建用户画像的核心工作即给用户贴“标签”,而标签是通过对用户信息分析得来的高度精练的特征标识。

（二）用户画像的主要内容

用户画像一般按业务属性划分多个类别模块。人口属性和行为特征是大部分互联网公司绘制用户画像时会包含的。人口属性主要指用户的年龄、性别、所在的省份和城市、教育程度、婚姻情况、生育情况、所在的行业和职业等。行为特征主要包含活跃度、忠诚度等指标。

除了以上的通用特征，用户画像包含的内容并不完全固定，根据行业和产品的不同，所关注的特征也有所不同，具体体现在以下几个方面。

(1)以内容为主的媒体或阅读类网站、搜索引擎，或通用导航类网站，往往会提取用户浏览内容的兴趣特征，如体育类、娱乐类、美食类、理财类、旅游类、房产类、汽车类等。

(2)社交网站的用户画像，会基于用户的社交网络，从中发现关系紧密的用户群和在社群中起意见领袖作用的明星节点。

(3)电商购物网站的用户画像，一般会提取用户的网购兴趣和消费能力等指标。网购兴趣主要指用户在网购时的类目偏好，如服饰类、箱包类、居家类、母婴类、洗护类、饮食类等。消费能力指用户的购买力，可以把用户的实际消费水平和在每个类目的心理消费水平区分开，分别建立特征维度。

(4)金融领域还会有风险画像，包括征信、违约、还款能力、保险黑名单等。

用户画像还可以加上用户的环境属性，如当前时间、访问地点、基于位置服务的特征、当地天气、节假日情况等。当然，特定的网站或 App 会有特殊的用户维度，以便为用户提供更精准的个性化服务和内容。

（三）用户画像的使用领域

用户画像在企业中应用广泛，主要的适用领域包括以下方面。

(1)指导产品研发及优化用户体验。

(2)实现精准营销。本任务中的用户画像主要针对精准营销，目前用户运营已由初期的粗放式运营发展到精细化运营，将用户群体切割成更细的粒度，辅以短信、社交网络服务推送、电子邮件及活动等多种方式，并采用关怀、挽回、激励等策略进行营销。

(3)数据应用，如广告推荐系统等领域。

二、构建用户画像

（一）构建用户画像的思路

用户画像构建思路的确立可从显性画像和隐性画像两个方面进行。显性画像即用户群体的可视化的特征描述，如目标用户的年龄、性别、职业、地域、兴趣爱好等特征。隐性画像即用户内在的深层次的特征描述，包含用户使用产品的目的、用户偏好、用户需求、使用产品的场景、使用产品的频次等。如图 3-1-19 所示。

（二）构建用户画像的步骤及方法

构建用户画像可以分为 3 个步骤，即基础数据采集、分析建模、画像呈现。

1. 基础数据采集

数据是构建用户画像的核心依据。在基础数据采集方面可以通过列举法列举出构建用户画像所需要的基础数据，如表 3-1-2 所示。

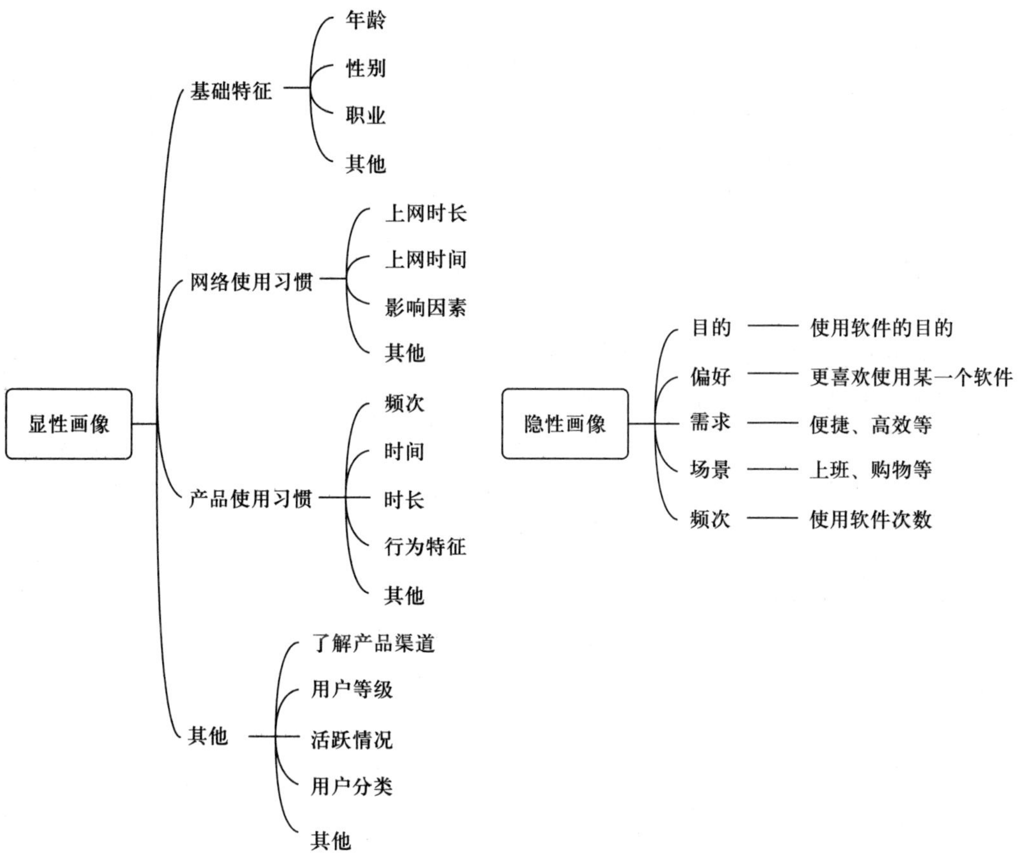

图 3-1-19　构建用户画像参考内容

表 3-1-2　用户画像数据采集举例

指标	数据举例	数据来源
行业数据	用户群体的社交行为、网络爱好、行为洞察、生活形态	行业研究报告
用户总体数据	用户总量、不同级别用户分布、用户活跃情况、转化数据	前台、后台、第三方数据平台
总体浏览数据	访问量、访问数	
总体内容数据	平台的用户发帖量(包含主题数、回复数、“楼中楼”等数据)、不同级别用户发帖数据等	
用户属性数据	用户终端设备、网络及运营商、用户信息(包含年龄、性别、职业、地域、兴趣爱好等)	
用户行为数据	用户黏性数据:访问频率、访问时间间隔、访问时段	
	用户活跃效据:用户登录次效、平均停留时间、平均访问页面数	
	用户的留存数据	
用户成长数据	网络使用习惯	
	新老用户数据、用户的生命周期、用户的等级成长	
访问深度	跳出率、访问页面数、访问路径等	
模块数据	产品各个功能模块的数据	

续表3-1-2

指标	数据举例	数据来源
问卷调研	问卷调研过程中各个问题的情况反馈	调研和访谈
用户访谈	用户的问题和需求反馈	
用户参与度数据	用户资料修改情况、新手任务完成情况、用户活动参与情况	后台、第三方平台
用户点击数据	用户各个功能模块和按钮的访问和点击情况等	

2. 分析建模

用户画像所需要的资料和基础数据收集完成后，需要对资料进行分析和加工，提炼关键要素，构建可视化模型。在分析建模的过程中，可以借助行业报告、问卷调研、用户访谈等方法。

(1)行业报告　例如，营销对象为“95 后”的用户群体，需要了解整个“95 后”群体的性格特征、行为喜好等，通过搜索可以获取以下资料。

①企鹅智库《透视“95 后”：新生代社交行为》；

②QQ 空间独家大数据《“95 后”新生代社交网络喜好报告》；

③百度《“95 后”用户移动互联网行为洞察》。

通过对上述报告的分析和关键词提炼，概括出整个“95 后”群体标签。假如为某社区产品打造用户画像，就要通过用户等级数据、用户行为数据和用户贡献数据等进行分析并建立相应的用户模型。

(2)问卷调研　问卷调研的信息一般是无法简单获取的用户信息或无法通过后台数据及文献资料查阅到的信息。问卷调研的流程分为确立调研目标、问卷设计、问卷投放、问卷收集汇总、调研结果分析 5 个环节。

(3)用户访谈　用户访谈的流程分为确定访谈目标、设计访谈提纲、选择访谈对象、访谈结果记录、访谈结果分析 5 个环节。在访谈结果分析中，一般采取关键词提炼法，即针对每个用户对每个问题的反馈进行关键词提炼，然后对所有访谈对象反馈的共性关键词进行汇总。

3. 画像提炼

用户画像的构建思路是从显性画像和隐性画像两个方面进行的，整个用户画像的呈现也需要从这两个方面进行，如图 3-1-20 所示。

图 3-1-20　用户画像

【任务导入】

某超市有着超过千万活跃会员卡持卡人，在客户忠诚度方面领先同行。同时，在充分利用信息技术进行数据挖掘、增强客户忠诚度方面，该超市用电子会员卡收集会员购物信息，分析每一个持卡会员的购买偏好和消费模式，并根据这些分析结果来为不同的细分群体设计个性化的优惠信息。

该超市的会员卡结合信息科技创建消费者的数据库，对其进行分析，并据此来获取更精确的消费者细分数据以及制定更有针对性的营销策略和客户关系管理系统，通过这样的过程，该超市根据消费者的购买偏好识别出 6 个消费群体，根据生活阶段分出了 8 个细分群体，根据使用和购买速度划分了 11 个细分群体，而根据购买习惯和行为模式来细分的目标群体更是达到 5 000 组之多，它为该超市带来诸多好处，例如：

(1)更有针对性的价格策略　有些价格优惠只提供给价格敏感度高的组群。

(2)更有选择性的采购计划　进货构成是根据数据库中所反映出来的消费构成而制定的。

(3)更个性化的促销活动　针对不同的细分群体，设计不同的优惠信息，并提供不同的奖励和刺激消费计划，因此，该超市优惠券的实际使用率达到 20%，而不是行业平均的 0.5%。

(4)更贴心的客户服务　详细的客户信息使得该超市可以对重点客户提供特殊服务，如为孕妇配置个人购物助手等。

(5)更可测的营销效果　针对不同细分群体的营销活动可以从客户购买模式的变化看出活动的效果。

另外，该超市值得借鉴的方法是品牌联合计划，即几个强势品牌联合推出一个客户忠诚度计划，会员制活动针对不同群体提供多样化的奖励措施。例如，针对家庭女性的活动：家庭女性可以利用日常购买中积累的点数换取从当地高级美容、美发沙龙到名师设计服装的免费体验或大幅度折扣，这些奖励有助于消费者满意度和忠诚度的提高。

思考：

1. 请总结该超市是如何细分客户群体的。

____

____

____

____

2. 请总结品牌联合计划对参与各方的好处。

____

____

____

____

3. 请总结在获取消费者个人信息时应注意哪些职业操守。

____

____

____

____

【任务目标与质量要求】

洞察企业客户群，能够帮助企业实现“千人千面”，使企业可以针对不同人群制定差异化的运营策略。

公司打算在近期举办一场营销活动，以推广其上架的新产品，为了顺利推出新产品并取得优质的营销效果，师傅要求学徒对企业客户特征进行整体分析并绘制用户画像，为企业精准营销提供基础。

绘制用户画像，需要明确用户画像涉及的分析维度有哪些，一般来说，绘制用户画像需要分析的维度主要有：客户年龄、客户地域、客户消费层级、客户产品偏好、客户来源终端、客户性别、客户职业等。因此，建议可以先从这几个主要维度展开分析，然后汇总分析结果形成用户画像，进而形成分析结论并提出合理的客户营销策略，指导新产品推广。

【学习产出目标】

1. 根据业务需要确定合适的用户画像分析层次。
2. 使用 Excel 进行数据整理。
3. 使用数据透视表进行消费者偏好分析。
4. 使用 Excel 进行图表设计。

【工作程序与方法要求】

步骤 1　获取客户数据

获取企业活动期间的客户相关数据，以个人为单位，将数据添加至 Excel 工具中，添加后的效果如图 3-1-21 所示。

	A	B	C	D	E	F	G	H	I
1	客户编号	年龄	访客来源	性别	常住地区	客户职业	产品名称	产品价格（元）	订单数量
2	NO1002119	33	移动端	女	河南	医务人员	产品A	299	1
3	NO1002015	40	PC端	女	河南	工人	产品C	89	1
4	NO1002100	29	移动端	男	天津	公务员	产品C	89	1
5	NO1002023	41	移动端	女	浙江	工人	产品A	299	1
6	NO1002028	24	移动端	女	天津	医务人员	产品A	299	1
7	NO1002024	40	移动端	女	四川	工人	产品A	299	1
8	NO1002071	27	PC端	女	天津	医务人员	产品C	89	1
9	NO1002109	30	移动端	不详	河南	公司职员	产品C	89	1
10	NO1002077	30	PC端	女	天津	学生	产品A	299	1
11	NO1002014	42	移动端	不详	浙江	医务人员	产品B	189	1
12	NO1002034	20	移动端	不详	广东	学生	产品B	189	1
13	NO1002087	29	移动端	男	天津	学生	产品B	189	1
14	NO1002027	19	PC端	女	广东	医务人员	产品A	299	1
15	NO1002010	14	PC端	不详	浙江	医务人员	产品A	299	1
16	NO1002084	28	PC端	女	浙江	个体经营	产品C	89	1
17	NO1002130	31	移动端	女	天津	工人	产品A	299	1
18	NO1002044	25	移动端	女	广东	学生	产品E	99	1
19	NO1002108	28	移动端	男	浙江	学生	产品A	299	1
20	NO1002033	21	移动端	女	浙江	学生	产品A	299	1
21	NO1002049	18	PC端	男	天津	学生	产品A	299	1
22	NO1002009	17	移动端	女	天津	公务员	产品D	569	1

图 3-1-21　原始数据(部分)

步骤 2　客户地域、性别分析

选中数据表中性别单元格内容，插入数据透视表（“行”与“值”均设置为“性别”），得到性别占比数据并制作性别占比饼状图，操作后的效果如图 3-1-22、图 3-1-23 所示。

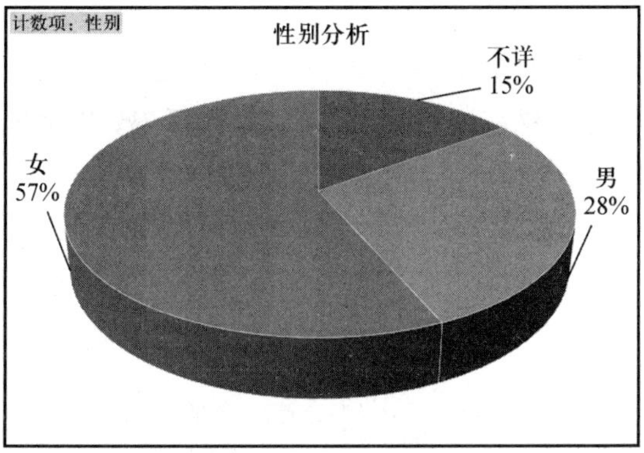

图 3-1-22　性别分析饼状图

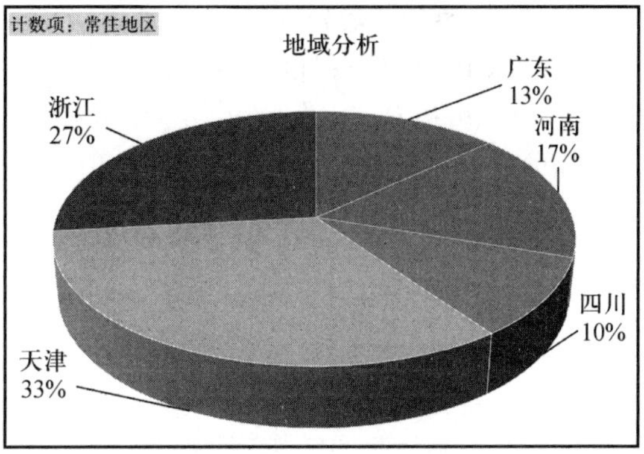

图 3-1-23　地域分析饼状图

步骤 3　客户产品偏好、价格偏好分析

分析客户产品偏好、价格偏好，需要选中数据表中"产品价格""产品名称"对应的区域，插入数据透视表。具体操作时，将"产品价格""产品名称"在"行"与"值"中各设置一次，并将"产品价格"的显示方式设置为"平均值"，得到数据透视表，如图 3-1-24 所示。

选中数据透视表，插入组合图形，将"产品价格"设置为折线图，"产品名称"设置为柱形图，得到分析图形，如图 3-1-25 所示。

行标签	计数项:产品名称	平均值项:产品价格（元）
⊟产品A	**26**	**299**
299	26	299
⊟产品B	**12**	**189**
189	12	189
⊟产品C	**8**	**89**
89	8	89
⊟产品D	**3**	**569**
569	3	569
⊟产品E	**7**	**99**
99	7	99
⊟产品F	**4**	**159**
159	4	159
总计	**60**	**229.8333333**

图 3-1-24　产品偏好、价格偏好数据透视表示例

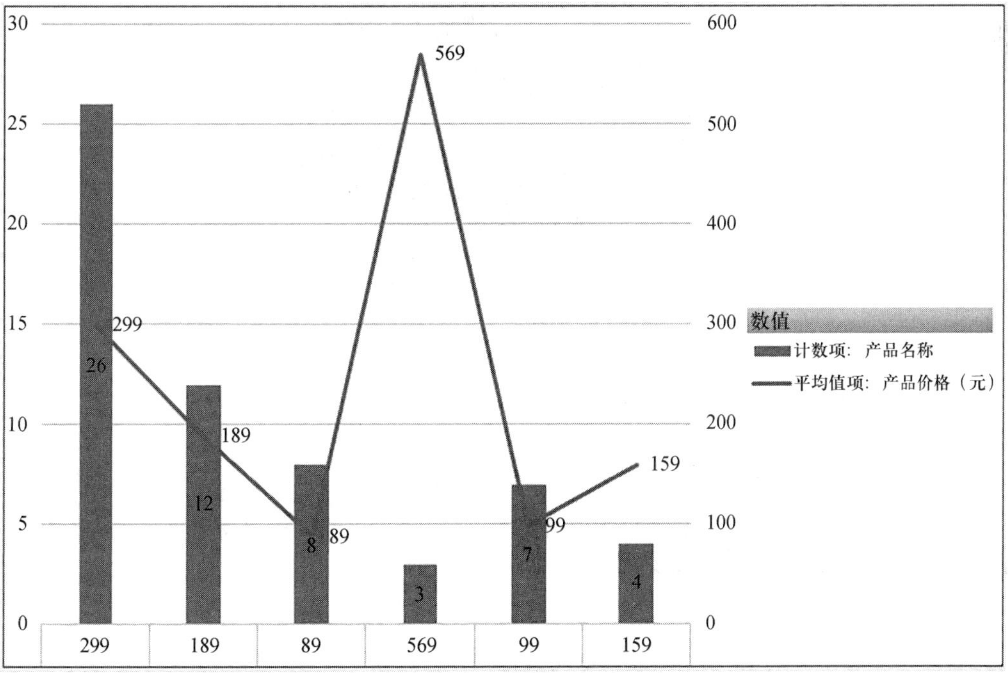

图 3-1-25　产品偏好、价格偏好分析图

步骤 4　客户年龄分析

需要采用分组分析的方法对客户年龄进行分析，将分组设定为：1～17 岁、18～24 岁、25～29 岁、30～34 岁、35～39 岁、40～44 岁、45～50 岁、50 岁以上，完成操作后，效果如图 3-1-26 所示。

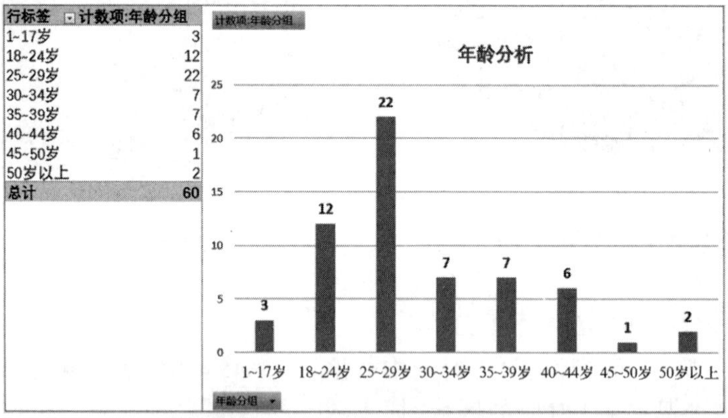

行标签	计数项:年龄分组
1-17岁	3
18-24岁	12
25-29岁	22
30-34岁	7
35-39岁	7
40-44岁	6
45-50岁	1
50岁以上	2
总计	60

图 3-1-26　客户年龄分析图

步骤 5　客户端分析

选中数据表中访客来源单元列内容，插入数据透视表（“行”与“值”均设置为“访客来源”），得到客户端占比数据并制作客户端分析饼状图，操作后的效果如图 3-1-27 所示。

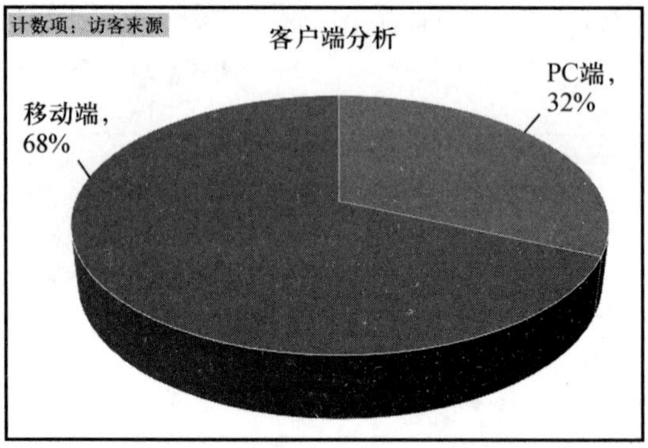

图 3-1-27　客户端分析图

步骤 6　客户职业分析

选中数据表中客户职业单元列内容，插入数据透视表（“行”与“值”均设置为“客户职业”），得到客户职业数据透视图表，操作后的效果如图 3-1-28 所示。

步骤 7　绘制客户画像

结合以上分析结果可以完成表 3-1-3 的填写，包括客户画像、标签类型（动态属性标签、静态属性标签），方便企业日后管理客户数据。

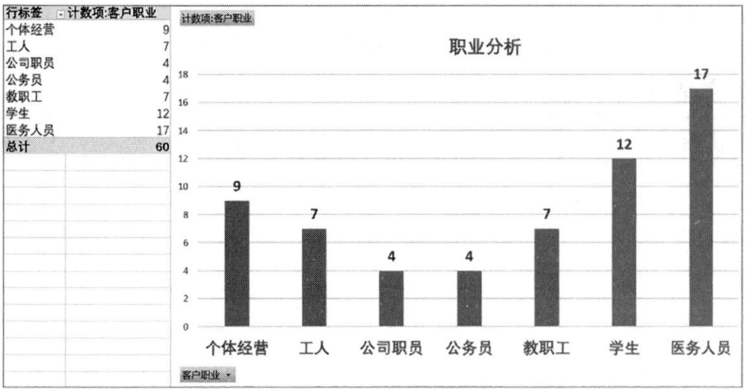

图 3-1-28　职业数据透视表分析图

表 3-1-3　用户画像汇总表

标签	用户画像	标签类型
地域	天津 33%、浙江 27%、河南 17%、广东 13%、四川 10%	静态标签
性别	男 28%、女 57%、不详 15%	静态标签
年龄	1～18 岁　3 人 18～25 岁　12 人 25～30 岁　22 人 30～35 岁　7 人 35～40 岁　7 人 40～45 岁　6 人 45～50 岁　1 人 50 岁以上　2 人	静态标签
价格偏好	299 元区间　26 人 189 元区间　12 人 89 元区间　8 人 569 元区间　3 人 99 元区间　7 人 159 元区间　4 人	动态标签
产品偏好	产品 A、产品 B	动态标签
客户端	移动端 68%、PC 端 32%	动态标签
职业	个体经营　9 人 工人　7 人 公司职员　4 人 公务员　4 人 教职工　7 人 学生　12 人 医务人员　17 人	静态标签

【工作任务实施记录与评价】

1. 工作任务实施记录

序号	实施步骤	实施记录
1	获取客户数据	
2	客户地域、性别分析	
3	客户产品偏好、价格偏好分析	
4	客户年龄分析	
5	客户端分析	
6	客户职业分析	
7	绘制用户画像	

2. 工作任务实施自我评价

师傅指导记录	任务经验总结	自我评价
		优秀□　良好□　一般□　较差□
		学徒签名
		日期

3. 工作任务实施师傅评价

学徒工作任务实施情况评价(50%)				
序号	内容	分值	师傅评价	
			评分	评价与提升建议
1	用户画像分析层次确定	10		
2	Excel 数据整理	15		
3	消费者偏好分析	15		
4	Excel 图表设计	10		
小计		50		
学徒关键职业能力及职业品质、工匠精神评价(50%)				
序号	内容	分值	师傅评价	
			评分	评价与提升建议
1	工作态度	10		
2	吃苦耐劳、学习钻研	10		
3	团队协作、沟通交流	10		

续表

学徒关键职业能力及职业品质、工匠精神评价(50%)				
序号	内容	分值	师傅评价	
			评分	评价与提升建议
4	认真负责、诚实守信	10		
5	主动创新	10		
小计		50		
合计		100		
师傅签名		日期		

任务三　撰写网络市场调研分析报告

【专业知识准备】

一、网络市场调研认知

（一）网络市场调研定义

网络市场调研是指企业利用互联网作为沟通和了解信息的工具，对客户、竞争者以及整体市场环境等与营销有关的数据进行调查、分析和研究。这些相关的数据包括客户需要、市场机会、竞争对手、行业潮流、分销渠道以及战略合作伙伴方面的情况。网络市场调研与传统的市场调研相比有着无可比拟的优势，如调研费用低、效率高、调查数据处理方便、不受时间地点的限制等。

（二）调研数据的分类及获取工具

企业通过对市场数据的收集、分析及整合，提出可行的市场推广方案，再根据收集到的信息进行市场推广活动的效果评估，做好市场推广预算，控制活动成本，完善市场推广方案。下面对调研数据的分类及获取工具进行介绍。

1. 数据的分类

常见数据主要包括营销数据、流量数据、会员数据、交易数据、服务数据及行业数据。根据数据来源，可以分为内部数据和外部数据。

2. 数据的获取工具

数据的来源渠道包括百度统计、谷歌分析、Crazy egg 热力图、CNZZ 数据专家、生意参谋、客户关系管理工具、Alexa、百度指数、阿里指数、淘宝指数、竞争对手网站、求职网站、网络数据库、政府及行业官方网站等。

(1)内部数据　常见的查看内部数据的工具有 3 种：一是网站统计服务数据工具，如百度统计、CNZZ 数据专家、谷歌分析、Crazy egg 热力图等，通过这些工具可对目标网站进行访问数据统计和分析；二是电子商务数据服务工具，如生意参谋，主要为各电商、淘宝卖家提供准确、实时的数据统计，多维的数据分析和权威的数据解决方案；三是客户关系管理工具，可以监测买家数据、卖家数据和商品数据，并从数据中挖掘潜在数据，达到节约资本、提高推广效果的目的。

（2）外部数据　常见的查看外部数据的工具有4种：一是网页抓取及流量统计工具，如Alexa，可以获取网站中的排名数据、访问量数据、浏览量数据、排名变化趋势数据等；二是指数统计工具，如百度指数、阿里指数、淘宝指数，其中，百度指数主要提供基于单个词的趋势研究（包含整体趋势、PC趋势及移动趋势）、资讯关注、需求图谱及相关性分析、人群画像（包含地域分布、人群属性、性别分布），阿里指数提供行业大盘和产业基地的分析，行业大盘以某个行业为视角进行分析，主要包括市场行情、热门行业、企业分析，产业基地以某个地区为视角进行分析，主要包括产业带、企业分析等内容，淘宝指数主要针对淘宝卖家、淘宝买家及第三方用户提供淘宝购物数据，以供了解淘宝购物趋势；三是竞争对手数据，可以通过竞争对手网站、求职网站及网络数据库等获取数据；四是行业数据，可以通过政府及行业官方网站等渠道获取数据。

二、网络市场调研的步骤

1. 明确问题及调研目标

在开始网络市场调研时，先要有一个清晰的目标，可以设定如下调研目标。

（1）谁是企业的目标用户。

（2）哪些用户有可能使用企业的产品或服务。

（3）哪些用户最有可能购买企业提供的产品或服务。

（4）在这个行业中，竞争对手通过网络在做什么。

（5）企业的用户对竞争者的印象如何。

（6）在日常运作中，企业要受哪些法律、法规的约束以及如何规避风险。

2. 制订调研计划

网络市场调研的第二步是制订有效的信息搜索计划，内容包括确定资料来源并根据资料来源选择适合的调查方法等。

3. 收集信息

随着网络通信技术的突飞猛进，资料收集方法发展迅速。互联网没有时空和地域的限制，因此网络市场调研可以在全国甚至全球范围内进行。同时，收集信息的方法也很简单，直接在网上搜索或下载即可。这与传统市场调研的收集资料方式有很大的区别。

4. 分析信息

收集信息后要做的是分析信息，这一步非常关键。调查人员如何从数据中提炼出与调查目标相关的信息，直接影响最终的结果。网络信息的一大特征是即时呈现，而且很多竞争者还可能从一些知名的商业网站上看到同样的信息，因此分析信息能力相当重要，它能使企业在动态的变化中捕捉到商机。

5. 提交报告

调研报告的撰写是调研活动的最后阶段。报告不是数据和资料的简单堆砌，调研人员不能把大量的数字和复杂的统计数据提供给管理人员，否则就失去了调研的价值。正确的做法是把与决策有关的主要调查结果报告出来，并以调查报告所应具备的正规结构撰写。

三、网络市场调研的方法

1. 网络搜索法

网络搜索法所利用的工具是搜索引擎，如可通过搜索引擎获取行业中的企业网站、新闻报道、大型调查咨询公司的公开性调查报告，以及大型企业、商业组织、学术团体、著名报刊发布的调查资料等信息。

2. 在线调研问卷

利用在线调研问卷获取信息是最常见的网络市场调研方法。在网站上设置调研问卷，访问者在线回答问题并提交到网站服务器，调查人员就可从服务器上看到调查的结果。调查人员也可通过第三方调研网站发布问卷并回收问卷。

3. 加入邮件列表

很多网站为了维持与用户的关系，常将一些有价值的信息以新闻邮件、电子刊物等形式免费发送给用户，通常只要进行简单的登记即可加入邮件列表，比较有价值的邮件如各大电子商务网站初步整理的市场供应信息和各种调研报告。定期处理收到的邮件信息也是一种行之有效的资料收集方法。

4. 大数据调研法

企业通过收集海量的用户信息，利用大数据建模技术，按用户属性，如所在地区、性别、兴趣和购买行为等维度，挖掘目标用户，并针对目标用户开展精准营销。例如，某女装品牌通过对其微博上粉丝评论的大数据调研，找出评论中有“喜爱”关键词的粉丝，然后打上标签，对其开展精准营销。目前，大数据调研法被越来越多地应用于营销活动。

四、网络市场调研的内容

网络市场调研的内容主要包括市场可行性调研、不同地区的销售机会和潜力调研、竞争调研、产品调研、价格调研、用户调研、广告调研等方面。在众多的调研项目中，对企业来说最重要的调研内容是用户调研和竞争调研。

（一）用户调研

对于用户调研，先要明确具体的消费群体，并在调研过程中注意以下几点内容。

1. 明确用户群体

用户调研首先要明确目标用户是谁，是否与购买者一致。例如，海尔空调的目标用户是家庭用户、学生、企业等。如果海尔针对学生这一群体进行销售，那么销售对象是学生，还是学校，抑或学生家长，海尔应该仔细调研后确定用户群体。

2. 联系用户群体

我们可以通过竞争对手寻找潜在用户，可以通过社交平台的私信等功能联系，也可以通过针对人群的线下交流活动等途径联系，还可以通过用户推荐的方式(用户可以找到相同产品的使用者)联系。

3. 调研的关键点

(1)调研用户的潜在需求　如果调研的目的是挖掘用户的潜在需求，则应该首先分析用户现在的使用习惯和现有竞争者的一些功能，然后挖掘存在的问题。这里要尽可能地通过开放式问题追问：“为什么是这样的?”例如，某品牌在开发汽车的时候做用户调研，如果调研只是专注在某些功能或者某个产品上，用户的反馈只会是“我要更快的汽车”，而不是挖掘出类似于“交通运输不方便不高效，现有交通工具太昂贵”这样的用户痛点，也就不会有后面的经济适用、快捷方便的车型。

(2)要有一个开放的态度　一开始企业可以有一些假设或既定认知，如“这件事可能是这样的”“这类用户可能需要这种功能”“他们在其产品上有很多没有被满足的痛点”。这些假设可能会被认可，也有可能被推翻。最后用户反馈给企业的信息可能是企业假设的用户痛点大部分已经得到满足，根本不值得企业再花大量时间开发新功能。但是企业也不要因此放弃，可以在这个用户群体里进一步调研。一般来说，如果同一个类目中有6～8个用户反馈给企业类似信息，就可以得到基本的结论。

（3）尽可能用即时互动的方式调研　如果是访谈类或开放式的问题，尽量不要用E-mail的形式调研。因为根据开放式问题的回答还要继续提出“为什么是这样”的问题，所以E-mail的调研形式对进一步挖掘非常不利，可以采用电话采访的方式，其中一个小窍门是，适当留出一些安静的时间，被采访人往往会因为想要避免安静的尴尬而多说一些其他的想法。这些都是用E-mail的形式调研做不到的。

（二）竞争调研

1. 确定竞争对手

要确定企业的竞争对手，就要找出所在行业的竞争对手数量和竞争对手企业列表，这些信息可以通过以下方法获得。

（1）从公司内部市场、运营部门及管理层等收集信息。

（2）通过行业媒体平台、QQ群、微信群和搜索引擎等收集信息。

（3）建立持续的产品市场信息收集小组。

（4）调查核心用户、活跃用户、普通用户的不同需求和间接替代产品。

（5）关注竞争对手的官方网站、交流互动平台、动态新闻、产品更新及促销活动。

（6）关注各人才网站同行业人才的简历更新、对方的联系方式及竞争对手官方网站的招聘信息。

（7）试用竞争对手的产品、客服咨询、技术问答等。

2. 重点分析直接竞争对手

竞争对手分为直接竞争对手和间接竞争对手，直接竞争对手就是经营相同产品，位于同一区域且受众人群基本一致的企业；间接竞争对手主要指产品或服务有一定差异或替代性的企业，间接竞争对手一般来自其他行业，但仍存在竞争的情况。企业要重点分析直接竞争对手，对于间接竞争对手更多的是学习和借鉴，以提升企业实力。

3. 竞争调研的调研内容

（1）分析竞争对手的官方平台　分析竞争对手的官方平台主要是调研竞争对手网站的基本数据、用户体验及其App基本数据。竞争对手网站的基本数据包括域名网页级别、百度权重、快照日期、Alexa排名、域名年龄、是否备案、搜索引擎收录数和外链数等。竞争对手网站的用户体验包括竞争对手的网站上都拥有哪些与众不同的元素和细节，优缺点是什么，包括网站布局、策划、网站频道、关键词安排、网址处理、内容更新频率及质量等。竞争对手的App基本数据包括版本号、上线时间、评论量、排名情况、需求分析、产品结构分析、功能分析等内容。

（2）分析竞争对手的产品及服务　分析竞争对手的产品及服务包括重点分析竞争对手的产品功能细分、稳定性、易用性、用户体验交互、视觉设计实力、技术实现框架优劣势等。

（3）分析竞争对手的网络推广　分析竞争对手的网络推广包括调研竞争对手采用的推广方法和推广效果，对竞争对手开展的网络推广活动进行分析，吸取其做得好的方面，避免竞争对手出现的失误。通过对竞争对手的调研，我们可以寻找竞争对手网络营销的突破点，制订合适的网络竞争方案。

五、撰写网络市场调研报告

整个网络市场调研结束后，需要将调研的全部内容通过报告的形式呈现出来，给企业提供相关的支撑及帮助。

【任务导入】

一间宽大的单面镜访谈室里，桌子上摆满了没有标签的杯子，有几个测试者逐一品尝着不知名的饮料，并且把口感描述出来写在面前的卡片上。这个场景发生在 1999 年，当时任北华饮业调研总监的刘强组织了 5 场这样的双盲口味测试，他想知道，公司试图推出的新口味饮料能不能被消费者认同。

此前调查显示，超过 60%的被访问者认为不能接受“冰茶”，他们认为中国人忌讳喝隔夜茶，冰茶更是不能被接受。刘强领导的调查小组认为，只有进行了实际的口味测试才能判别这种新产品的可行性。等到拿到调查的结论，刘强的信心被彻底动摇了，被测试的消费者表现出对冰茶的抵抗，一致否定了装有冰茶的测试标本。新产品在调研中被否定。

直到 2000 年、2001 年，以旭日升为代表的冰茶在中国全面旺销，北华饮业再想迎头赶上为时已晚，一个明星产品就这样穿过详尽的市场调查与刘强擦肩而过。说起当年的教训，刘强还满是惋惜：“我们举行口味测试的时候是在冬天，被访问者从寒冷的室外来到现场，没等取暖就进入测试，寒冷的状态、匆忙的进程都影响了访问者对味觉的反应。测试者对口感温和浓烈的产品表现出了更多的认同，而对清凉淡爽的冰茶则表示排斥。测试状态与实际消费状态的偏差让结果走向了反面。”

“驾驭数据需要系统谋划。”好在北华饮业并没有从此怀疑调研本身的价值，“去年，我们成功组织了对饮料包装瓶的改革，通过测试，我们发现如果在塑料瓶的外壁上增加弧形的凹凸不仅可以改善瓶子的表面应力，增加硬度，更重要的是可以强化消费者对饮料功能性的心理认同”。采访中，北京普瑞辛格调研公司副总经理邵志刚先生的话似乎道出了很多企业的心声：“调研失败如同天气预报给渔民带来的损失，无论多么惨痛，你总是要在每次出海之前，听预报、观天气、看海水。”

思考：

1. 请总结在网络发达的今天，可以如何改进当年的调研方案。

____

____

____

____

2. 请总结在进行商品入市调研时，除了产品本身卖点和设计之外，还需考虑哪些方面。

____

____

____

____

3. 请总结北华饮业重新调研，并进行改进，体现了哪些工匠精神。

____

____

____

【任务目标与质量要求】

利用百度指数对关键词进行搜索，可以洞察其热度变化，从多个角度进行市场分析。

最近公司要帮助一家空调销售公司举办一场空调促销活动，师傅要求学徒针对网民对空调的关注情况进行分析，利用百度指数完成一份调研报告。

对某种商品进行市场调研，首先要明确调研目标，本次调研要达到什么目的；其次要选择合适的调研途径，网络调研有多种方式，应选取相对成本较低、数据获取容易的方式进行；最后形成完善的调研报告。

【学习产出目标】

1. 使用百度指数进行数据分析。
2. 掌握网络市场调研报告的撰写步骤。
3. 独立完成调研报告撰写。

【工作程序与方法要求】

步骤 1　打开百度指数

百度搜索“百度指数”，登录进入。

步骤 2　搜索指数分析

2021 年 12 月 7 日至 2022 年 1 月 5 日，30 天内空调百度搜索指数如图 3-1-29 所示。该指数是显示互联网用户对关键词搜索关注程度及持续变化情况。以网民在百度的搜索量为数据基础，以关键词为统计对象，科学分析并计算出各个关键词在百度网页搜索中搜索频次的加权值。根据数据来源不同，搜索指数分为 PC 搜索指数和移动搜索指数。根据空调搜索指数可知，空调关键词整体搜索指数为 23 551，整体同比增长 1 516%，整体环比降低 60%，移动搜索同比增长 2 274%，移动搜索环比降低 60%。同比增长幅度较大，说明相较上一年度同期，本年度网民对于空调的关注程度明显增加。通过趋势图可知在这 30 天内，网民对于空调的关注程度呈现下降趋势，在 2021 年 12 月 23 日下降明显。

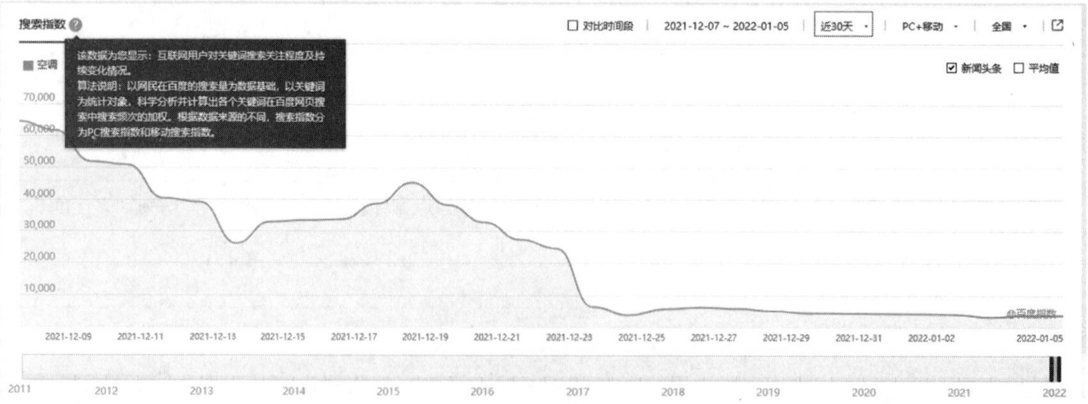

图 3-1-29　空调百度搜索指数

百度搜索指数可以根据需求选择时间或进行时间段对比，选择 PC 或移动端，也可以对具体省份进行选择，如图 3-1-30 所示。

图 3-1-30　百度指数条件选择

选择“新闻头条”,百度搜索指数会显示当天与关键词相关的新闻。如图 3-1-31 所示。

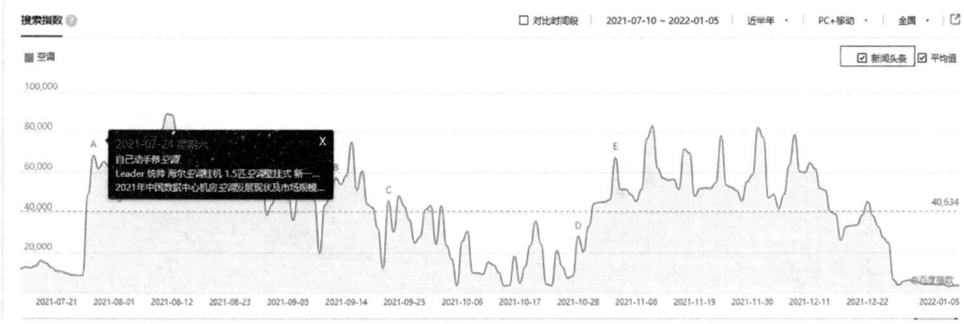

图 3-1-31　搜索指数新闻头条

步骤 3　资讯指数分析

资讯指数显示的是新闻资讯在互联网上对特定关键词的关注、报道程度及持续变化。资讯指数是以百度智能分发和推荐内容数据为基础,将网民的阅读、评论、转发、点赞、不喜欢等行为的数量加权求和得出的。空调资讯指数如图 3-1-32 所示,可知空调日均指数值为 190 115,同比下降 44%,环比下降 51%。

资讯指数概览

关键词	日均值	同比	环比
空调	190,115	-44% ↓	-51% ↓

数据更新时间:每天12~16时,受数据波动影响,可能会有延迟。

图 3-1-32　空调资讯指数

步骤 4　需求图谱和相关词分析

百度搜索需求图谱如图 3-1-33 所示,可知消费者关注的空调品牌有格力、美的、米家、志高;消费者关注的空调类型有商用空调、立式空调;消费者关注的空调属性有通风除尘。

空调的百度相关词热度如图 3-1-34 所示。可见,格力空调是相关词热度最高的品牌,排名前十的相关词中,有两个和空调品牌相关,可见消费者重视产品的品牌。搜索变化率排名前两位的也与“格力”品牌相关,并且均呈现上升趋势,除此之外,志高空调、米家空调和美的空调的搜索变化率排名也比较高。“小空调”在相关词搜索热度和搜索转化率前十位排名中均出现了,说明这可能是消费者偏爱的一种空调类型。

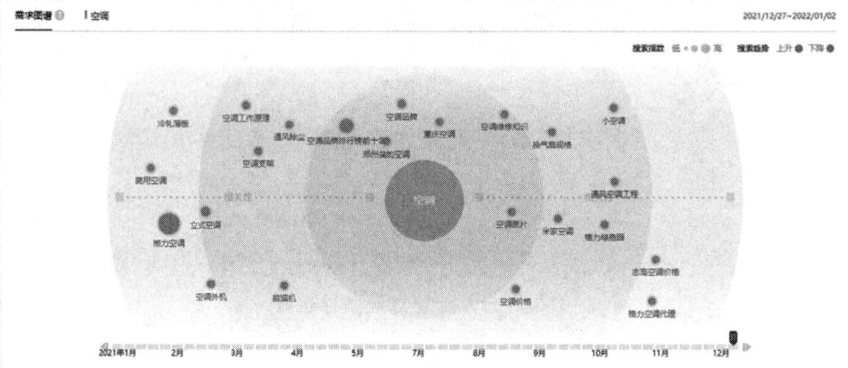

图 3-1-33　空调需求图谱

图 3-1-34　空调相关词热度

步骤 5　人群画像分析

空调人群画像的地域分布如图 3-1-35 所示，可见在全国范围内，对“空调”关注程度最高的省份是江苏，其次为山东、河北、上海、河南、北京、浙江、四川、安徽、广东。表明在以上省份，消费者对空调的关注程度更高。通过图 3-1-36 可知，30～39 岁的人群对空调关注程度最高，其次为 20～29 岁，其他年龄段的人群对空调关注程度较低，表明年轻人和中青年人群对空调更关注，产品的设计和推广可偏年轻化。通过人群属性的统计图我们还可以知道，相较女性(38.23%)，男性对空调更为关注(61.77%)。人群画像的兴趣分布见图 3-1-37，可以看出，关注空调的人群的兴趣分布并没有显示出明显不同，在每个领域较为平均。

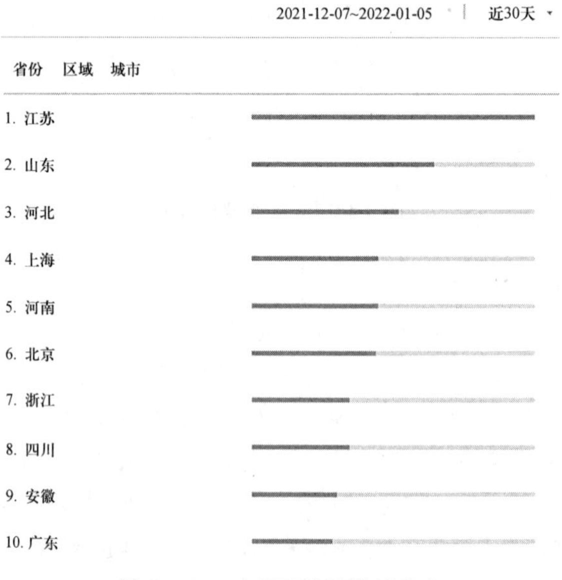

图 3-1-35　人群画像的地域分布

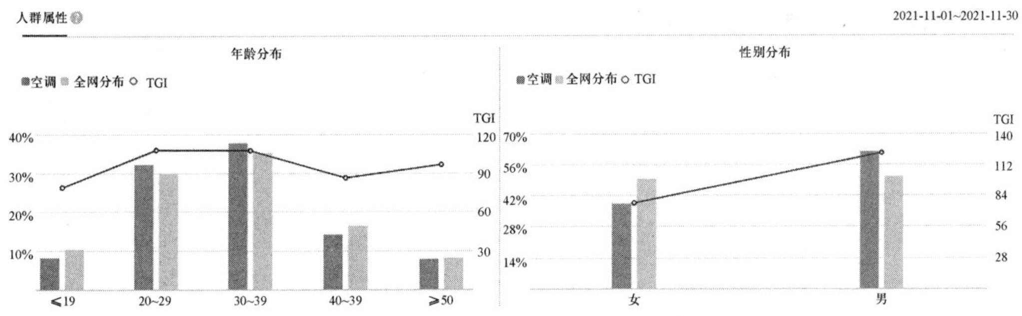

图 3-1-36 人群画像的人群属性

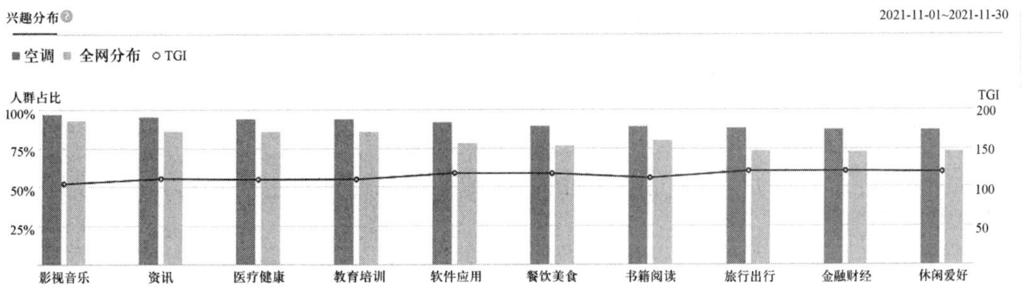

图 3-1-37 人群画像的兴趣分布

步骤 6 网络市场调研报告撰写

根据调查结果撰写网络市场调研报告。

【工作任务实施记录与评价】

1. 工作任务实施记录

序号	实施步骤	实施记录
1	打开百度指数	
2	搜索指数分析	
3	资讯指数分析	
4	需求图谱和相关词分析	
5	人群画像分析	
6	网络市场调研报告撰写	

2. 工作任务实施自我评价

师傅指导记录	任务经验总结	自我评价
		优秀□ 良好□ 一般□ 较差□
		学徒签名
		日期

3. 工作任务实施师傅评价

学徒工作任务实施情况评价(50%)				
序号	内容	分值	师傅评价	
			评分	评价与提升建议
1	百度指数数据分析	15		
2	网络市场调研报告的撰写步骤描述	5		
3	调研报告撰写	30		
小计		50		
学徒关键职业能力及职业品质、工匠精神评价(50%)				
序号	内容	分值	师傅评价	
			评分	评价与提升建议
1	工作态度	10		
2	吃苦耐劳、学习钻研	10		
3	团队协作、沟通交流	10		
4	认真负责、诚实守信	10		
5	主动创新	10		
小计		50		
合计		100		
师傅签名		日期		

项目二
网络营销推广内容设计

【知识目标】

- 了解新媒体内容的表现形式，能够描述内容定位原则、流程。
- 掌握常见电商标题与文案类型。

【能力目标】

- 能够根据网络营销推广需求，完成新媒体内容定位分析。
- 能够灵活运用相关技巧进行网络营销文案的撰写。

【素质目标】

- 增强在生产与传播内容的过程中积极宣传正能量的意识。
- 培养新媒体内容创作者精益求新、开拓创新的工作态度。

任务一　新媒体内容定位

【专业知识准备】

随着互联网技术的发展，企业对于网络营销推广的要求越来越高，由此催生出了新媒体营销，这种方式为企业提高产品或者品牌知名度、增加忠实用户数量提供了新的方向。在新媒体营销市场过度饱和的情况下，企业要想获得竞争优势，达到更好的网络推广效果，就需要做好用户定位和内容定位，结合用户需求，将营销信息精准地投放给目标客户，提高产品或品牌的综合竞争力。

一、新媒体内容的表现形式

新媒体营销的内容表现形式非常丰富，如文字、图片、音频、视频等，这些内容表现形式的表现力与特点都不相同，可以充分满足新媒体运营对内容的不同需求，下面分别对其进行介绍。

1. 文字

文字具有直观、准确、占用体积小等特点，可以简单、准确地传递内容的核心价值，不容易使用户产生错误理解。同时，文字的表现手法多样，不同的文字写作方法可以带来不同的运营效果，可以快速吸引用户的注意并引起用户的共鸣。以文字形式表达大量内容时一般字数较多、篇幅较长，此时要注意描述准确、用语简洁，每个段落的篇幅不要太长，要方便用户阅读。这种大篇幅的文字很容易造成用户的阅读疲劳及反感，因此除了专业性较强或需要提供较多文字说明的内容外，一般不建议采用大段的文字说明。

2. 图片

图片比文字具有更强的视觉冲击力，可以在展示内容的同时给用户一定的想象空间。新媒体营销中的图片内容展示可以全部是图片，也可以将文字作为图片的一部分融合到图片中，使图片既能更鲜明地表达主题，又能快速提升用户的阅读体验。但文字在图片中的比例以及文字的大小要适宜，确保查看图片时文字内容清晰且不遮挡图片。

3. 音频

与文字和图片相比，音频更具有亲和力，能够快速拉近与用户之间的距离，可以让用户感受到亲切且增加与用户之间的互动。但收录音频时可能由于外界干扰使音频信息不完整，影响用户对音频信息的接收，导致其错失重要的内容。因此，以音频方式进行新媒体营销时，要保证录音环境没有噪声，要吐字清晰、语速适当、用语简明，以方便用户理解和接受。

4. 视频

视频是目前较为主流的新媒体内容表现形式，它能够更加生动、形象地展现内容，具有很强的吸引力，能增加用户对运营内容的信任。在使用视频作为新媒体内容的表现形式时，运营人员可以直接拍摄视频，并对视频内容进行编辑，但要保证视频内容的真实性，不能为了运营效果拼接虚假视频片段。实力雄厚的大企业可以通过专业的视频制作公司来制作视频内容，以体现其专业性和内容的质量。而个人可以通过自媒体平台来制作具有个人特色风格的视频，树立个人品牌。

二、内容定位的内涵

新媒体内容通过不同的表现形式，可以充分满足营销人员的不同营销需求，建立并保持与用户的良好关系，达到推广产品、树立良好的品牌形象的目的。通过对内容进行定位，营销人员可以使输出的营销信息更符合用户需求，达到为用户解决实际问题的目的，培养出用户的品牌忠诚度。

内容运营最重要的是内容，内容是你传达给用户的信息，比如汽车维修的知识、花草养护的知识，或者是公司某产品，内容就是关于该知识点和产品的介绍，内容运营的目的是获得粉丝最大的关键兴趣，产生播放、传播以及消费。如何才能抓住用户的心，想要抓住哪个年龄阶段、哪个人群的粉丝，就是内容定位。内容定位是对粉丝人群更精准的收揽，也是对品牌的深耕和校准。

三、内容定位的原则

内容定位可以帮助营销人员确定营销方向，因此，内容定位需要满足以下 5 个原则。

1. 风格统一

内容风格需要根据企业产品或品牌的定位决定，保证内容风格、用语统一，使内容的专业性更高，用户的阅读体验更好。

2. 高频输出

高频输出是指内容输出能够保持同一频率，并且持续发布，如哔哩哔哩某知名视频作者，其内容输出保持在一周两次更新。保持高频率的内容输出对刚起步的新媒体账号是十分重要的，只有内容精彩，且更新频率高，用户才会更愿意关注该新媒体账号。

3. 满足用户需求

内容定位需要从用户的需求出发，挖掘用户的痛点，将其转化为文字、图片、视频等不同形式的内容，引起用户的共鸣。例如，某知名视频博主，就是抓住用户对“采菊东篱下，悠然见南山”的向往，以美食文化为主线，从衣、食、住、行等方面复刻农耕文明的平静、安宁与从容，并结合积极向上、热爱生活的处世态度，以视频的形式传达出来，获得了国内外用户的喜爱。

4. 符合营销目的

内容写作的方向应随营销目的的改变而改变。例如，如果以广告分成为目的，那么内容就要注重阅读量，可结合热点、娱乐等信息来确定内容写作的方向；如果以个人品牌建设为目的，那么就要注重内容的质量与专业性，以累积个人口碑；如果以销售产品为目的，那么就要注重引流和转化，要选择能够直接引导到产品链接页面的营销平台，并在内容中突出目标用户的痛点或可以获得的好处。

5. 贴合营销人员的能力

内容写作与营销人员的能力息息相关，只有营销人员具有对内容的策划、写作和整合能力，才能呈现出预想的内容，达到营销目的。营销人员在进行内容写作时，需要分析自身具有的优势，通过自身优势进行内容定位，强化内容写作技巧。

四、内容定位的流程

新媒体内容营销需要以内容为载体进行市场推广，增加产品的销售量。想要实现内容营销，需要先进行内容定位，掌握内容定位的流程。一般而言，内容定位的流程包括圈定目标人群、确定营销方式、选择营销媒介、策划和包装内容、打造内容亮点、设计转化入口以及追踪和反馈效果 7 个阶段。

1. 圈定目标人群

圈定目标人群是指缩小企业成本投入范围，确定具有重要价值的核心目标用户。一个产品的目标用户范围通常会比较广泛，但在这个大范围内，只有一定数量的用户会为产品创造价值，企业需要找出这部分目标用户，缩小成本投入范围，分析其消费方式、习惯以及心理，挖掘能够触动他们的痛点，针对目标人群制定营销策略，提高推广的精准度。

2. 确定营销方式

在进行内容定位前，营销人员应根据产品和品牌的特点、营销目的和营销途径，选择适合的营销方式。例如，小米、华为等手机品牌常通过发布会进行宣传；一些名人常通过演讲、直播等方式进行宣传；网络达人常通过拍摄视频、vlog（video blog，即视频博客、视频网络日志，多用于记录作者的个人生活日常）、直播进行营销。营销人员在选择营销方式时，应选择能够更恰当、更完整地表达营销内容的方式，或自己较为擅长的领域进行专门的内容策划。

3. 选择营销媒介

有了好的营销内容后，营销人员只有依靠优质的营销媒介和渠道，才能扩大营销范围，增强营销效果。在新媒体平台上，内容营销可选择的平台也更多，因此，营销人员需要根据具体的营销策略，选择适合的平台或者联合其他平台进行推广。此外，营销人员还可以借助有影响力的人进行推广，如自由撰稿人、合作伙伴、行业意见领袖、忠实优质的“粉丝”等。

4. 策划和包装内容

策划和包装内容是内容营销中的重要一环。即使是好的内容，也需要一定的机遇，营销人员适当在不同时间反复使用、包装内容，可以增加内容的曝光率，吸引更多用户的注意，保持内容在核心目标用户中的曝光度。

5. 打造内容亮点

打造内容亮点是内容营销的核心，能够使内容创造更多产品或品牌价值。在进行内容营销的过程中，营销人员往往难以保证每一个内容推广的亮点，但依然要将亮点作为内容营销的重点。一般可以从优化关键词、展现价值、体现品牌精神、挖掘用户痛点这 4 个方面进行思考。

(1)优化关键词　只有能够被用户搜索到的内容，才能有机会发挥其营销价值，因此，优化关键词是十分必要的。如果用户看完营销内容后，能使用某几个关键词将其描述出来，那么该内容营销就是成功的。

(2)展现价值　在大的营销环境下，大多是同质产品之间的竞争，在价格相仿、渠道来源相似的情况下，只有将自身的价值清楚地展现给用户，才能与竞争者形成差异，从同类产品中脱颖而出。

(3)体现品牌精神　现在的网络营销逐渐向品牌化的方向发展，品牌可以有效提高用户对产品的辨识度、接受度和忠诚度，品牌化的产品也更容易被大众所接受，因此内容营销要有意识地树立和宣传品牌，设计自己的风格，打造个性化品牌。

(4)挖掘用户痛点　用户是内容营销的中心，拥有用户才可以实现最终的营销效果。只有抓住用户的痛点，从用户角度出发撰写内容，才能为用户提供他们真正需要的内容，才能更容易满足用户需求，引发用户共鸣。

6. 设计转化入口

不管是视频、声音、图片还是文章，任何优质内容在推出时都需要一个方便用户行动的入口，如“快速关注”“直接购买”“了解更多”“收藏转发”等，让用户可以及时通过简单便捷的入口对所接收的信息进行关注、购买、收藏等。一般来说，用户刚接收信息的时候是转化的最佳时刻，时间间隔越久，入口操作越复杂，用户的转化率就越低。

由于内容营销的发布渠道很多，每个渠道都拥有不同的入口和功能，营销人员可以选择合适的渠道进行内容的营销和发布，也可以自己制作方便用户转化的二维码或导向链接。

7. 追踪和反馈效果

一般来说，衡量内容营销的质量和效果可以采取内容制作效率、内容传播广度、内容传播次数、内容转化率等指标。根据各项指标的实际表现对内容营销的效果进行评价和判断，再对表现不佳的指标进行优化改善，从而获取更大的营销价值。

五、保证内容质量

内容营销要想获得较好的效果，均需在内容上做文章。如何留住用户，让用户对内容产生进一步的兴趣，这些都直接受到内容质量的影响。

1. 提高内容与用户的联系

内容与用户之间的联系是营销信息得以推广的前提，富有乐趣且与用户联系更紧密的内容信息往往更容易感染用户，引发用户共鸣，促使用户与他人分享，甚至改变用户的价值观，让用户主动参与内容创造的过程。

2. 寻找人性化的素材

人性化是贴近用户、拉近用户距离非常有效的一种手段。一般来说，人性化的素材主要包括4个方面的内容：社交人格化、叙事社会化、内容即时性、科普娱乐性。社交人格化指为品牌或产品赋予人的形象，通过互动的方式创造内容；叙事社会化指用故事来做内容，用好的故事引发用户的感情投入，优质的故事甚至可以刺激用户主动补充和创建故事内容；内容即时性指内容可以引起用户兴趣，同时方便其阅读，如简单、精练、搞笑、娱乐、竞争等性质的内容可以快速吸引用户眼球，提高内容阅读量、传播深度和知名度；科普娱乐性指内容应该通过大众熟悉和喜欢的方式进行推广，将复杂议题简单化，用娱乐诙谐的手法普及给用户，有效地进行产品和品牌价值的传递。

3. 更多的用户共同参与

互动是内容运营的一个重要因素，要实现更多用户的一起参与，就需要注重内容的发布、平台和活动策划。

4. 重视内容的创意

内容有鼓舞用户、娱乐用户、教育用户和说服用户的作用，营销人员应在新媒体营销前先明确营销目的和想要达到的效果，然后根据目标有的放矢，用最合适的方式与创意创造内容。

内容营销需要企业长期坚持，才能将“内容”深入用户心中，使用户形成对品牌的固有印象，只有坚持更新，培养好的内容营销习惯，才能创造更多优质的内容，持续向用户分享有价值的信息。

六、内容定位的误区

在信息泛滥的新媒体时代，要想在众多信息中脱颖而出，需要避免内容营销的一些误区，使内容更加简练，更容易吸引用户点击阅读。常见误区有如下几点。

1. 内容脱离消费者需求

内容营销需要从用户角度考虑，而非对产品的不断输出，不能只一味地营销产品，而要引起共鸣。

2. 未进行系统规划

在进行内容营销时，需要持续地输出内容，如果长期断更或放弃更新，就会导致用户逐渐失望，进而不再关注账号。此外，还需要对内容进行系统规划，在与用户联系较弱时，需要通过内容对品牌进行丰富，再加上专业化的语言，使用户逐渐产生黏性并偏好目标品牌；当品牌与用户之间的联系被强化后，就需要维系并经营已有的联系，通过对品牌内涵、社会价值等内容进行讨论提高用户的忠诚度。

3. 广告植入不当

太过生硬的广告植入容易使用户产生厌烦心理，往往不能取得好的营销效果；但太过委婉的广告植入，有时候也无法取得较好的营销效果，一般而言，这类精心设计过的营销内容，虽然看起来很吸引人，但实际上却很难使用户耐心看到广告植入部分。只有将内容和广告相结合，找到用户能够接受的方式，才能吸引更多用户关注，甚至还会期待下一条营销广告。

4. 忽视传播的作用

在信息泛滥的时代，不是内容足够优秀就能够让用户进行自发传播的，即使内容足够优秀，但如果不做传播，也很容易被淹没在信息洪流之中。因此，营销人员应掌握一定的内容推广工具，学会与其他内容创作者合作，为内容带来更多流量，达到内容营销目的。

【任务导入】

通过一段时间的实习工作，师傅布置了独立进行网店内容设计的工作任务，请学徒结合所学知识与对公司业务开展的观察、学习，选择公司经营的产品之一，进行新媒体内容定位分析。

思考：

1. 请总结网络营销推广岗位的具体工作。

____

____

____

____

2. 请总结胜任网络营销推广岗位需要具备的能力。

____

____

____

____

【任务目标与质量要求】

任务：分析“下一站，无惧年龄”内容定位。

搜索“下一站，无惧年龄”视频，观看视频内容，分析该视频的目标用户，以及内容定位，熟悉内容定位的相关知识。

通过对微博内容的整理，以及对视频的内容流程梳理，把握目标客户，抓住该产品营销痛点，做好内容定位。

【学习产出目标】

1. 根据宣传视频分析目标用户。
2. 根据宣传视频总结内容定位流程。
3. 选取公司运营产品之一，完成新媒体内容定位分析。

【工作程序与方法要求】

根据实训要求，通过搜索相关资料，分析目标用户特点，再结合微博上的相关信息，分析内容定位的流程，具体步骤如下。

步骤 1　分析目标用户

在微博上搜索“下一站，无惧年龄”，查看微博上相关用户发布的微博内容，分析该视频的目标用户具有的特点。

步骤 2　分析内容定位流程

在搜索网站中，查找“下一站，无惧年龄”视频的相关资料，结合微博上的信息，试分析该品牌进行内容定位的步骤。

步骤3　新媒体内容定位分析

在师傅的指导下选取合适的产品，按照选定目标人群、确定营销方式、选择营销媒介、策划和包装内容、打造内容亮点、设计转化入口以及追踪和反馈效果的步骤，完成内容定位分析。

【工作任务实施记录与评价】

1. 工作任务实施记录

序号	实施步骤	实施记录
1	分析目标用户	
2	分析内容定位流程	
3	新媒体内容定位分析	

2. 工作任务实施自我评价

师傅指导记录	任务经验总结	自我评价
		优秀□　良好□　一般□　较差□
		学徒签名
		日期

3. 工作任务实施师傅评价

学徒工作任务实施情况评价（50%）				
序号	内容	分值	师傅评价	
			评分	评价与提升建议
1	查找到某品牌微博账号中的视频，并结合微博内容进行分析	20		
2	能够分析该视频的目标客户	15		
3	找准该视频的内容定位流程，得出有效结论	15		
小计		50		
学徒关键职业能力及职业品质、工匠精神评价（50%）				
序号	内容	分值	师傅评价	
			评分	评价与提升建议
1	工作态度	10		
2	吃苦耐劳、学习钻研	10		
3	团队协作、沟通交流	10		
4	认真负责、诚实守信	10		
5	主动创新	10		
小计		50		
合计		100		
师傅签名		日期		

任务二　设计标题与文案

【专业知识准备】

一、网络营销标题设计

撰写一篇好的网络营销文案的一个重要环节就是拟一个好的标题。一个好的标题往往决定着网络营销文案是不是吸引人，是不是可以被人们记住，软文是不是可以流传得很广，标题在这里起到了非常大的作用。那怎样才可以写出一个非常好的标题呢？现在网络营销方式有很多，比如微信营销、微博营销、各种社交平台营销以及新闻营销，不同的营销方式所需要的标题及其撰写方法是不一样的，本任务将介绍网络营销最为常用的标题撰写方法。

1. 几种常见的电商文案标题

(1)宣示式标题　在各大主流的平台上，最常见的就是这种标题，这种标题的特点是严肃性以及实事求是，通常标题内容就是文章的核心内容。一般严肃性的、官方性的内容都会采用这种标题。

(2)新闻式标题　直截了当地告之消费者最近发生的某些事实。多用于介绍新上市产品或出台什么新措施，目的在于引起大众关心而转读正文。

(3)颂扬式标题　是指用正面、积极的态度，在标题上直接称赞商品。这类标题不常见，因为以正面的方法来积极地称赞广告商品的优点易招人反感，切记不要夸大事实。

(4)提问式标题　是通过提出问题来引起关注，从而促使目标受众发生兴趣，在思想上互动，启发他们的思考，产生共鸣，留下印象。例如，“如何利用网络书签做网络推广和网站优化”“送上门的衣服你不要吗”，这类标题在教程式或者分享式文章里非常常见。

(5)诉求式标题　它是指通过宣传媒介向目标消费者诉说，以求达到商家期望的反应。比如“万能美肤方法，荨麻疹、痘痘肌、毛孔粗大，一招解决”“一张图告诉你肚子疼的各种可能”。

(6)对比式标题　通过与同类商品进行对比，突出本产品的独到之处，来加深消费者对本商品的认识。但要注意，做对比不能直接“指名道姓”，采取泛指为妥。

(7)悬念式标题　是用令人感兴趣而一时又难以做出答复的话作为标题，使读者由于惊讶、猜想而读正文。此类标题应具趣味性、启发性和制造悬念的特点，并能以正文作答。重点就是激发人们的好奇心。

2. 如何写出让消费者感兴趣的标题

首先，文案标题要有灵魂，通俗明了、简明扼要，一般标题在10个字左右较好；能对消费者立即产生打动效果，要能吸引消费者的注意力，比如优惠活动等，使消费者对文案正文产生兴趣。

其次，给出消费者最想要的数据。无数据，不成文案，如果选择用数字或数据来撰写文案，那所使用的数字或数据一定要能让人信服。

再次，标题要个性化。

最后，借助最新热点事件。这里可以借名人、借热点、借流行。比如，“上巳节，向心爱的人赠出春天里开放的爱情花”“某某谈产品设计十大要素”“比A4腰还靠谱的事实，真相永远只有一个”等。

二、网络营销文案撰写

网络营销文案是网络营销落地实施的具体表现形式，产品销售页面需要具有很大说服力的文案，资讯内容需要具有深度价值的文案，网络传播更是需要具有病毒式爆发力的文案，显然文案撰写是至关重要的，也是有技巧可循的。

1. 做消费者喜欢的文案

一个好的网络营销文案可以让消费者了解商品的卖点，帮助消费者了解商品品牌形象，满足消费者的购物心理，引起消费者的情感共鸣。那么消费者喜欢什么样的文案呢？可以归纳为3点：

(1)不像广告的电商文案　比如网易新闻联合某知名外卖品牌推出的“丧茶”文案：“一块儿抄作业的哥们已经有了小孩”“一块儿谈理想的上铺丰满得只剩身材”“我的日子一直不好不坏”，通过赋予商品个性化，迎合消费者的负面情绪，把生活中那些不如意的事写成文案，以此引起消费者的共鸣。

(2)具有权威性的电商文案　对消费者来说，他们不会轻易购买自己不了解、没有把握的商品，这时如果有某位行家、专家的评价，那么消费者往往会深信不疑。另外，明星效应在任何社交媒体上都是极其有效的，因为好奇心始终长存于人性之中，明星在社交媒体上的一句话、一张图，哪怕只是一个表情，都能引起其粉丝的关注。

(3)用最少的字写出最经典的文案　如知名化妆品品牌拒绝毫无新意的程式化文案，拒绝了无生趣的模式化配图，不走寻常路，文案言简意赅却又直击人心，以插画配合简明扼要的文字，一针见血地突出了商品的特点。

2. 常见的文案类型

在网络营销推广中，常见的文案类型有促销营销文案、商品营销文案、活动营销文案、痛点营销文案、卖点营销文案等。

(1)促销营销文案　要求促销字眼突出，要让消费者感受到“划算”“超值”，要在促销营销文案中加入一点创意，但一定要保证促销信息真实可靠。

(2)商品营销文案　要描述商品的核心功能或典型使用情景，文案设计要有阅读层次性，以渐进式的文字设计引导消费者认知商品，以标题文字为核心，以内容解释文字为基础，设计要具有情感化特征，具有可读性。

(3)活动营销文案　核心内容要突出，不需要太过仔细地描述活动内容，简要介绍即可，要有一定的创意。

(4)痛点营销文案　要站在消费者的角度去想问题，先罗列出消费者会面临的问题，然后从这些问题入手，将解决问题的办法和商品融入文案。可以考虑从亲情爱情、群体、掌控感和安全感这几个角度入手。

(5)卖点营销文案　一定要在两句话之内将商品的卖点说清楚，不要在文案中一次性放置太多的卖点，最好是从商品诸多卖点中选择一个最吸引人、最核心的。

【任务目标与质量要求】

任务：为某品牌二锅头设计一份文案。

假如你所在的公司打算销售某品牌二锅头，现在你负责本次网络营销推广活动，请设计一份故事情感型文案，要求故事内容贴近生活，给予希望，同时将“6·18”大促活动信息融入文案，为本次活动预热，提高产品销量。

【学习产出目标】

1. 完成标题海报设计。
2. 完成营销文案撰写。
3. 完成流量变现，提高产品销量。

【工作程序与方法要求】

根据实训要求，本例将通过购物网站网店对产品进行营销，以达到预热活动、引流变现的目的，具体步骤如下。

步骤1　结合给定产品了解消费者的立场

要能精准地捕捉消费者的内在需求，找准消费者的痛点所在，要充分建立起消费者痛点与商品的联系，设计故事主线：“失意”人生，也要肆意生活。

步骤2　设计并撰写营销文案

考虑“价值点＋触动力”，设计海报中的一句话文案，同时可以适当融入商品信息、网店信息。

步骤3　多个平台推广

在购物网站网店融入详情页内容，也可通过微博、微信朋友圈发布，引起共鸣，吸引注意力。

【工作任务实施记录与评价】

1. 工作任务实施记录

序号	实施步骤	实施记录
1	结合给定产品了解消费者的立场	
2	设计并撰写营销文案	
3	多个平台推广	

2. 工作任务实施自我评价

师傅指导记录	任务经验总结	自我评价
		优秀□　良好□　一般□　较差□
		学徒签名
		日期

3. 工作任务实施师傅评价

学徒工作任务实施情况评价(50%)				
序号	内容	分值	师傅评价	
			评分	评价与提升建议
1	抓住消费者的兴趣,找到痛点	10		
2	通过关联法找电商文案切入点	15		
3	能够设计带有公司活动信息的海报	15		
4	能够撰写出文案,并推广产生营销效果	10		
小计		50		
学徒关键职业能力及职业品质、工匠精神评价(50%)				
序号	内容	分值	师傅评价	
			评分	评价与提升建议
1	工作态度	10		
2	吃苦耐劳、学习钻研	10		
3	团队协作、沟通交流	10		
4	认真负责、诚实守信	10		
5	主动创新	10		
小计		50		
合计		100		
师傅签名		日期		

项目三

微信营销推广

【知识目标】

- 了解微信营销的特点。
- 掌握个人微信营销的内容、个人微信运营的步骤与方法。
- 熟悉微信公众号申请与认证的流程。
- 熟悉 H5 营销流程与制作注意事项。
- 掌握社群规则、社群构建与维护的方法与步骤。

【能力目标】

- 能够完成微信营销选题策划，并进行微信个人号营销。
- 能够根据网络营销推广需要，完成公众号文章写作、美化与推送。
- 能够灵活运用制作技巧，完成 H5 制作。
- 能够根据网络营销推广需求，完成社群构建与维护。

【素质目标】

- 通过家乡农特产品营销推广任务，引导学徒积极投身乡村振兴、电商兴农事业，培养服务地方经济和助家乡发展的情怀。
- 遵守平台规则，引导学徒养成按规矩办事的工作习惯，将规则意识内化为自身内在品质。

任务一　微信个人号营销

【专业知识准备】

一、微信营销认知

（一）微信

微信(WeChat)是腾讯公司于 2011 年 1 月 21 日推出的一个为智能终端提供即时通信服务的免费应用程序。为了便于沟通，腾讯公司在手机微信的基础上开发了微信网页版和微信 PC 版。微信手机端和 PC 端打通之后，就可以直接在网页浏览器里收发信息，甚至可以在 PC

端和手机端之间传输文件、图片。

（二）微信营销

微信营销是网络经济时代企业或个人营销模式的一种，也是伴随着微信的盛行而兴起的一种网络营销方式。微信不存在距离的限制，用户注册微信后，可与周围同样注册的“朋友”形成一种联系，用户订阅自己所需的信息，商家通过提供用户需要的信息推广自己的产品，从而实现点对点的营销。目前，微信营销主要通过个人微信、微信公众号、小程序来开展。

（三）微信营销的特点

1. 点对点精准营销

微信拥有庞大的用户群，借助移动终端、天然的社交和位置定位等优势，每个信息都是可以推送的，能够让每个个体都有机会接收到这个信息，继而帮助商家实现点对点精准化营销。

2. 形式灵活多样

(1)漂流瓶　用户可以发布语音或文字并投入“大海”，如果有其他用户“捞”到则可以展开对话。

(2)位置签名　商家可以利用“用户签名档”这个免费的广告位为自己做宣传，附近的微信用户就能看到商家的信息了。

(3)二维码　用户可以通过扫描二维码来添加朋友、关注企业账号；企业可以设定自己品牌的二维码，用折扣和优惠来吸引用户关注，开拓 O2O 的营销模式。

(4)开放平台　通过微信开放平台，应用开发者可以接入第三方应用，还可以将应用的标志放入微信附件栏，使用户可以方便地在会话中调用第三方应用进行内容选择与分享。例如，“美丽说”的用户可以将自己在“美丽说”中的内容分享到微信中，可以使一件“美丽说”的商品得到不断的传播，进而实现口碑营销。

(5)公众平台　在微信上，每个人都可以用账号打造自己的微信公众平台，并在平台上实现和特定群体的文字、图片、语音的全方位沟通和互动。

3. 强关系的机遇

微信点对点的产品形态注定了其能够通过互动的形式将普通关系发展成强关系，从而产生更大的价值。微信通过互动的形式与用户建立联系，互动就是聊天，可以答疑解惑、讲故事、吐心声，用一切形式让企业与消费者形成朋友关系，你不会相信陌生人，但是会信任你的“朋友”。

二、个人微信营销

（一）个人微信营销设计

个人微信相当于一张名片，其他人可通过观察微信头像、昵称、个性签名及朋友圈来判断你是一个怎样的人，从而增加对方愿意与你接触的可能性。

个人微信设计包括头像、昵称、微信号、个性签名、地区、朋友圈等方面。

1. 头像

头像代表品位、信任度，是客户对你的第一印象。个人微信是对外沟通的品牌形象，不要传递浓厚的商业信息，而是要表达个人魅力，因此建议使用积极阳光、有亲和力的个人形象照片。微信头像设置需要注意：辨识度高、清晰自然、真实可信、贴近职业、匹配度高、个性鲜明、有话题性。

2. 昵称

昵称是互联网里的个人商标，是与客户微信互动时客户第一时间接触到的内容。一个恰到好处的昵称会降低沟通成本。

优秀的个人头像和昵称具有这些特点：品牌一致，重复刺激；文字简短，搜索便捷；拼写简单，便于输入；提供标签，对号入座；长期不变，保持记忆；忘掉技巧，拿出真诚。

3. 微信号

微信号是微信生态中的身份 ID，是微信中的唯一识别号，我们可以通过微信号搜索用户。为了便于记忆及传播，微信号要好记、好识、好输入，尽量使用名称全拼，最好与手机号码关联以便于被搜索。我们还可以采用微信号系列化命名的方式进行矩阵营销。

4. 个性签名

个性签名是好友相互了解的一个重要方式，尤其是在新加好友的时候。我们在设计个性签名时忌空、忌硬，即避免空白和纯广告，尤其是在添加好友时，若个性签名全是广告，通过率特别低。个性签名最多可以设置 30 个字，风格可以严肃也可以幽默，关键要展示个性及特点，同时需要考虑手机屏幕的尺寸。例如，个性签名为"电商数据分析师，欢迎交流"。

5. 地区

添加好友时，个人信息中的地区也是一个影响通过率的因素。尤其是在营销活动中，地区设置得很远会让用户觉得不踏实。

6. 朋友圈

朋友圈中发布的状态是关于一个人的各种信息碎片，很多用户通过查看朋友圈发布的内容来判断一个人。

朋友圈装修包括朋友圈封面和朋友圈行为。朋友圈封面的图片可以通过软营销的方式展示业务或需求信息。如果个人微信号定义为营销号，可以做一张广告图作为封面，把营销的产品放在图片上。

朋友圈行为有发布、转发、评论和点赞等。用户在朋友圈发布图片、文字、视频、链接等内容，而我们通过了解用户在朋友圈发布的内容、数量和时间，就会了解这个用户。转发的内容可以看出这个人的价值观和世界观倾向。评论和点赞是微信朋友圈的"礼仪"，评论和点赞多的人在人际交往中有更多的发言权，而且善于与他人交流。

7. 做一做

打开你的个人微信，查看 5 个微信好友，从头像、昵称、微信号、个性签名、地区和朋友圈等方面来评估这 5 个微信好友的朋友圈装修是否合格，并提出改进建议。

（二）添加微信好友的方法

1. 手机通信录导入

直接导入手机通信录，将原有的好友圈和人脉圈导入微信。

2. 二维码扫一扫

可以用于线下添加好友、线下实体店铺引流和线下活动引流等。

3. 主流社群平台引流

主流的社群平台可以用于个人微信导流。例如，在微博、QQ、知乎、抖音、淘宝等平台上留下微信号，分享目标用户关注的内容，此时目标用户就会通过搜索微信号来添加你为好友。

4. 利用精准化社群添加好友

利用精准化社群(如微信群、QQ 群)来添加好友,大多数社群成员都是基于某一个共同的兴趣、关系、特征而聚集在一起的,如“万科乐乐妈店团购群”“长春中路儿保群”“许博士电商类教师全面提升交流”等。所以,有针对性地进群,可以找到精准的目标用户。

5. 软文引流

通过写软文或者引用优秀文章并加入个人微信号或二维码,发布到微信公众平台、博客、论坛和百度系的相关产品(如知道、贴吧、经验、文库)中,吸引用户添加。

6. 公众号引流

在公众号中加入个人微信。例如,可以在公众号的关注自动回复、文章末尾等环节留下个人微信来引流。

7. 奖品推荐引流

奖品推荐引流可以直接利用奖品激发用户做推荐,如“发布到朋友圈,添加好友 3 人即可得礼品”,或者开展朋友圈集赞活动等。

8. 巧用微信的添加好友功能

灵活使用微信的添加好友功能,如微信的面对面建群功能可以高效快速地将线下用户拉入微信群中,开展对应的营销活动。

做一做

尝试用上述方法给自己添加 30 个微信好友并比较上述方法的优劣。

三、个人微信运营

软营销是开展个人微信营销的核心。

软营销理论是针对工业经济时代以大规模生产为主要特征的“强势营销”而提出的,它强调企业在进行营销活动时必须尊重消费者的感受与体验,让消费者主动接受企业的营销活动。在网络经济环境下,消费者个性消费回归,消费者购买商品不仅要满足生理需求,还要满足心理和精神需求。软营销理论认为,在网络经济环境下消费者会主动、有选择地与企业沟通,对于不遵守“网络礼仪”的信息会感到反感。

(一)整体运营思路

第一步:添加微信好友、建立良好的信任并对好友进行管理,此时不建议直接发广告。

第二步:根据前期沟通和互动的情况,选择目标产品或服务,或者根据目标产品寻找需要这种产品的好友。

第三步:通过个性签名、位置、朋友圈内容等展示产品,并找到产品所针对的圈子。

第四步:多与好友互动并融入其圈子,建立专业形象。

第五步:将产品植入故事、植入情感、植入差异化,开展有针对性的营销活动。

第六步:系统规划朋友圈营销活动,每周发 1～2 条活动或口碑传播文案。

(二)建立信任

添加微信好友是营销的开始,要实现交易转化,不是依靠好友数量多、发硬性广告(也称“硬广”),而是做一个让好友喜欢、信任的人。建立信任需要 1～3 个月的时间,主要通过互动建立信任感。

1. 通过好友申请

为了提高好友申请通过率，一般除了个人微信号设计需要注意，还要认真填写好友申请，让对方了解你是谁、找对方做什么等，让对方放心通过好友申请。

好友申请语有3个思路：

(1)找到桥梁　即通过一个中间人介绍，拉近距离。

(2)表明身份　用自己企业或品牌为自己增加印象分。

(3)说清目的　开门见山，直接说明添加好友的目的。

2. 好友备注及分组管理

微信好友备注及分组管理可以更好地积累人脉，开展高效沟通，进行客户管理。

好友备注可以添加或修改备注名、标签、电话号码、描述和图片，防止用户重换头像、昵称等带来的不便。对于做业务、需要大量维护人际关系的人来说，可以将用户照片或与用户的合影设置为当前聊天背景和备注中的图片，反复出现，加强记忆，以免认错名字而影响双方的合作。

微信提供的好友分组管理包括备注分组法、标签分组法、重点星标法及VIP置顶法。备注分组法可以为同一个组别的人添加同一个备注前缀，自然成一组。标签分组法可以将好友放在同一个标签下，打开通信录的标签即可看到不同的分类。重点星标法是将一些需要高频率联系的用户设为星标用户，点开通信录就可以快速找到。VIP置顶法是设置“置顶聊天”，一般是对特别重要的好友及用户进行设置。

3. 私聊

(1)自我介绍　私聊的第一个环节就是自我介绍。把握好友通过后的这几分钟，这是互相认识的最佳时间。自我介绍的小技巧：

①简明扼要，不卑不亢　面对陌生人，需要一个得体的自我介绍，以100字左右阐明重点。最基本的自我简介结构：我是谁＋我能提供什么价值＋一些礼节性的寒暄。

②通过朋友圈了解对方　为了让自己的自我介绍更加出彩，可以快速翻阅对方的朋友圈，查看其兴趣、爱好和特征，以双方的交集为出发点，结合自己的特长作为开场，有利于双方更快进入熟悉状态。

③储存几条常用的话术　可以在手机备忘录中储存几条自我介绍，需要的时候直接复制，局部修改即可。

(2)得体互动　与微信好友互动时要得体。有些人在加了微信好友后平时没有互动和交流，只有发广告的时候才想起来，这样迟早会被拉黑或者删除。那如何进行互动呢？

①不要群发　一般情况下，尽量少用或者干脆不用群发。因为每次群发都是对自己信誉和好感度的透支。如果需要群发，可以先写好一个小文案，局部修改后带着对方的称谓单独发给对方。

②杜绝骚扰　群发虚假广告、纯粹的硬广等行为，肯定会让对方反感，导致被删除或举报。

③红包先行　微信社交中，几元的小红包就可以让对方惊喜了。因此，在表达谢意、节日问候、生日祝福和咨询问题时，不妨随手发个红包，可以给对方留下深刻的印象。

4. 朋友圈

微信朋友圈具有私密化的特点，因此营销人员在进行营销时，应该注意发布营销信息的频率,不能不停地发布广告,否则容易造成用户流失。使用微信朋友圈营销时,营销人员可采用以下3种营销技巧。

(1)融入生活　微信朋友圈是用户分享身边事件、个人感想的平台,如果生硬地将营销信息发布出来,虽然达到了营销产品的目的,但更容易引起用户的反感。因此,营销人员可将营销信息融入日常生活中,通过分享生活趣事、感悟,对产品进行营销,达到推广的目的。这种将营销信息融入生活的营销技巧,不仅可以避免用户产生不满情绪,还能与用户进行互动,使用户更容易接受营销信息,给用户留下良好印象,树立营销账号的形象。

(2)分组发布　将营销信息精准地推送给目标人群,不仅能够极大地提高产品的成交率,还能减少营销信息出现在不同目标用户朋友圈的频率,降低刷屏的概率。对不同用户分组,营销人员可以通过单击用户资料页右上角"…"按钮,单击"设置备注和标签"按钮,在"标签"文本框中,输入不同的标签,如"健身",单击"完成"按钮完成分组。营销人员在进行分组发布时,可根据用户的风格类型或与用户的关系分别进行。例如,将需要用户参与进行互动的营销信息,设置发布给较为活跃、经常参与朋友圈活动的用户;对较为了解、有一定信任基础的用户,直接推荐较有针对性的产品。除此之外,营销人员还可以根据目标用户在朋友圈的活跃时间,选择其查看朋友圈的高峰时期进行推广。

(3)借用热点　在互联网时代,热点新闻、热门段子的传播速度非常快,借其热度来进行朋友圈内容的写作可以有效地吸引流量。

5. 扫一扫

"扫一扫"可以用于添加好友、关注微信公众号,以及扫描付款码、AR码、条纹码等,企业在进行营销时,可以将二维码嵌入宣传海报、视频、文案中,吸引用户扫描二维码进入品牌宣传平台,获取营销活动或产品以及品牌的相关介绍。此外,企业还可以将产品的型号、生产日期、防伪码等信息放置在二维码中,方便用户查看产品信息。在设计二维码时,营销人员可以借助一些二维码生成器,如草料二维码生成器、联图二维码生成器等,根据营销活动或产品特点设计二维码样式。

6. 摇一摇

"摇一摇"是微信推出的随机交友应用。当用户使用该功能时,会匹配到同一时段进行"摇一摇"的用户,增加用户之间的互动和用户的黏性。随着科技的发展,"摇一摇"不再局限于交友,微信推出"摇一摇周边"功能,为线下商户提供了近距离连接用户的能力。拥有线下商店的企业,可以通过已认证的微信公众号(服务号或订阅号),按流程指引接入微信"摇一摇周边",通过线上线下与用户互动,对用户进行精准的分析和营销。

除此之外,企业还可以在开展现场活动时,借助"摇一摇"选取幸运观众赠送礼品,达到集中用户注意力、活跃活动气氛、提高用户积极性的目的。需要注意的是,利用"摇一摇"进行活动推广时,企业需要为用户提供实际的利益。例如,某大学在举办新生欢迎晚会时,就曾利用微信"摇一摇"选出幸运观众的方式,调动现场气氛,引起学生的广泛关注,增强活动氛围。

7. 附近的人

营销人员可以通过修改微信签名,展示产品或品牌的相关信息、优惠活动等,吸引感兴趣的用户的注意,还可以通过主动发送信息,寻找目标用户。

【任务导入】

经过之前对网络营销的学习，师傅布置了通过微信来销售家乡特色产品的任务。要想实现营销目标，到底该选择用个人微信还是微信公众号？怎么开展特产的微信营销？如何设计一个农产品的H5页面？

思考：

结合所学知识，谈一谈对家乡特色产品的营销思路。

____

____

____

____

【任务目标与质量要求】

现公司要做某服装品牌的微信营销业务，需要你针对T恤、衬衫以及连衣裙3种产品，发布朋友圈营销内容，达到提高产品曝光率、增加销售量的效果。

要给该品牌服装设计微信朋友圈内容，并进行运营，明确每天应发布的具体内容是什么、受众群体是哪些、如何策划选题、如何做内容规划。

通过对微信朋友圈内容的合理设计提高产品曝光率、增加销售量。

【学习产出目标】

1. 根据要求对微信营销选题进行策划。
2. 灵活运用微信内容设计的方法。
3. 借用热点，完成产品的朋友圈营销内容分组发布，灵活运用朋友圈文案、图片编辑技巧。

【工作程序与方法要求】

根据实训要求，通过微信朋友圈对产品进行营销，以达到提高产品销售量的目的，具体步骤如下：

步骤1　编辑T恤产品朋友圈内容并发布

选取转发、点赞或试用任意一种形式，以优惠券、折扣或T恤产品本身作为奖励，发布朋友圈内容。在微信主界面中点击“发现”选项，打开“发现”页面，单击“朋友圈”选项，打开“朋友圈”页面，单击右上角按钮，在打开的页面中编辑内容并进行发布即可。

步骤2　编辑衬衫产品朋友圈内容并发布

生活分享式朋友圈内容一定要贴近生活，具有生活气息，可以趣事分享、生活常态等内容为主。可以结合生活趣事、感想等，通过自拍、他拍图片，对衬衫产品进行营销。

步骤3　编辑连衣裙产品朋友圈内容，并进行分组发布

在微博热搜榜、百度、360搜索等平台中查看目前的实时热点，选择热度较高并与连衣裙产品能够产生关联性的热点，编辑营销内容，并进行分组发布。在朋友圈内容编辑页面，单击下方“谁可以看”按钮，打开“谁可以看”页面，选中“部分可见”或“不给谁看”单选项，选择分组，单击完成按钮，即可进行分组发布。

【工作任务实施记录与评价】

1. 工作任务实施记录

序号	实施步骤	实施记录
1	编辑T恤产品朋友圈内容并发布	
2	编辑衬衫产品朋友圈内容并发布	
3	编辑连衣裙产品朋友圈内容,并进行分组发布	

2. 工作任务实施自我评价

师傅指导记录	任务经验总结	自我评价
		优秀□ 良好□ 一般□ 较差□
		学徒签名
		日期

3. 工作任务实施师傅评价

学徒工作任务实施情况评价(50%)				
序号	内容	分值	师傅评价	
			评分	评价与提升建议
1	能够根据要求完成微信营销选题策划	20		
2	能够灵活运用不同方法完成微信内容设计	15		
3	能够灵活运用相关技巧完成朋友圈文案、图片编辑	15		
小计		50		
学徒关键职业能力及职业品质、工匠精神评价(50%)				
序号	内容	分值	师傅评价	
			评分	评价与提升建议
1	工作态度	10		
2	吃苦耐劳、学习钻研	10		
3	团队协作、沟通交流	10		
4	认真负责、诚实守信	10		
5	主动创新	10		
小计		50		
合计		100		
师傅签名		日期		

任务二　微信公众号营销

【专业知识准备】

一、微信公众平台

微信公众平台曾命名为官号平台、媒体平台等，最终确定为公众平台。当前的微信公众平台主要分为服务号、订阅号、企业微信，个人或团体申请的账号通常被称为“微信公众号”或“公众号”。

1. 服务号

主要偏重于服务交互，提供服务查询，认证前后都是每个月可群发 4 条消息。

2. 订阅号

主要偏重于为用户传达资讯（类似报纸杂志），认证前后都是每天可以群发一条消息。

3. 企业微信

企业微信是一款用于基础办公沟通的即时通信产品，适用于各种类型的企业和机构用户，拥有贴近办公场景的特色功能和办公自动化工具，如请假、报销、考勤等，让员工可以在手机上处理办公事宜，后台管理员可以添加自定义应用。企业微信主要用于公司内部通信，需要先通过验证才可以成功关注企业微信。

二、微信公众号申请和认证

1. 申请流程

登录“微信公众平台”官网，单击“立即注册”超链接，在打开的页面中选择注册的账号类型，依次设置“基本信息”“选择类型”“信息登记”“公众号信息”。因为用户主体类型不同，填写“信息登记”的内容也有所不同。用户的主体类型包括企业、媒体、政府、其他组织和个人。

2. 基础设置

微信公众号的基础设置包括账号详情设置、功能设置、授权管理设置、运营者管理设置（人员设置）和安全中心设置。

3. 微信公众号认证

微信公众号认证后，搜索时排名更靠前，用户关注的机会更大，还可以获得更丰富的高级接口，为用户提供更有价值的个性化服务。用户会在微信中看到认证特有的标志，也可查看认证详情，这可以提高公众号的可信度。

三、公众号文章写作

公众号文章是微信公众号营销的主要表现形式之一，可用于产品营销、账号互推、活动介绍等。根据文章内容可将其分为新品推广、福利活动、软文、品牌故事、经验分享等不同类别。营销人员在进行微信公众号营销时，需要通过持续不断地推送公众号文章吸引并留住用户，增加用户的信任与忠诚度。一般来说，公众号文章的写作包括标题写作和正文写作两个部分，下面将分别对其进行介绍。

（一）标题写作

标题是公众号文章内容的简要呈现，决定着用户对公众号文章的第一印象。只有具有吸引力的标题，才能吸引用户查看公众号文章，因此营销人员必须掌握公众号标题的写作类型和写作技巧，增加标题对用户的吸引力，增加公众号文章的点击量和阅读量。

1. 写作类型

通过收集并分析优秀的公众号文章标题可以发现，优秀的公众号文章标题具有共性。

(1)直言式标题　直言式标题是指用户一看就能够知道公众号文章主题的标题，一般适用于折扣促销的活动类文章和产品上新的文章，可以在标题中直接告诉用户其可以得到的利益或服务。例如，"科普讲堂|美白牙齿，口腔科博士支招儿：这些坑你别踩！""新疆全额事业单位公开招聘137名工作人员公告，4月9日至18日报名""品牌礼遇|满499元送150元，满299元送60元"等都是较为典型的直言式标题。

(2)提问式标题　提问式标题是通过提问的方式引起用户注意的标题，能够引导用户思考问题并产生阅读全文一探究竟的想法。提问式标题要从用户关心的利益点出发，否则不能引起用户的兴趣和注意。提问式标题的"提问"有多种方法，如反问、设问或疑问等："那些皮肤好的女生都在用什么护肤品？""划重点|羽绒服的套路你知道多少？""竞争格局重塑？谁是冷链上市企业之王？"，以上都是典型的提问式标题。

(3)警告式标题　警告式标题通过严肃、警示、震慑的语气来说明内容，以起到提醒、警告的作用，常被用于对事物的特征、功能、作用等属性的内容进行写作。警告式标题可以给予有相同症状或某种担忧的用户强烈的心理暗示，引起他们内心的共鸣。需要注意的是，警告式标题可以有一定的夸张，但不能扭曲事实，要在陈述某一事实的基础上，以发人深省的内容、严肃深沉的语言给用户以暗示，用户会产生一种危机感，进而忍不住点击标题。警告式标题有几种常用的表达形式，包括"惊叹词＋主语＋意外词＋结论""'千万不要'＋事情""'你不可能'＋事情"等，如"避雷！淘宝销量20万恶毒光腿神器，穿上秒变假肢！""千万不要再做这10件事""很多人都在吃的'补药'却暗藏肝癌危机，说不准其中就有你"等。

(4)指导式标题　指导式标题用于对某一具体的问题提供解决的建议和方法。这种标题常使用"怎样""更""解决"等词语凸显问题，以吸引具有相同疑惑的用户的注意力或对未知领域具有好奇心的用户的目光。如"怎样有效管理英语笔记以及复习？""把你的家庭经营好，就是在赚钱""解决常见20种PPT小问题"等。

(5)命令式标题　命令式标题的第一个词都是明确的动词，具有祈使的意味可以让用户感觉到重要性和必要性，从而产生点击行为。"别错过！下一站西北行！""收藏并转发到朋友圈，可获得精美礼品一份"就是典型的命令式标题。

(6)证明式标题　证明式标题以证人的身份阐释商品或品牌的好处，增强用户的信任感，既可是自证，也可是他证。这类标题常使用口述的形式来传递信息，语言自然通俗。例如，"亲测13款抗老精华，2千多元大牌产品不抗皱？28天实验室真人测试告诉你效果！"就是典型的证明式标题。

(7)导向式标题　导向式标题是指将条理清晰的文章，以总结、概括性的语言进行概括，将目标展示在标题中，可以使用"为什么""三大技巧""八大理由"等字眼来突出产品的重要性。如"我们为什么要生孩子""4条黄金定律，改变自己'穷忙'的人生""自我增值的7个好习惯，请逼自己养成"等。

(8)推新式标题　推新式标题重在体现新消息，较为直白地给用户传递新的产品信息。这种标题可以用在新商品的问世、旧商品的改良和旧商品的新应用等方面。如"季节限定|绿色

单品来袭,今天你绿了吗?”“某猫上新|陪你看遍世间美景,寻找最好的自己”“夏季大片|无尽的海,无尽的爱”等。

2. 写作技巧

公众号文章的标题能够影响文章的转化率,为保证标题具有足够的吸引力,营销人员还需要掌握一定的标题写作技巧,如利用标点符号、采用对比、设置悬念等。下面将分别对标题的写作技巧进行介绍。

(1)利用标点符号　标题中适当添加标点符号可以给人强烈的感官刺激,激发用户点击查看的欲望。例如,“拼多多|百亿大牌日低至1折,抢!”“T恤|是你喜欢的少年感吗?”等。

(2)使用数字　数字可以增加标题的可辨别力,能够激起用户的阅读欲望,增加用户在繁杂的信息中发现微信公众号文章的概率,更容易被用户点击。特别是总结性的数量和销量、折扣、时间、排名等,使用数字比文字更容易使人印象深刻,如“双12豪礼‘宠粉’抢1万件羽绒服0元购”等。

(3)亮点词汇　可以第一时间让用户了解文字传递的核心价值,达到快速吸引用户关注的目的,常用的亮点词汇有“推荐”“警惕”“震惊”“神奇”“天啊”等。亮点词汇能够促使用户产生心灵共鸣或震撼,是较为常用的标题写作技巧,如“长期不吃早餐,当心‘饿出’胆结石!”等。

(4)采用对比　对比就是针对当前事物的某个特征,通过与之相反的或性质截然不同的事物进行对比,给用户提供当前事物与对立事物的认知、通过强烈的对比和感染引起用户的注意。对比式标题的关键是将同类型的产品或服务进行对比,突出自身需要营销的内容的独到之处,加深用户对自己产品的印象和好感。如“读书与不读书的人生,究竟差在哪里?”。

(5)借力借势　借力是指利用别人的资源或平台(如政府、专家、社会潮流或新闻媒体),对自身产品或服务进行推广营销,达到快速销售的目的,适合没有太多精力投入微信营销的初创企业或中小企业,能够快速提高知名度。借势是借助最新的热门事件、新闻、网络热点等,作为文案标题的创作源头,通过大众对社会热点的关注,引导用户关注公众号文章,提高文章的点击率和转载率。

(6)设置悬念　在标题中设置悬念可以诱发用户追根究底的心理,从而产生查看公众号文章的欲望,即利用用户的好奇心引发用户兴趣。在写作该类标题时,营销人员应注意结合事实,将其与悬念的线索融会贯通,明确展现事件的主题;标题要含蓄、简明而单一,既不能将线索藏得太深,也不能使其浮于表面,用户一眼就能看出来。此外,悬念可以引发用户进行思考,让用户带着疑问去阅读文章,是一种引导用户阅读文章正文标题的写作技巧。如“敢穿这个品牌的女生,我怀疑你在玩火”“我扔了上百件化妆品,只留了这几样!”等。

(二)正文写作

正文是公众号文章的主体。如果公众号文章只有标题吸引人,正文却平淡无奇,那么即使标题足够吸引用户的注意,用户也会因为正文造成的落差,失去继续阅读的欲望,选择退出阅读,甚至可能对公众号产生负面印象。因此,营销人员也需要做好一定的准备工作,并掌握一定的正文写作方法,才能提高文章的转化率,增加文章阅读量。

1. 准备工作

营销人员在写作公众号文章正文前,需要选择合适的语言风格,将文章主题与用户需求相关联,然后合理植入广告,并进行原创声明,才能增加文章的阅读量,获得更多的忠实用户。

(1)要点与用户需求相关　公众号文章的正文一般会比较长,因此需要有能够吸引用户注意、与用户切身利益相关的营销信息作为内容要点，抓住用户需求，达到营销目的。例如，公众号文章“你根本就不会穿衬衫！”就将文章分为“穿搭指南”和“单品推荐”两个部分，抓住用户对衬衫穿搭的需求，以放置的产品链接提高用户转化率，进而达到营销目的。

（2）合理植入广告　写作文章的目的是给企业的产品或服务做广告，扩大企业的知名度。如果在文章中植入了太多的企业产品或服务信息，就会让用户产生反感情绪，不利于营销推广。要想保证广告的合理植入，营销人员需要先确定正文的写作方向，然后确定引入营销信息的部分，将营销信息植入公众号文章中，再通过一步步的描述，强化营销信息给用户的印象，最后在结尾处进行点题，详细讲述产品的特点或活动的安排等，让用户潜移默化地接受所推广的商品或服务，较为常见的广告植入方法有故事引导、舆论热点等。这些方法可以提高用户对广告的接受度，起到很好的宣传推广作用。

（3）原创声明　原创是内容创作非常重要的一项要求，原创度高的文章不仅能体现运营人员高超的写作能力，还能使文章与其他同类型的文章产生差异，提高自身的竞争力。原创度高的文章还可以防止其他人盗用或模仿自己的文章内容，在保护自己权益的同时，也能够带来更多的忠实读者。

2. 写作方法

在进行公众号文章正文写作时，营销人员可以借助一定的写作技巧，加强正文的逻辑，提高可读性。正文的写作技巧包括核心扩展法、各个击破法、倒三角写法和故事引导法 4 种，下面分别进行介绍。

（1）核心扩展法　即先将核心观点单独列出来，再从能够体现观点的方方面面进行扩展论述，使文章始终围绕一个中心进行论述，不会出现偏题或杂乱无章的问题，能够加强文章对用户的引导。

（2）各个击破法　根据要推广的内容，将产品或服务的特点单独进行介绍。在写作过程中要注意文字与图片的配合，对产品或服务的卖点进行充分介绍，通过详细的说明和亮眼的词汇吸引用户的注意。

（3）倒三角写法　将精华部分进行浓缩，放在开头的位置引起用户的阅读兴趣，然后再对这个部分进行解释，最后强调产品的优势，加深用户的印象。

（4）故事引导法　讲述一个感人的、悲伤的、喜悦的或八卦的完整故事，让用户充分融入故事情节中，跟着故事的发展阅读下去，再在文章结尾部分提出营销推广的对象（即广告植入）。这种写作方法需要保证故事的有趣和情节的合理，才能使故事有看点，方便推广对象的植入。

四、公众号文字排版

文字排版主要包括对文字颜色、文字字号和文字间距的设置，除此之外，图文排版也需要注意具体的布局。

1. 文字颜色

公众号文章大多以文字为主体内容，是用户接受文章信息的主要渠道，适宜的文字颜色能够使用户在阅读时保持良好的心情。营销人员可结合公众号的整体风格、文章的情感色彩，设置文字颜色，或如图 3-3-1 所示，选择色号为＃7f7f7f、＃595959、＃3f3f3f 的常见颜色，因为这 3 种颜色比纯黑色（＃000000）与白色的对比效果更柔

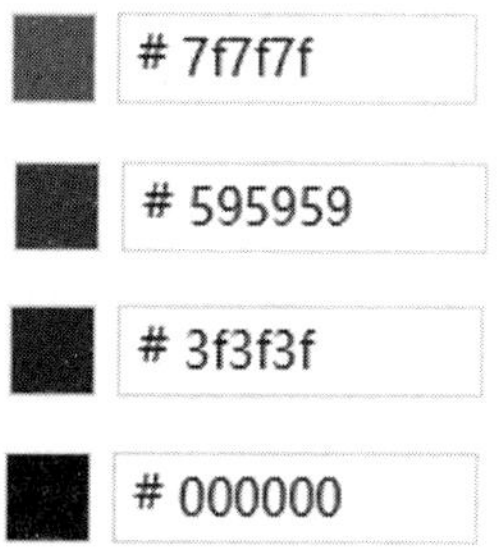

图 3-3-1　适合与白色对比的颜色

和，不容易对眼睛造成刺激，可以给用户带来更好的阅读体验。

一些比较重要的或关键性的文字，可以使用暖色系的颜色（如橙色、红色等）进行突出显示，但切忌设置为亮黄色、荧光绿等刺激性太强的颜色。同时，一篇文章中不宜出现太多种文字颜色，应尽量保持简单、清新的文字风格。

2. 文字字号

新媒体时代，用户接收信息的方式不再仅限于计算机，手机、平板电脑等移动设备由于方便携带、可以随时上网等特点成为用户更加喜爱的移动阅读设备。不论是计算机还是移动设备，文字字号设置都相当重要，若文字太小，容易让用户在习惯的阅读距离内看不清文字；若文字太大，有限的空间中无法表现更多的内容，会造成资源的浪费。图 3-3-2 为微信公众号后台编辑器中的文字字号设置功能，其字号范围在 12～24 px（px 即像素），一般建议正文的字号为 14～16 px，正文标题的字号可以比正文内容的字号稍大一些，图 3-3-3 为正文字号设置为 18 px、16 px、14 px 的对比。

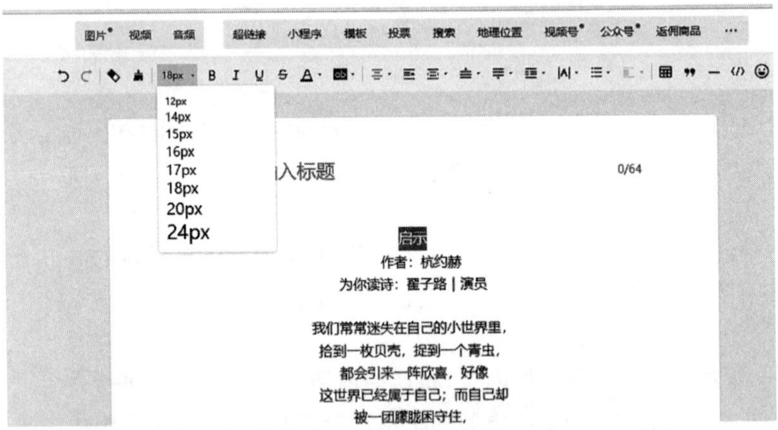

图 3-3-2　微信公众号后台编辑器中的文字字号设置

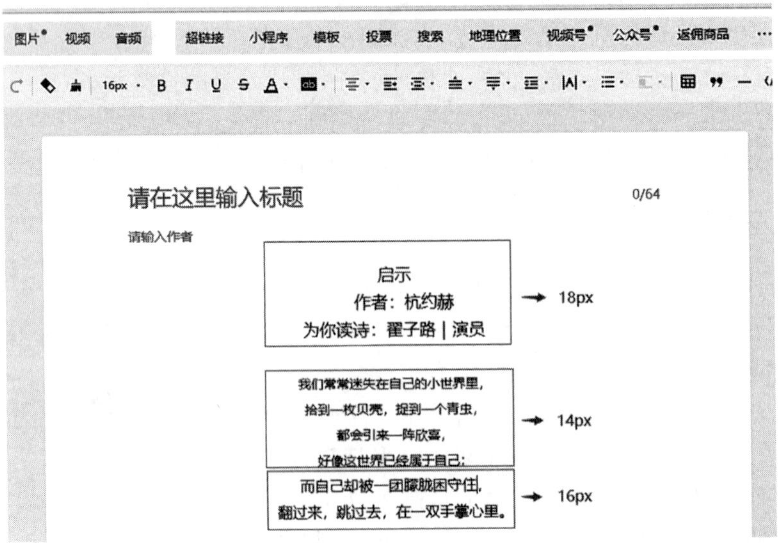

图 3-3-3　正文字号对比

3. 文字间距

(1)字间距　字与字之间的距离,一般设置为 1 px 或 2 px 能够带来较为舒适的阅读体验。在微信公众号后台编辑器中单击“字间距”按钮,在打开的下拉列表中可选择需要的字间距,包括“0(默认)、0.5、1、2”四个选项,如图 3-3-4 所示。

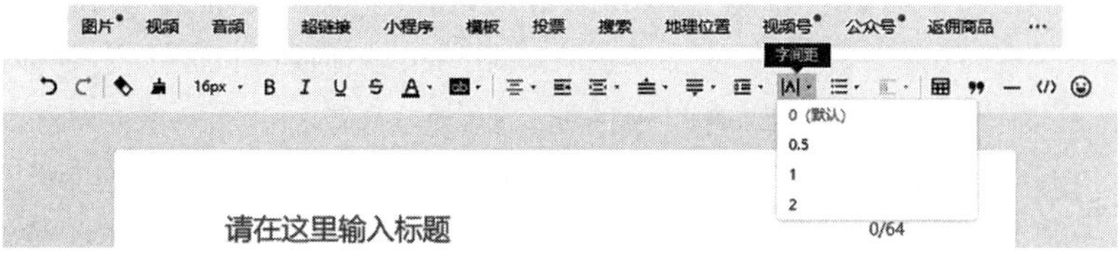

图 3-3-4　字间距设置

(2)行间距　文本上一行与下一行之间的距离称为行间距,它是每行文字之间的纵向间距。设置行间距可以直接影响文章的篇幅长短,一般默认的行间距在手机上显示时会显得较为拥挤,因此为了提高用户的阅读体验需要手动进行设置。在微信公众号后台编辑器中设置行间距时,可先选择所有文本后再单击“行间距”按钮,在打开的下拉列表中选择需要的行间距选项即可,如图 3-3-5 所示。一般建议设置为 1.5～2 倍行距。

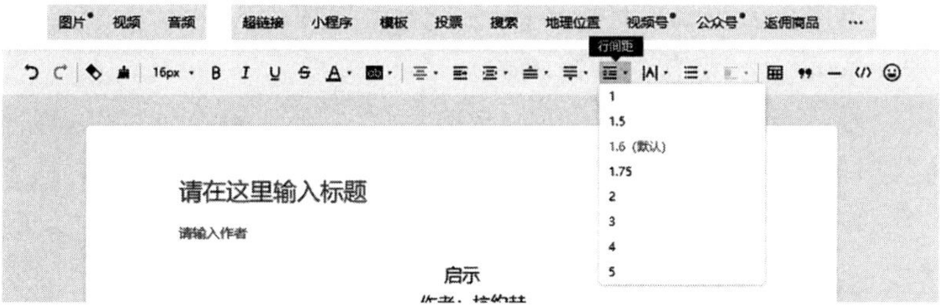

图 3-3-5　行间距设置

(3)段间距　段落与段落之间的距离,可以根据段落方向分为段前距和段后距。在微信公众号后台编辑器中单击“段前距”按钮可设置段前距;单击“段后距”按钮可设置段后距,如图 3-3-6 所示。

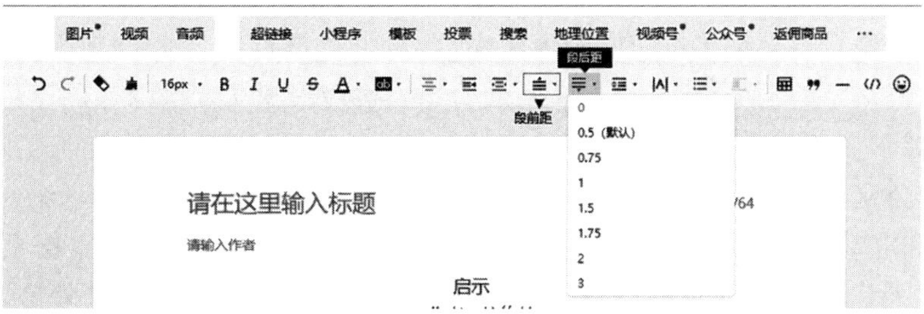

图 3-3-6　段间距设置

4. 图文排版

在众多内容表现形式中,文字与图片是使用最多的。在文章内容中搭配适量的图片可以缓解用户阅读文字时的疲劳,但需要注意图片应清晰,符合文章主题。将图片放在正文中时还要遵循两个原则：一是图片的一致性，即图片的样式要保持一致（所有图片都为矩形、圆形或不规则图形），不能与内容版面的风格相悖；二是图文间距要合适，既要保证文字与图片的间距适合用户阅读，又要保证当多张图片连续展示时，图片与图片的间距合适，不能使用户产生多张图片变一张的错觉。

还要注意图片的大小与图片排版。建议文章中的图片格式设置为 JPG，JPG 格式文件较小，方便移动端用户查看。图片排版时要尽量在两侧和正文前后留白，图片对齐方式一般保持居中对齐，这样可以较好地提高用户的阅读体验。

五、公众号文章推送

从用户的浏览习惯来看，用户一般会在 7:00～9:00 的上班途中、11:00～13:00 的午休时间、17:00～19:00 的下班途中以及 21:00～23:00 的睡前时间，查看微信公众号并进行反馈。但由于微信公众号本身定位的不同，文章推送的时间也会进行相应调整。大致来说，励志类的微信公众号可以在早上 8:00 前进行推送，方便用户在上班途中进行查看，激发用户的工作积极性；趣味类的微信公众号文章可以在 19:00 后推送，文章内容的趣味性能减少用户的疲惫，从而增加流量与转发量；消费类的微信公众号文章可以在晚上推送，这时用户有足够的时间挑选、购买产品；情感类的微信公众号文章可以在 22:00 后发布，借助夜晚人的感情更加丰富的特点，触动用户、获得用户的认同与共鸣。总之，营销人员要从用户的需求出发，选择用户方便查看的时间推送文章，以达到最佳的营销效果。

如果微信公众号适合推送文章的时间太早或太晚，那么营销人员可以提前写好需要推送的文章，设置推送时间，进行定时推送。这种方法还可以避免节假日断更的尴尬情况。同时，充足的文章内容创作时间还可以提高文章的质量，使文章内容更加吸引用户，提高用户的阅读量和转发量。

设置微信公众号文章的定时推送，需先编辑好推送的文章，单击“保存并群发”按钮，打开新建群发页面，单击页面下方“群发”按钮右侧的下拉按钮，在打开的下拉列表中选择“定时群发”选项，再在打开的页面中设置发布时间，单击“定时群发”按钮，即可完成定时群发的设置，如图 3-3-7 所示。

六、设置自定义菜单

微信公众号的自定义菜单位于聊天界面底部，可以直接链接公众号文章、网页和小程序，能够展现微信公众号的定位，提高用户体验。营销人员可根据微信公众号的定位，将文章分为不同的栏目，展示在菜单栏中，方便用户搜索感兴趣的文章类别，优化用户的阅读体验。

根据微信公众号的定位，自定义菜单可分为自我介绍、官方活动、合作联系、文章分类或推荐、商城入口和互动社区等不同类别。营销人员在设置自定义菜单时，可根据菜单用途，设置不同类别的菜单。需要注意的是，只有通过了认证，才能链接微信公众号外部的网页和小程序，否则只能够链接微信公众号内部的图文素材。

微信公众平台自定义菜单设置方法：进入微信公众平台→功能→自定义菜单→添加菜单→点击“＋”添加子菜单→设置动作→发布。

(1)最多创建 3 个一级菜单，一级菜单名称不多于 4 个汉字或 8 个字母。

(2)每个一级菜单下的子菜单最多可创建 5 个，子菜单名称不多于 8 个汉字或 16 个字母。

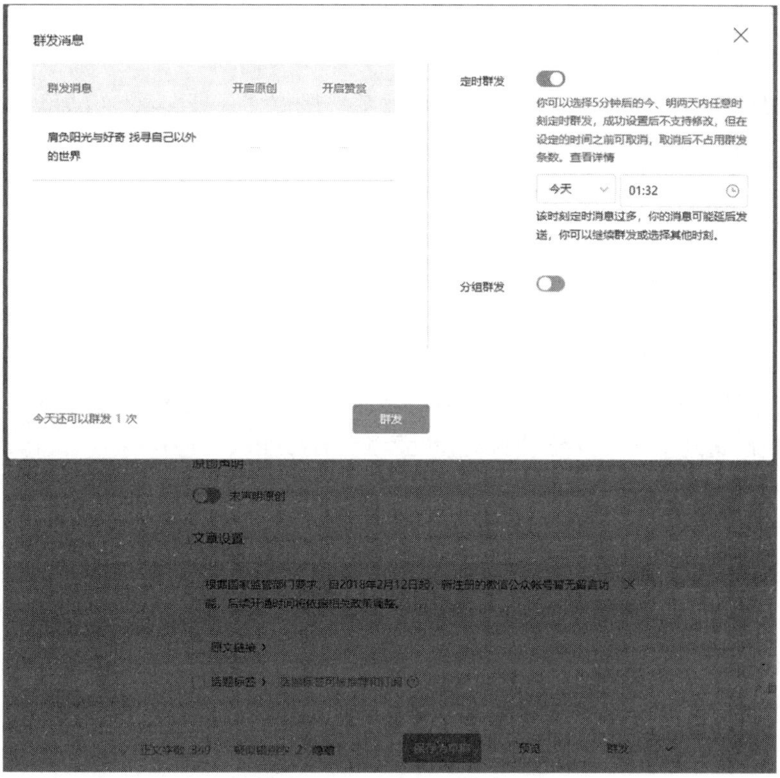

图 3-3-7　定时群发设置

(3)在子菜单下可设置动作。发送信息：可发送信息类型包括文字、图片、语音、视频和图文消息等，但未认证订阅号暂时不支持文字类型；跳转到网页：所有公众号均可在自定义菜单中直接选择素材库中的图文消息作为跳转到网页的对象，认证订阅号和服务号还可直接输入网址。

七、引导转发

转发是推广的有效形式之一，可以使文章达到病毒式传播的效果，提高文章的点击量和阅读量，吸引更多用户关注微信公众号。因此，营销人员在编辑微信公众号文章时，需要引导用户进行转发，提高文章的曝光率。用户转发文章的动机大体包括观点表述、实用心理、话题讨论及自我展示四种。基于用户转发文章的动机，结合微信公众号的特点，可总结出以下技巧，用于引导用户转发。

1. 提炼文章主题

提炼文章主题是指将公众号文章所表达的中心思想，浓缩为一句精练的语言，作为用户转发时的转发语，增加用户转发的概率。例如，公众号文章“一个人最难得的修行：管住嘴”以“常思己过，莫论人非，修身养性，谨言慎行。如此，便是智慧的开启”作为结尾，用户在转发文章时，就可以直接以这句话作为转发语。

2. 激发利他心理

激发利他心理是较为常见的引导转发技巧，指在文章结尾主动提醒用户将文章分享到朋友圈，如“转发给你身边的有个性的她”。

3. 引发用户讨论

选取有争议性的话题，从其中一个角度出发写作微信公众号文章，在结尾处提出不同角度的观点，以询问用户观点的方式引导转发。

八、自动回复

自动回复包括被关注回复、消息回复和关键词回复，是营销人员与用户进行互动的一种方式。被关注回复是用户关注微信公众号时，与用户进行的第一次互动。关系着用户对微信公众号的印象，能够展现微信公众号的特点。在设置被关注回复时，营销人员可简单介绍微信公众号的基本信息及功能，使用户尽快熟悉微信公众号，关键词回复可以帮助营销人员及时回复用户的聊天信息，达到与用户互动的目的，增强用户的黏性。

九、设置跳转链接

微信公众号的跳转链接可分为超链接和原文链接。超链接能够链接微信公众号文章，营销人员可通过输入链接标题和链接地址或直接查找微信公众号文章的形式，将来源于其他微信公众号或本公众号已发布的文章以超链接的形式展示在公众号文章中，为被链接文章引入流量，增加阅读量。营销人员在编辑微信公众号文章时，可单击“编辑页面”上方的“超链接”按钮，打开“编辑超链接”对话框，为微信公众号推文添加超链接，如图 3-3-8 所示。

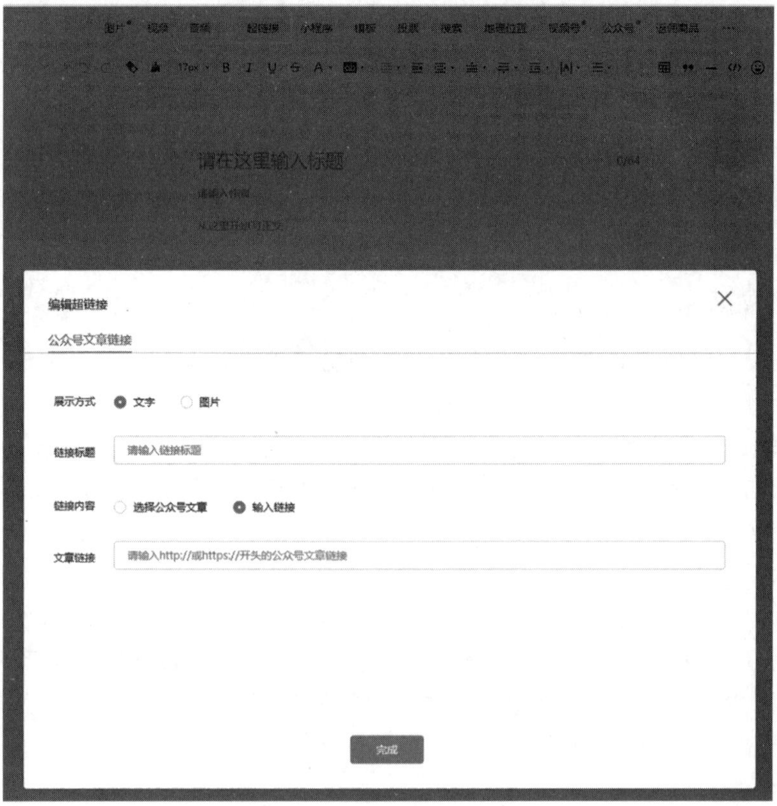

图 3-3-8 “编辑超链接”对话框

原文链接则是以输入网址的方式，对网站、页面等进行展示，营销人员在编辑公众号文章时，需要引导用户点击“查看原文”按钮，为网页引入流量。原文链接可用于营销产品、展示活动页面和提供资料等。营销人员在编辑微信公众号文案时，可单击选中页面下方“原文链接”选项，打开“原文链接”对话框，如图 3-3-9 所示，输入网址，添加网站或页面。

图 3-3-9 “原文链接”对话框

【任务目标与质量要求】

通过对微信公众号文章的编写，借助公众号后台引流，对某蜂蜜产品起到提高曝光率、增加销售量的效果。

要求 1：编辑公众号文章。现公司开展与某品牌新疆蜂蜜的推广合作，需要推送一篇有关该蜂蜜的公众号文章。

要求 2：更新自定义菜单。结合本次助农活动，在自定义菜单中增添新菜单“助农”，并更新自定义菜单。

要求 3：设置自动回复。设置“收到消息回复”和“关键词回复”。

【学习产出目标】

1. 结合标题的多种类型和写作技巧编辑公众号标题和正文，展示产品信息。

2. 根据公众号自定义菜单特点，修改现有菜单，增加“助农”专题，帮助蜂蜜产品提高销量。

3. 当顾客发消息询问相关优惠活动时，可以自动回复优惠券链接以及活动介绍，同时推送往期文章“常吃蜂蜜的你越来越美，状态越来越‘在线’!”。

【工作程序与方法要求】

一、编辑公众号文章

根据实训要求，先分析产品的特征和微信公众号的定位，选择合适的写作技巧，编辑公众号文章，具体步骤如下。

步骤 1　编辑公众号文章标题

结合微信公众号定位——养生，选择标题类型，并编辑标题。

步骤 2　编辑公众号文章正文

分析该蜂蜜产品的特点，选择正文写作的方法，结合微信公众号主题风格，选择合适的语言风格，将推广蜂蜜产品的主题植入文章中。例如，可选择使用故事引导法，先从“我和隔壁老王一起退休，他游山玩水，不亦乐乎，而我却一个人苦闷、身心俱疲、懒得动”入手引入，分析隔壁老王更有精神的原因，然后以询问老王养生秘诀的方式，推出产品，介绍产品的特点，最后号召用户购买产品。

二、设置自定义菜单

设置自定义菜单时，营销人员需登录微信公众号平台，在首页“自定义菜单”功能中，添加自定义菜单，设置菜单名称，添加菜单内容，再保存并发布，即可在 24 小时后对所有用户生效，其具体步骤如下。

步骤 1　设置菜单名称

登录微信公众号后台，在首页左侧工具栏中选择“自定义菜单”功能，打开自定义菜单页面，单击“添加菜单”按钮，在“菜单名称”文本框中，输入菜单名称，如“助农”，如图 3-3-10 所示。

图 3-3-10　自定义菜单页面

步骤 2　添加菜单内容

单击“助农”上方的“＋”按钮，在“子菜单名称”文本框中，输入子菜单名称，如“蜂蜜”，选中“发送消息”选项，单击素材选按钮，打开“选择素材”页面，选中需要链接的图文消息，单击“确定”按钮，完成图文消息的选择，如图 3-3-11 所示。

步骤 3　运用自定义菜单

单击“助农”右边的“＋”按钮，在“菜单名称”文本框中，输入其他菜单名称，如“联系我们”，重复步骤 2 和步骤 3，完成后单击“预览”按钮，即可查看设置的自定义菜单，单击“退出预览”按钮，如图 3-3-12 所示，再单击“保存并发布”按钮，打开“温馨提示”对话框，单击“确定”按钮，即可运用自定义菜单。

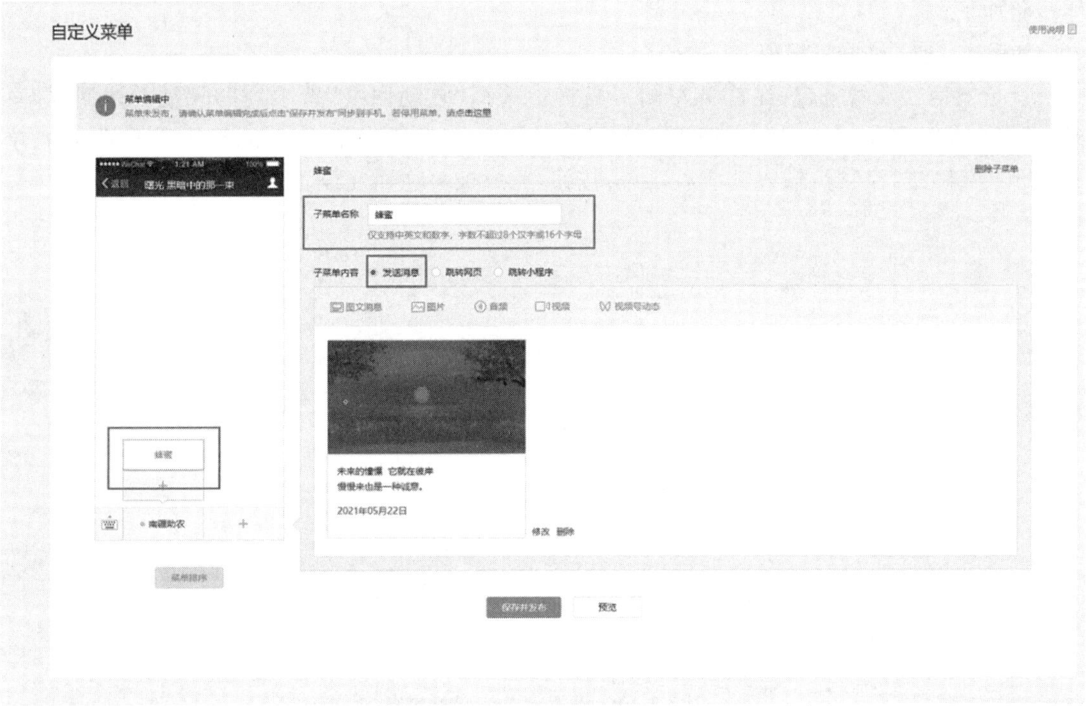

图 3-3-11　添加子菜单

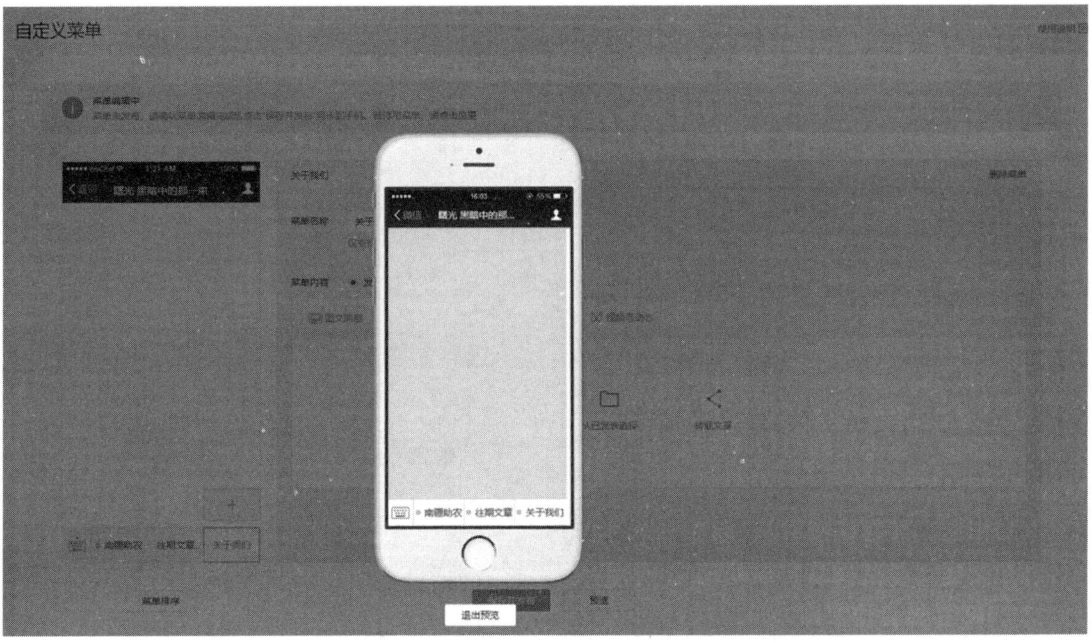

图 3-3-12　预览对话框

三、设置自动回复

设置自动回复时，需要开通自动回复功能，按照微信公众号的实际需要输入回复内容，具体步骤如下。

步骤 1　被关注回复设置

登录微信公众号平台，在首页左侧工具栏中选择“自动回复”选项，打开“被关注回复”页面，开启自动回复功能。在文本框中输入需要回复的内容，单击下方按钮，输入需要的表情；单击“Enter”键，进行换行；输入完成后，单击按钮，完成被关注回复设置，如图 3-3-13 所示。

图 3-3-13　设置被关注回复内容

步骤 2　收到消息回复设置

单击“收到消息回复”按钮，在文本框中输入需要回复的内容，输入完成后，单击“保存”按钮，完成收到消息回复设置，如图 3-3-14 所示。

图 3-3-14　设置收到消息回复内容

步骤 3　关键词回复设置

单击“关键词回复”按钮，单击“添加回复”按钮，在“规则名称”文本框中，输入名称，如“回复”；在“关键词”文本框中，输入用户可能搜索的关键词，如“蜂蜜”；移动鼠标指针至“＋”按钮上，单击“已发表内容”按钮，选中需要展示给用户的图文消息，单击选中“回复全部”单选项，单击“保存”按钮，完成关键词回复设置，如图 3-3-15 所示。

图 3-3-15　设置关键词回复内容

【工作任务实施记录与评价】

1. 工作任务实施记录

序号	实施步骤		实施记录
1	编辑公众号文章	编辑公众号文章标题	
		编辑公众号文章正文	
2	设置自定义菜单	设置菜单名称	
		添加菜单内容	
		运用自定义菜单	
3	设置自动回复	被关注回复设置	
		收到消息回复设置	
		关键词回复设置	

2. 工作任务实施自我评价

师傅指导记录	任务经验总结	自我评价
		优秀□　良好□　一般□　较差□
		学徒签名
		日期

3. 工作任务实施师傅评价

学徒工作任务实施情况评价(50%)				
序号	内容	分值	师傅评价	
			评分	评价与提升建议
1	微信公众号注册申请	10		
2	编辑公众号文章	15		
3	设置自定义菜单	15		
4	编辑设置自动回复	10		
小计		50		
学徒关键职业能力及职业品质、工匠精神评价(50%)				
序号	内容	分值	师傅评价	
			评分	评价与提升建议
1	工作态度	10		
2	吃苦耐劳、学习钻研	10		
3	团队协作、沟通交流	10		
4	认真负责、诚实守信	10		
5	主动创新	10		
小计		50		
合计		100		
师傅签名		日期		

任务三　H5 营销

【专业知识准备】

一、H5 营销简介

1. H5 营销

H5 是 HTML5 的简称，是一种制作万维网页面的标准计算机语言。H5 营销是指利用 H5 技术，在页面上融入文字动效、音频、视频、图片、图表、音乐、互动调查等各种媒体表现方式，将品牌核心观点重点突出，使页面形式更加适合阅读、展示、互动，方便用户体验及用户与用户之间分享。

2. H5 营销传播原则

(1)主题　要有创意和新鲜感，少抄袭，多原创。

(2)内容　要做优质内容，创建具有分享价值的内容，再由微信达人(好友多的个人号、自媒体号)进行分享。

(3)传播　集中传播，H5 上线的前 5 天是黄金传播期。

(4)形式　内容展示尽量使信息视觉化。

3. H5 营销的流程

策划一次成功的 H5 营销，应按照以下 5 个步骤进行操作：

(1)确定活动的目的　我们需要了解做这个 H5 的目的是什么，例如，是增加公众号的关注数，还是宣传产品。

(2)确定目标群体　这个 H5 面向的是现有用户还是潜在用户？

(3)确定活动形式　该 H5 是采用主动传播的形式还是被动传播的形式？

(4)确定奖励　奖励是使用虚拟道具奖励，还是实物道具奖励，或者找一些公司做商务合作，如与支付宝、美团、顺丰等合作，提供代金券。

(5)确定推广渠道　H5 做好后有哪些资源可以推广，如公众号、微信群等，是否有营销费用支持。

4. H5 营销的技巧

(1)只通过微信推送的情况下，手机页面访问热度最多只能持续 2～3 天。

(2)H5 页面层级越深，流失率越大，单个 H5 建议是 6～8 页。

(3)奖励最好选择大众礼品，如购物券、电影票，其吸引力远大于细分领域的礼品。

(4)按照手机操作习惯，新窗口打开链接要比滑屏流失率更高。

(5)结合实时热点、节日以及大众感兴趣的话题，能带来更多的关注。

(6)最佳推送时间是 19:00～22:00，这个时间段内的流量是最高的。

二、H5 内容制作

1. 制作工具

H5 营销效果受到 H5 内容质量的影响，营销人员在设计 H5 时，应根据不同的设计要求、设计内容选择不同的制作工具。

(1)开发类 H5 制作工具　在制作一些带有开发要求的 H5 内容时，营销人员就需要利用开发类 H5 制作工具，针对要求的简易程度，选择不同的工具组合。一般来说，开发类 H5 制作工具包括 Photoshop、Keynote、Power Point、Final Cut Pro 等。

(2)网站类 H5 制作工具　随着互联网技术的发展，由互联网公司推出的 H5 制作网站也越来越丰富多样，常见的主要有凡科互动、易企秀、人人秀、iH5. MAKA 等。

(3)辅助类 H5 制作工具　主要是对 H5 进行优化，提高吸引力，常用到的主要是压缩工具和二维码生成工具(草料二维码、二维工坊等)。

2. H5 内容制作的注意事项

在制作 H5 前，需了解 H5 制作的四点注意事项。

(1)浏览器的选择　一般而言，制作 H5 都是在网页上完成的，因此，选择一个合适的浏览器十分重要。在选择浏览器时，营销人员可选择自己常用的浏览器，也可选择谷歌 Chrome 浏览器。

(2)设计尺寸　H5 拥有许多不同的尺寸，在制作前，需要了解到底应制作哪个尺寸的 H5，以方便后期的运行。就目前来说，大多数 H5 网页制作工具，多采用 1 080 px×640 px 的尺寸，该尺寸是除去 H5 顶部导航栏后的尺寸，也是 H5 页面的有效尺寸。

(3)保证页面效果　随着科技的发展，智能手机的屏幕尺寸也可能会有变化，为避免出现黑边、白边和错图等不同状况，在制作 H5 时，应加大 H5 的背景图片和靠近边缘的图片，使 H5 能够占满手机屏幕。为保证页面效果，营销人员可多次使用手机进行预览，查看 H5 播放效果。

(4)页面“安全区”　“安全区”是指在制作 H5 时,应在页面四周预留一定的空白区域,强化用户的视觉感受,特别是文字内容较多的 H5。此外,按钮也不应太贴近屏幕边缘。

【任务目标与质量要求】

制作“6・18”拼团活动 H5:公司将在“6・18”年中大促前推出一款以拼团为主的促销活动,请你以“嗨购‘6・18’,闯关拼团送豪礼”为主题,制作 H5,将该活动即将上线的消息推广出去,并吸引用户预约参与,扩大“6・18”活动的影响力,提高销售额。

掌握制作 H5 的技巧,借助 H5 营销,为企业“6・18”年中大促活动预热,有效提升网络营销效果,提高企业销售额。

【学习产出目标】

学会使用人人秀网站,制作出以“嗨购‘6・18’,闯关拼团送豪礼”为主题的 H5,并进行推广。

【工作程序与方法要求】

根据实训要求,通过 H5 营销对“6・18”活动进行推广,结合《西游记》中的故事,运用趣味营销风格制作 H5,以达到推广大促活动、吸引用户预约、提高企业影响力的目的,具体步骤如下。

步骤 1　模板选择

登录人人秀账号,单击“模板商店”按钮,打开“模板商店”页面,在用途里选择“促销”或者“趣味营销”,如图 3-3-16 所示。

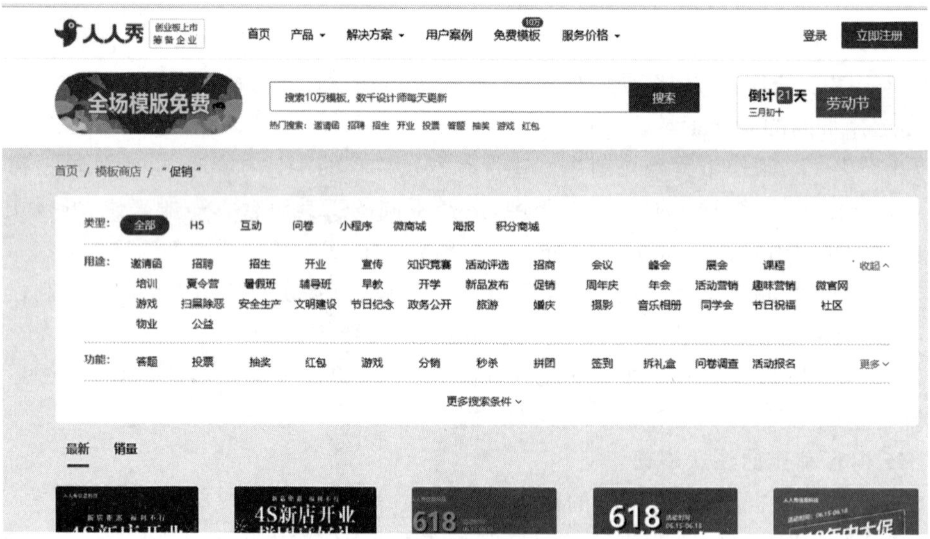

图 3-3-16　人人秀 H5“促销”页面

步骤 2　模板素材替换

选择合适的模板后,根据活动内容,替换模板中的素材、文案及背景音乐,使用“素材\\音乐\\”“素材\\图片\\”命令进行替换,进行“动画文字设置”“H5 背景设置”“开屏特效设置”,通过“添加组图”“添加文本”“设置背景音乐”等方式制作完整的 H5。

步骤 3　发布 H5

制作完成后,单击右上角“保存”按钮,存储已制作完成的 H5,单击“预览和设置”按钮,打开预览页面，可在 PC 端预览，也可发送到手机预览。预览审核无误，可点击“发布”按钮，打开发布页面，按要求操作即可。

【工作任务实施记录与评价】

1. 工作任务实施记录

序号	实施步骤	实施记录
1	模板选择	
2	模板素材替换	
3	发布 H5	

2. 工作任务实施自我评价

<table>
<tr><th>师傅指导记录</th><th>任务经验总结</th><th>自我评价</th></tr>
<tr><td rowspan="5"></td><td rowspan="5"></td><td>优秀□　良好□　一般□　较差□</td></tr>
<tr><td>学徒签名</td></tr>
<tr><td></td></tr>
<tr><td>日期</td></tr>
<tr><td></td></tr>
</table>

3. 工作任务实施师傅评价

<table>
<tr><td colspan="5">学徒工作任务实施情况评价(50%)</td></tr>
<tr><td rowspan="2">序号</td><td rowspan="2">内容</td><td rowspan="2">分值</td><td colspan="2">师傅评价</td></tr>
<tr><td>评分</td><td>评价与提升建议</td></tr>
<tr><td>1</td><td>选择合适的模板</td><td>10</td><td></td><td></td></tr>
<tr><td>2</td><td>能够结合需要对模板进行素材替换</td><td>10</td><td></td><td></td></tr>
<tr><td>3</td><td>独立完成 H5 制作</td><td>30</td><td></td><td></td></tr>
<tr><td colspan="2">小计</td><td>50</td><td></td><td></td></tr>
<tr><td colspan="5">学徒关键职业能力及职业品质、工匠精神评价(50%)</td></tr>
<tr><td rowspan="2">序号</td><td rowspan="2">内容</td><td rowspan="2">分值</td><td colspan="2">师傅评价</td></tr>
<tr><td>评分</td><td>评价与提升建议</td></tr>
<tr><td>1</td><td>工作态度</td><td>10</td><td></td><td></td></tr>
<tr><td>2</td><td>吃苦耐劳、学习钻研</td><td>10</td><td></td><td></td></tr>
<tr><td>3</td><td>团队协作、沟通交流</td><td>10</td><td></td><td></td></tr>
<tr><td>4</td><td>认真负责、诚实守信</td><td>10</td><td></td><td></td></tr>
<tr><td>5</td><td>主动创新</td><td>10</td><td></td><td></td></tr>
<tr><td colspan="2">小计</td><td>50</td><td></td><td></td></tr>
<tr><td colspan="2">合计</td><td>100</td><td></td><td></td></tr>
<tr><td>师傅签名</td><td></td><td>日期</td><td colspan="2"></td></tr>
</table>

任务四　社群构建与维护

【专业知识准备】

一、社群构建

随着互联网和移动终端的不断发展,互联网的用户数量增长达到瓶颈,社群逐渐成为微信营销的重要载体,通过内容、定位各不相同的社群,用户可以获得不同的知识,学会不同的技能,与其他成员共同成长,将用户与品牌联系起来,增强用户黏性,将流量变现。

根据社群类型的不同,其营销团队的结构也会不同,但建设营销团队的根本目的是相同的,都是保证社群健康、持续地运营。因此,随着社群的发展,营销团队要根据所处阶段、营销要求、运营情况等不断进行优化和升级。但需注意,营销团队的结构应尽量保持层级精简、权责分明,使信息传达更加直接通畅,效率更高。

在社群发展初期,由于人手不足,社群组织者、领袖人物或者核心人物可以直接参与到营销中,再搭配一个或几个负责信息收集整理和反馈的营销助手。

当社群发展到一定阶段,社群成员中已拥有不同方面的人才时就可以将这些人才培养成核心成员,维护社群的发展;当社群成员规模扩大,数量增多时,社群管理者数量也应随之增加,可针对不同管理事项设置不同管理组,如负责平台运营的管理组、负责社群秩序维护的管理组、负责活动组织的管理组等。还可以另设专门的管理组社群,先在该社群内对管理事宜进行讨论,再扩散给社群中其他成员。

当社群进一步发展和扩大时,社群的组织结构又需要进行相应的细化。此时随着普通成员和核心成员的增多,可以分别为管理人员、核心成员、普通成员设置不同的群组,社群的一般事宜先经由管理组讨论,再向核心成员群扩散,征求核心成员的建议,优化后再扩散到普通成员群组。这个阶段的管理群组设置通常也更加完善和详细,如专门负责社群发展统筹的、专门负责社群宣传推广的、专门负责社群内容策划的、专门负责社群数据分析的、专门负责社群品牌扩大的、专门负责社群活动管理和人员管理的等。

二、社群规则

构建社群,制定相应的社群规则,集中社群成员的力量,主要有以下几种方式。

1. 加群规则

加群规则是对新用户加入社群的相关规定,能够将对社群发展无益的人群淘汰,避免社群发展后期出现大量“潜水”社群成员。一般来说,社群的加群规则可分为社群管理邀请、完成加群任务、支付入群费用、用户自愿申请以及社群成员推荐 5 种。

(1)社群管理邀请　社群管理邀请就是社群的群主或管理员邀请用户加入社群成为社群成员,适用于规模较小或专业性较强的社群圈子。这种社群对社群成员的能力要求较高,并可能有一些附加的条件,成员必须在社群中体现出自我的价值。社群管理邀请的加群规则可以在社群创建之初就保证一定程度的社群质量,使社群始终高效、有序地运转,但由于要求较高,社群成员的数量一般不会太多。

(2)完成加群任务　完成加群任务是指必须完成社群规定的某项任务才能成为社群的成员。这种社群受其社群的规模、性质等影响,任务的难度有高有低,如一些规模较大的社群可能将填写报名表、注册会员、转发集赞等作为考核任务,而一些专业性较强的社群则可能将提供作品、证书等作为考核任务。

(3)支付入群费用　支付入群费用是指支付社群规定的费用后才可成为社群成员,如一些专业性较强的社群就可能收取一定的费用,一般从几十元到上千元不等。不同社群的入群费用不同,可根据社群的定位与资源来进行定价,一般来说,收费较高的社群其质量也相对较高。

(4)用户自愿申请　用户自愿申请指用户根据社群公开发布的招募信息,经过一系列步骤,成为社群成员。这种情况申请者需要具备一定的才能。

(5)社群成员举荐　社群成员举荐是指用户根据群内成员的推荐成为社群成员,适合于知识型或技能型的社群。这种加群规则,要求推荐人要事先向被推荐人介绍社群,方便新成员更好地融入社群中,而当被推荐人行为不当时,推荐人也有责任率先帮助被推荐人解决问题,方便了社群的管理。

2. 日常规则

日常规则用于约束社群成员在社群中的日常交流行为,一般展示在群公告中,以便新成员点击查看。

(1)名称规则　名称规则用于对社群名称和社群成员名称进行规范,能够使新成员在第一时间了解社群及社群成员的基本信息,促进新成员融入社群中,一般来说,主要是设置群名称和群成员名称,方便其他成员辨别。

(2)交流分享规则　设置交流分享规则可以保证社群成员的良好沟通和交流,促进信息的传播,加强社群成员的互动,提高社群活跃度,促进群发展。在设置交流分享规则时,营销人员应注意:交流规则必须包含交流时间、交流格式、交流礼仪、交流疑问解决、交流争论解决、交流处罚、投诉渠道 7 个方面的内容;分享规则必须包括分享过程疑问解决、分享处罚、分享争议讨论、分享礼仪 4 个方面的内容。

另外,还需要对通过社群添加个人好友、社群意见反馈等行为进行规范,可通过“群公告”进行编辑。

3. 激励规则

设置恰当的激励规则,可提高社群成员的活跃度、参与度,增加社群的凝聚力。比如对社群成员的相关行为进行考核,使用积分制度,将社群成员的行为通过积分的形式展示,定期进行考核。对考核成绩优秀的社群成员进行奖励,其形式可以是物质奖励、精神奖励等。

4. 淘汰规则

随着社群的发展,一些社群成员会逐渐在社群中沉寂下去,为保证社群的活跃度,可设置淘汰规则。在设置社群的淘汰规则时,营销人员可以考虑社群成员定额、犯规剔除和积分淘汰等方式。

三、社群维护

(一)提高社群成员积极性

社群成员积极性高的社群,其活跃度往往也较高,社群的寿命即能够运营的时间也会较长。

1. 社群打卡

社群打卡是指社群规定社群成员每天固定时间需要完成特定任务的活动形式，通过打卡能够培养社群成员的良好习惯，监督和激励成员进步。在进行社群打卡时，需要设置打卡规则，并营造良好的打卡氛围，这样才能促使社群成员进行打卡。

(1)设置打卡规则　为保证社群成员能够坚持打卡，营销人员应针对打卡活动，设置相应的规则，刺激社群成员的积极性。常见打卡规则如下：

①押金规则　押金规则指加入社群前，需缴纳一定押金，在规定时间内，若完成目标则退还押金；未完成任务的成员押金，则自动转为奖金，按比例奖励给表现优异的成员。

②监督规则　监督规则指社群管理者定期将整个社群的打卡情况以图片、消息、文档、群公告的形式发送到社群中，激励社群成员坚持打卡。

③激励规则　激励规则指定期给予表现优异的社群成员奖励，以激发社群成员的积极性，比如红包、徽章、头衔等。

④淘汰规则　淘汰规则指将打卡完成度低的社群成员淘汰，或给予惩罚，或让其通过某种方法弥补。

(2)营造打卡气氛　营造良好的打卡气氛可从树立榜样、互相鼓励、设置竞争、提供惊喜和调动情感这几个方面入手，提高社群成员之间的情感联系。

①树立榜样　在社群中，可将表现好、有恒心、能激励其他成员的社群成员，或往期打卡活动中表现最好的成员，或本次活动中最积极的成员，挑选出来作为榜样。

②互相鼓励　打卡需要长期坚持，同伴的鼓励和关注能使成员不断自我激励，完成更多的事情。

③设置竞争　设计竞争机制时，将不同的组或层级的打卡成绩定期考核，在不同组之间进行比较，产生竞争心理，调动社群成员的积极性；或将优秀者晋升为上一级，不合格者淘汰到下一级。

④提供惊喜　惊喜指不定时地为社群成员发布一些意料之外的福利，如赠送积分最高的成员礼物等，惊喜可以为社群成员带来新鲜感，让他们觉得进入社群物超所值。

⑤调动情感　社群成员需要一定的情感才能更好地连接在一起，因此在打卡过程中，可以通过挖掘故事加深黏性。

2. 社群福利

在进行社群营销时，营销人员需要根据社群目标和社群成员的入群动机，设置好群内各个时期的福利，激发社群成员的积极性，增加社群活动的参与人数。一般来说，包括物质福利、现金福利、荣誉福利、优惠福利、虚拟福利等。

(二)增加社群凝聚力

凝聚力强的社群往往能够存活得更久，营销人员在进行营销时取得的效果也会更好。下面将常用的5种方式分别进行介绍。

1. 社群分享

社群分享就是社群成员之间通过社群将自身知识、经验、感悟等进行分享，围绕某一话题进行讨论，是常见的线上社群活动，可帮助社群成员之间快速熟悉起来，增加社群的凝聚力，吸引更多新成员加入社群。分享形式多样，可以是灵魂人物分享、嘉宾分享，也可以是内容分享，当然也可以进行总结分享。

为保证社群分享的质量与活动的顺利开展，营销人员应在分享活动开始前做好相应的准备，主要包括以下几方面：

(1)确定　在进行分享前，应提前准备好分享内容和分享模式，准备好要分享的话题的素材，特别是没有分享经验的新手，更应该确认分享内容，以保证社群分享的质量。

(2)通知　确定分享时间后，可以通过群公告@全体社群成员的方式，对分享信息进行反复通知，确保更多社群成员了解分享活动，并参与进来。

(3)暖场　社群在分享活动正式开始前，需要有一个主持人对分享内容、分享嘉宾等进行介绍，为分享活动暖场、营造良好的氛围，引导社群成员提前做好倾听准备。

(4)控制　每次分享前，都需要提前制定好规则，避免分享过程被打断，在分享的过程中，营销人员应该时刻注意是否有社群成员干扰分享进程，并准备及时制止，维护分享秩序。

(5)互动　在分享过程中，如果嘉宾设计了与社群成员互动的环节，主持人应该积极进行引导，甚至提前安排活跃气氛的人，避免冷场。

(6)福利　为了提高社群成员的积极性，在分享结束后，可以设计一些福利环节，为表现出彩的社群成员赠送一些福利，吸引社群成员参与下一次分享活动。

(7)宣传　在分享期间或分享结束后，可设置一定的奖励，引导社群成员宣传分享信息，营销人员也应该总结分享内容，在各种社交媒体平台进行分享传播，打造社群的口碑，扩大社群的整体影响力。

2. 社群交流

社群交流指挑选一个有价值的话题，发动社群成员共同参与讨论，输出高质量的内容。与社群分享一样，在进行社群交流前，也需要经过专业的组织和准备。

3. 红包接龙

红包接龙即由社群中的灵魂人物或创始人率先发一个随机红包，再由手气最佳的社群成员继续发随机红包。这种活动形式能够十分有效地活跃社群的气氛，吸引潜水社群成员，增加社群凝聚力。

4. 有奖征集

有奖征集是指设置相应奖品，发动社群成员集思广益，对社群名称、口号、活动形式等不同事物进行设计，当社群采用了某位社群成员的创意或建议时，不仅可以增加该社群成员的荣誉感，还能调动其他社群成员的积极性，吸引社群成员参与社群活动，增加社群成员对社群的归属感，提高社群凝聚力。

一般来说，营销人员可直接在社群中发布征集信息，并提醒所有社群成员浏览群公告。接收社群成员创意后，由社群管理层选出优质的创意，再发布到社群中，通过投票的形式决定最终采用的创意。

微信群投票可以借助“腾讯投票”小程序进行，在搜索框里输入“腾讯投票”，点击进入后新建投票(单选或多选)，进入后在对话框中输入“投票标题”“选项”具体内容，同时设置投票截止时间，可选择打开“匿名投票”和“限制传播”按钮，最后单击“完成”按钮即可。

5. 社群线下活动

在线下举办社群活动，通过消息、视频、图片等方式将实况发布到社群或社交平台，可以增加社群影响力，让社群成员更有归属感，也可以使社群成员之间的关系从单纯的网络好友延伸到现实好友，连接到社群成员的生活、人脉圈中，使关系更牢固，加强社群的凝聚力。

【任务目标与质量要求】

要求1:修改设置微信群规则。公司现进行社区团购微信群营销业务,现在作为群管理员,群主要求你在原有群规基础上,增加一些内容,对群规进行完善。现有群公告如下:欢迎各位加入××社区团购群,希望大家在群里互相尊重,不随意添加好友,不发广告,共建文明有礼的团购群。

要求2:发起一次有奖征集。假设你所在的公司希望举办一场线下大促活动,需要你在微信群中征集社群成员对活动形式、活动奖励、活动时间、活动名称以及活动口号等的意见,并允许你选择价值200元以内的公司产品作为此次征集活动的奖品。

【任务目标与质量要求】

1. 通过对加群规则、日常规则的完善,掌握微信群规则制定的方法,维护社群健康持续发展,增加用户黏度,提高销售量。

2. 通过发布有奖征集的群公告,发布群投票,吸引成员参与,调动社群积极性,为此次线下活动造势,创造利润。

【学习产出目标】

1. 从原来的群规则中提炼有用的部分,补充新的规则,掌握微信群日常管理方法。

2. 编辑并发布有奖征集的公告,发布群投票,吸引社群成员参与,增加社群凝聚力。

【工作程序与方法要求】

一、修改设置微信群规则

根据实训要求,先对原有的社群规则进行分析,再结合社群特点,完善社群规则,具体步骤如下。

步骤1　分析原有规则

结合本任务所讲知识,分析原有社群规则中的可用部分及该规则所欠缺的内容。例如,原有社群规则明确了社群定位——社区团购,但缺少名称规则、交流规则和淘汰规则等。

步骤2　完善社群规则

分析社区团购群的特点,结合本任务中介绍的知识,设置加群规则、名称规则、分享交流规则以及淘汰规则。一般而言,不同角色的社群成员也可能彼此之间产生交易行为等,在设置社群规则时,需要考虑各方面的内容,事先定好规则以避免各种问题。

二、发起有奖征集

根据实训要求,先确定举办线下活动需要征集的意见条目,设置意见被选中者的奖品,发布群公告,再选取6个较有创意的意见,发布群投票,具体步骤如下。

步骤1　分析线下活动所包含的基本内容

结合企业特点,分析举办线下活动事先应该确定的内容,即需要征集的内容。其中,活动时间、地点、奖励等基本内容等可由社群成员率先发表意见,遵循少数服从多数的原则决定。因此,需要征集社群成员意见的内容大致有活动地点、活动名称、活动口号等。

步骤2　确定征集奖品，编辑群公告并发布

结合企业的产品——洗化用品、酒水饮料、副食品，分析社群成员的需求，针对不同的征集主题，选择不同产品作为奖品。例如，群公告内容为："五一假期来临，某公司预计举办一次线下活动，现需要征集各位朋友的意见，决定举办什么样的活动、活动的名字和口号等内容，有想法的群友们可联系群管理员，将自己的创意发送给我，创意被采纳的群友，可获得价值200元的神秘大礼包一个！请大家积极参与哦！"

步骤3　发布群投票

浏览社群成员发送的创意，选出可执行性强、较有创意的，在小程序中设置投票并发送到微信群。需要注意的是，每项内容可选的创意都应在6个以下。

【工作任务实施记录与评价】

1. 工作任务实施记录

序号	实施步骤		实施记录
1	修改设置微信群规则	分析原有规则	
		完善社群规则	
2	发起有奖征集	分析线下活动所包含的基本内容	
		确定征集奖品，编辑群公告并发布	
		发布群投票	

2. 工作任务实施自我评价

师傅指导记录	任务经验总结	自我评价
		优秀□　良好□　一般□　较差□
		学徒签名
		日期

3. 工作任务实施师傅评价

学徒工作任务实施情况评价(50%)				
序号	内容	分值	师傅评价	
			评分	评价与提升建议
1	能够对原有的群规则进行多方面完善	20		
2	能够结合任务要求进行有奖征集公告发布	15		
3	制作并发布投票，且投票结果符合要求	15		
小计		50		

续表

学徒关键职业能力及职业品质、工匠精神评价(50%)				
序号	内容	分值	师傅评价	
			评分	评价与提升建议
1	工作态度	10		
2	吃苦耐劳、学习钻研	10		
3	团队协作、沟通交流	10		
4	认真负责、诚实守信	10		
5	主动创新	10		
小计		50		
合计		100		
师傅签名		日期		

项目四
微博营销推广

【知识目标】

• 熟悉微博内容的不同发布形式、特点、优势与用户特点。

• 掌握微博内容素材库建设的步骤。

• 掌握微博常用数据维度。

【能力目标】

• 掌握微博内容规划的方法,能够根据要求进行微博选题策划。

• 具备制订微博账号运营计划的能力。

• 能够根据网络营销推广需要,进行微博话题策划。

• 能够运用微博数据分析工具进行数据的收集与分析。

【素质目标】

• 严格遵守新媒体营销职业道德底线和法律红线,输出对用户有价值的内容。

• 遵守网络商务活动的相关法律法规,共同营造绿色安全的网络营销环境。

• 借助微博平台,弘扬社会主义核心价值观,传播企业和社会的正能量,宣扬品牌文化、企业文化和中华民族传统文化,宣传积极向上的流行时代风尚和生活方式。

任务一　内容设计与发布

【专业知识准备】

一、微博营销认知

国内新媒体传播与营销领域的知名学者陈永东率先给出了微博的定义:微博是一种通过关注机制分享简短实时信息的广播式社交网络平台。我国微博的发展在 2009 年之后进入了快速成长期,其中新浪微博、腾讯微博、搜狐微博、网易微博等占据了主要的市场。到了 2014 年,腾讯微博、网易微博和搜狐微博等纷纷退出市场,在中国微博领域一枝独秀的新浪微博宣布改名为“微博”,并推出了新的标识,新浪色彩逐步淡化。目前,如果没有特殊说明,微博就是指新浪微博。

微博分为个人微博和企业微博两种。通过个人微博，我们可以关注行业信息，打造个人品牌，结识行业领军人物和建立人脉，展示个人技能。而企业微博具备了企业官方的特性，企业微博可实现信息发布、与消费者建立情感，并具有危机公关、预警、快速公关等功能。微博营销是指通过微博平台为商家、个人等创造价值的一种营销方式。该营销方式注重价值的传递、内容的互动、系统的布局、准确的定位，微博的火热发展使其营销效果尤为显著。

微博营销涉及的范围包括认证、有效粉丝、话题、名博、开放平台、整体运营等。当然，微博营销也有其缺点，如有效粉丝数不足、微博内容更新过快等。个人微博营销与企业微博营销非常相似，而企业微博涉及更多的内容。

微博发挥了“碎片时间资源集合”的价值，用户可以利用计算机、手机等多种终端便捷地获取信息。正是因为信息碎片化以及时间碎片化，用户通常不会立即做出某种购买决策或其他转化行为，因此硬性推广只能适得其反。

二、微博内容的发布形式

微博平台本身具有很强的包容性，包含丰富的发布形式，且每一种形式都有自身的特点和玩法，以及后续的扶持路径。运营者了解不同的发布形式，对其开展微博内容规划有着重要的意义。表 3-4-1 所示为微博内容的发布形式及分析，运营者可对此加以思考和研究。

表 3-4-1　微博内容的发布形式及分析

形式种类	发布形式	特点与优势	用户特点
图文	纯文字	内容直接，但是发长文字需要用户点开全文	有一定粉丝量或影响力，文字功底好、发布内容有实用传播价值
	单图文	图文并茂，更容易吸引眼球；图表文意，加强表达效果	对图片有一定的敏感度，具备图文搭配技巧
	多图文	九图发布，视觉冲击加强	适合有一定摄影能力和审美，有生活类、美学类、设计类、艺术类专业背景
头条文章	头条文章	能够满足用户发长文的需求、有关注阅读全文的权限设置	具有专业背景、能撰写有深度的文章
视频	微博故事	时长 1 分钟以内、参与门槛低；微博重点扶持形式之一	具有一定的摄影、拍摄能力
	微博 vlog	时长 1 分钟以上，生活日常记录；便于通过输出生活日常内容拉近与用户之间的距离；微博重点扶持形式之一	喜欢记录日常，具有一定视频拍摄和剪辑能力
	微博专辑视频	时长 3～5 分钟最佳；视频栏目化；微博重点扶持形式之一	具有一定的拍摄、剪辑和审美基础；拥有一定专长、能系列化地输出内容
	微博视频号	时长在 1 分钟以内或 1 分钟以上的自制视频；在账号成长和商业变现等方面可以获得视频广告分成；原创视频保护、热门流量曝光等一系列支持；微博重点扶持形式之一	平台内外的具备创作优质自制视频内容能力的用户

续表3-4-1

形式种类	发布形式	特点与优势	用户特点
问答	微博问答	微博目前官方的答疑栏目；微博重点扶持形式之一	具有一定专长和独立思考能力，能够根据粉丝问题或热点问题给出有见地的回答
投票	微博投票	增强与用户或粉丝的互动性或黏性；增加流量，提高知名度	适合对事件有自我判断的用户群和粉丝群
新鲜事	微博新鲜事	微博兴趣聚合类产品	适合重点关注某一垂直方向内容的用户

通过表3-4-1可以看出，微博内容的发布形式多种多样，每一种发布形式都有其匹配的内容特征。运营者认识每一种形式的展现方式和发布要点是很有必要的。这11种微博发布形式可以归纳为以下五大类。

1. 微博图文

微博图文的发布门槛低且操作方便，当运营者有任何灵感时，不论何时何地，只要网络条件允许，都可以随时发布纯文字、单图文或多图文的内容。需要注意的是，发布多图文内容时，建议搭配的图片数量为1、3、4、6、9，这样的数量配置在视觉上会让微博内容中的图片显得更统一和谐。

2. 微博头条文章

微博头条文章相较于一般的发布内容，要求运营者表达得更系统、全面、有深度。这一板块适合擅长撰写长文的专业写手，以及一些有微信公众号、简书等新媒体平台账号运营经验的运营者。同时，微博头条文章有一项"非粉丝需关注作者后阅读全文"的功能。在账号粉丝较少的情况下，如果账号发布的某篇好文被大规模转发，则容易产生短期内的粉丝激增的效果。

3. 微博视频

微博平台有很多种视频的表达形式，相对来说，视频的参与门槛会高一些，但是随着移动新媒体技术的飞速发展，普通用户已经可以通过手机的自带功能及一些带有垂直功能的App来完成视频的拍摄、剪辑、添加特效等操作。这里主要介绍微博视频的4种分类。

(1)微博故事　微博故事的发布形式是竖版的短视频，类似于当下抖音App的主流视频形式，主要是为了适应用户用手机竖屏观看视频的需求。

(2)微博专辑视频　微博专辑视频以横版的时长在3～5分钟的视频为主，通常是一个主题栏目的持续性更新。

(3)微博vlog　微博vlog以时长大于1分钟的视频内容为主，微博vlog的口号是记录真实、分享精彩，鼓励用户记录和分享自己的生活。

(4)微博视频号　自制视频在微博视频号板块更受重视，同时，长于15秒且清晰度大于或等于720 P的视频将获得平台推荐。

4. 微博问答与微博投票

(1)微博问答　微博问答是微博官方推出的用于答疑的产品，对于拥有专业见解和内容输出能力的运营者来说，这是非常有效的粉丝互动和内容变现形式；同时，微博问答也是微博平台重点扶持形式之一。

(2)微博投票　运营者通过微博投票可以与用户互动，调查用户的观点和看法，增强用户黏性，从而增大流重，扩大账号知名度。

5. 微博新鲜事

微博新鲜事是微博平台内一款允许运营者自建主题的产品，适合重点关注某一垂直方向内容的用户，或者对实时热点事件进行跟踪的媒体号。

微博内容的不同发布形式，在运营策略上也有很多不同，所以运营者要熟悉每种发布形式，也要时刻关注平台的最新变化。

三、微博内容规划的四大原则

1. 相关性原则

制订的内容计划应与用户的兴趣相关。

2. 实用性原则

规划内容，思考能够给用户带来什么样的收获，是否有价值。

3. 多元化原则

图文、头条文章、视频、直播等均可以尝试，让内容更具创意、更多元化。

4. 有序性原则

企业微博账号每天发布消息在 7 条左右，发布内容一定要做到有计划、有规模，提前做好内容发布的计划表。

【任务导入】

武汉大学是有着百年历史的名校，不仅拥有浓厚的学术氛围，其美丽的校园风景也闻名遐迩，樱花就是其颇具特色的美景。武汉大学樱花开于每年的 3 月中下旬。樱花的花期较短，仅 13～20 天，每年都有很多游客慕名前往武汉大学。在这样的背景下，武汉大学将每年的“武大樱花节”正式变成了一个营销节点。随着“武大樱花节”渐有名气，校方每年也在相关新媒体平台进行宣传与推广，致力于打造好这张独具特色的校园名片。

一、微博账号分析

1. 微博账号简介

“江城多山，珞珈独秀。山上有黉，武汉大学。”

从简介的表述可以看出，武汉大学官方微博账号(简称“官微”)定位于学校品牌的传播，目的是对学校进行宣传和推广，彰显学校的文化底蕴。

2. 武汉大学相关微博

以“武汉大学”微博账号为中心，武汉大学建立了“武汉大学学生会”“武汉大学图书馆”“武汉大学研究生会”“武汉大学招生办公室”等多个微博账号，形成多圈层的精准运营和传播。

3. 内容特色

武汉大学官微的微博内容主要可以分为以下 5 类。

(1)校内资讯和官方信息的播报及传播。

(2)与其他高校的互动。

(3)日常问候及校园文化输出。

(4)招生宣传和校园特色展示。

(5)校内活动通知。

4.“涨粉”技巧

(1)通过账号自身“涨粉” 作为知名高校的官方微博账号,通过自身校园文化特色的传递,获得每年新进校园的学生粉丝及其他对武汉大学感兴趣的用户。

(2)通过日常活动“涨粉” 平时武汉大学通过在微博平台开展抽奖活动,开展一些与校园相关的福利赠送活动,吸引用户关注。

(3)通过营销事件“涨粉” 武汉大学根据自身具有的一些特色开展事件营销。例如,每年的武大樱花、武大毕业式、武大集体婚礼等都吸引了一些对其感兴趣的用户关注账号。

二、项目执行

武汉大学樱花节作为每年的热点话题,是多次累计的曝光结果,带来了持续的复利效果。下面对武汉大学官微开展的樱花节推广活动进行分析。

1. 启动阶段

预热樱花盛开,引起用户关注。武汉大学通过发布相关图片,宣传樱花开始盛开的消息,引起用户的关注。

2. 传播阶段

对外公开预约渠道,官方媒体联动曝光。武汉大学官微公开了正式预约通道,通过话题“武大樱花”及众多官方媒体,如人民日报官微对樱花节的报道,让樱花节正式进入人们的视野,来访游客开始增加,同时对观赏中的现象或趣事进行报道。

3. 高潮阶段

通过话题营销鼓励用户发布实时观景内容,持续传播。在樱花观赏的中期,武汉大学官微通过“5G 云赏樱”、航拍武大樱花、“校花 battle 大赛”等活动引发用户热议,吸引用户及其他高校媒体平台和学生的关注,提升用户参与度、增加樱花节的曝光量,扩大了樱花节活动消息的传播范围。

4. 收官阶段

樱花文创及福利活动,持续推广。在樱花节即将结束之际,武汉大学官微通过赠送制作的樱花文创及“锦鲤”活动,来给广大用户赠送福利,使其留下好感,为武汉大学樱花节进行持续推广。

樱花作为武汉大学的一个热点内容,在 10 月反季节开放时,又引起了一波热议。可见网友们对武汉大学的樱花颇为关注。

三、活动宣传效果

武汉大学的樱花节活动在微博平台也取得了很好的传播效果。

(1)“武大樱花”话题累计阅读量达 2.4 亿次,6.9 万人参与互动讨论。其协同话题“校花 battle 大赛”的阅读量也达到了 648.7 万次,多所高校参与了话题活动。

(2)樱花节内容被多家媒体报道,其中不乏人民日报、央视新闻等官方媒体,以及新浪湖北等本地媒体,“5G 云赏樱”直播达到 104 万次观看量,对武汉大学的校园品牌宣传大有裨益。

(4)“武大樱花”等与樱花节相关的话题多次登上微博话题排行榜和热搜榜。

思考：

1. 请总结武汉大学的微博发布给了我们什么启发。

2. 请思考如何根据事件发展进行微博内容的设计与发布。

【任务目标与质量要求】

与公司合作的某儿童游乐设备厂家准备使用微博进行运营推广，请对微博内容进行设计。

要给儿童游乐企业设备设计微博，并进行运营，先要明确每天应发布的具体内容是什么、受众群体是哪些、如何策划选题、如何做内容规划、每天发布多少篇合适等。通过对微博内容的合理设计起到促进产品推广的效果。

【学习产出目标】

1. 根据网络营销推广需求，完成微博内容设计。
2. 完成内容运营计划。

【工作程序与方法要求】

以某儿童游乐设备厂家微博账号运营为例进行说明。

步骤 1　规划微博内容

1. 公司介绍

(1)创始人、团队介绍及其成长故事。

(2)企业文化。

(3)品牌定位、品牌形象和品牌理念。

(4)所获认证及荣誉。

(5)公司动态。

2. 产品优势

(1)有创意、好玩的造型设计。

(2)安全、贴心的细节设计。

(3)设备色彩设计。

(4)适合各场景安装的设备(家庭、公园、幼儿园和小区等)。

3. 优秀案例

(1)分类别的成功案例展示。

(2)客户口碑、订单数量展示。

4. 动态模板

(1)分类别介绍可为客户定做的范例。

(2)其他。

5. 行业规范

(1)行业设备价格状况介绍。

(2)行业设备参数标准。

(3)行业设备检测、验收标准。

(4)行业其他资讯。

6. 科普攻略

(1)儿童房布置攻略。

(2)儿童游乐攻略。

(3)社区游乐设施使用攻略。

(4)老人孩童游乐活动科普。

(5)其他。

7. 现款定制

(1)客户需求收集(表单或其他简单的形式)。

(2)联系厂家定制。

步骤2　制订内容运营计划

内容规划好后,便进入日常运营,围绕用户的需求,策划相关的微栏目,组织对用户有吸引力的内容,每天有规律地进行更新。具体可参见表3-4-2。

表3-4-2　微博内容规划计划表

项目			工作方案
内容	频率	周一至周五	每天发布微博不少于7条
		周六、周日	每天发布微博不少于6条
	时间	周一至周五	(1)8:00～8:30,发布当日第一条"早安微博" (2)10:00～10:30、11:30～12:30、14:30～15:30、16:30～18:00、20:30～21:00,各发布一条微博 (3)23:00左右,发布当日最后一条"晚安微博"
		周六、周日	(1)9:00～9:30发布当日第一条"早安微博" (2)11:00～12:00、14:00～16:00、18:00～19:00、21:00～22:00,各发布一条微博 (3)23:00左右,发布当日最后一条"晚安微博"
	内容设计	早、晚微博问候	每天在8:30与23:00左右向微博粉丝们说早安与晚安
		原创微博	关于旅游、摄影、娱乐、实用等话题发布时,尽量以文字＋图片、文字＋视频/音频、文字＋图文＋视频/音频的形式
		热门转发	热门的新鲜事、情感、哲理、娱乐、搞笑等内容的转发
		公司信息公告	新店开张、网站改版、公司的新促销活动等信息的发布

续表3-4-2

项目			工作方案
活动	专题类	发布频率、时间	每月一场，发布时间参考 9:00～10:00、16:00～18:00、22:00～23:00，也可视实际情况而定
		发布形式	利用企业微博页面上的活动栏做活动，活动项将收录至微博活动应用中，因此更适合正式的活动。也可配合节假日或网络热门话题发起活动
	有奖互动类	发布频率、时间	每月 2～3 场，发布时避开专题活动，避免影响专题活动效果
		发布形式	可利用微博的活动栏，也可直接发布微博，利用粉丝的相互转发达到推广的目的
	其他非正式类活动	发布频率、时间	通过联合做活动、相互转发内容等形式，达到推广的目的
		发布形式	通过推荐有礼、提问有礼等形式，增加微博粉丝的互动
推广	微博外联	与其他企业的微博合作	通过联合做活动、相互转发内容等形式，达到推广的目的
		与粉丝数多的博主合作	通过付费或不付费合作的方式，请粉丝数多的博主转发、推荐微博
		付费推广	通过在相关平台发布任务的形式推广，提高微博的互动性
	内部推广	各城区微博之间的互动	通过各城区微博之间相互转发的形式推广，提高微博的互动性
		员工对微博关注并推广	公司员工对官方微博进行关注并转发
		官网首页支持	与官网相互推广、支持
	线下推广	各门店部分海报、单页的支持	对于一些长期、重要的活动，可以在门店放置一些宣传资料
		各门店大堂视频支持	可通过技术手段实现微博的直播
		各门店前台推荐	对于一些重要的活动，前台可介绍活动的相关信息

【业务技能】

增加微博粉丝的 10 种方法

1. 发布优质内容

在微博中发布用户喜欢的优质内容，转发量就会增加，看的用户多了，粉丝自然就多起来了。用某账号实践测试，每天发 7 条微博，搭乘顺风车后，阅读量轻松破万。

2. 加热门话题

微博有话题功能，如果发布内容时添加这些热门话题，则可以极大地增加曝光率和被关注的概率。

3. @别人

发布内容时，可以多@那些与内容相关或者粉丝多的博主，也可以主动邀请甚至要求他们帮忙转发。

4. 评论别人

在广播大厅挑选粉丝较多的人发布的博文进行评论，挑选那些最新发布且还没有人评论的内容进行评论，评论得越有特色，越能引发共鸣越好。当博主对评论进行回应时，自然就变相地为自己的账号做了推广。

5. 标签

微博账号设置中有标签功能，如图 3-4-1 所示。可以设置 10 个最符合自己特征的标签，将会极大地增加账号的曝光率，那些对相关标签感兴趣的人，有可能主动成为该账号的粉丝。

图 3-4-1　微博标签

6. 主动关注

主动出击、主动关注别人，这是一种很直接的方法。例如，销售硅藻泥涂料的博主，其微博营销策略之一就是主动搜索“家装设计”“装修”等关键词，找到潜在的涂料用户或者代理商，然后不断地向他们提供关于健康涂料使用方面的信息，在帮助他们的同时，也宣传了自己的产品。

寻找那些靠互听或互粉建立起来的账号(这些账号最明显的一个特点是他们关注的人比收听他们的人要多)，然后在他们的听众(或粉丝)列表中找到你感兴趣的人主动关注。因为这些人都是之前与他们互听(互粉)成功的，会比较乐于回听(回粉)。

7. 话题炒作

发布一个有争议的内容，引发别人的关注与转发，也可以达到曝光和增加粉丝的目的。例如，在刚开通微博时，制造一个有争议的内容，其可能会在 24 小时内转发数百次。但是，话题炒作有风险，需谨慎对待。

8. 坚持更新

同今日头条、博客等新媒体平台一样，微博也需要勤更新，更新得太慢，被关注度就会降低。很多自媒体平台的图文或视频均保持更新并坚持发文，不能“三天打鱼，两天晒网”。每天坚持更新，阅读量会逐渐增加，粉丝量也是不断积累的结果。

9. QQ 群

网络上有很多微博交流群，通过 **QQ** 群来增加粉丝量。该方法也适合网络推广，找到精准客户。以家居装修为例，在 **QQ** 群里不能一味地发广告，要先熟悉 **QQ** 群，然后逐个加群里的人，总能找到属于自己的客户。

10. 其他

除了以上这些常见的方法外，只要用心，随时可以见缝插针地进行宣传。例如，如果经常写文章，那么可以在文章中推荐；如果有博客，也可以在博客中推广。综上，增加粉丝需要不断积累，按照内容规划做出特色。

【工作任务实施记录与评价】

1. 工作任务实施记录

序号	实施步骤	实施记录
1	规划微博内容	
2	制订内容运营计划	

2. 工作任务实施自我评价

师傅指导记录	任务经验总结	自我评价
		优秀□　良好□　一般□　较差□
		学徒签名
		日期

3. 工作任务实施师傅评价

学徒工作任务实施情况评价(50%)				
序号	内容	分值	师傅评价	
			评分	评价与提升建议
1	能够根据要求对微博选题进行策划	15		
2	能够灵活运用微博内容规划的方法	15		
3	能够制订微博账号运营计划	20		
小计		50		
学徒关键职业能力及职业品质、工匠精神评价(50%)				
序号	内容	分值	师傅评价	
			评分	评价与提升建议
1	工作态度	10		
2	吃苦耐劳、学习钻研	10		
3	团队协作、沟通交流	10		
4	认真负责、诚实守信	10		
5	主动创新	10		
小计		50		
合计		100		
师傅签名		日期		

任务二　微博话题策划

【专业知识准备】

一、微博话题认知

能够引发讨论和转发的微博内容都是话题。为了强化微博话题，你可以把话题关键词用“#”围住，引发更多人注意。如果话题引发很多人讨论，大家都在微博中讨论这个话题，那么这个话题有可能成为热门话题。一旦话题成为热门，就有可能进入新浪微博的热门话题榜，被更多人看见，带来巨大的讨论量。

微博话题现在可以申请主持人，话题主持人是某个话题页面具有相关管理权限的用户。通过对话题页的编辑，用户可以完善话题页，并提升自己的微博影响力。目前每个话题只能有一位话题主持人。

打开自己的微博，可以直接编辑话题，如图 3-4-2 所示。微博要求话题主持人一周必须发三条带话题的微博，所以话题主持人如果缺少持续运营方案，就很难坚持下去。如果发布的微博内容和时下热点相关，一般都会有热点话题，就可能出现在热点话题页面，被更多人看见。也有一些人坚持在自己的微博上讨论同类的话题，坚持下来就能成就自己的话题品牌。例如，某足球评论员每条带#××小视频#的微博，都以小视频的方式，随时随地带来足球技战术和焦点事件的点评，累积下来的话题总阅读量超过了 3 亿。这个话题就和他的个人品牌紧紧结合在一起了。

图 3-4-2　编辑微博话题

二、建立微博话题素材库

微博话题分两种：一种是针对热点话题的借势发挥；另一种是结合自己的定位做的每日更新。即便是每天发布的微博内容，也需要进行内容设计。不知道怎么设计微博话题怎么办？下面的思维导图就是专门为找不到话题灵感的用户准备的，如图 3-4-3 所示。

要想找到好的微博话题，平常要注意观察身边周围的各种事件、网上的热点事件，阅读各种资料和图片，收集起来，既是自己的知识储备，也会在需要的时候方便找到，毕竟只凭关键词搜索，有可能在网上无法找到以前看过的内容，还是保存起来方便。

建立自己的微博内容素材库建议分三步，这个方法其实也可以推广到其他新媒体运营模式里。

1. 选择优秀的信息源

如网站、作者。在阅读到优秀的作品时进行保存，建议统一存放。建议先阅读再保存，或者是先存放在一个统一的临时笔记本中，阅读完再分类。如果是先保存后阅读，积攒的资料多

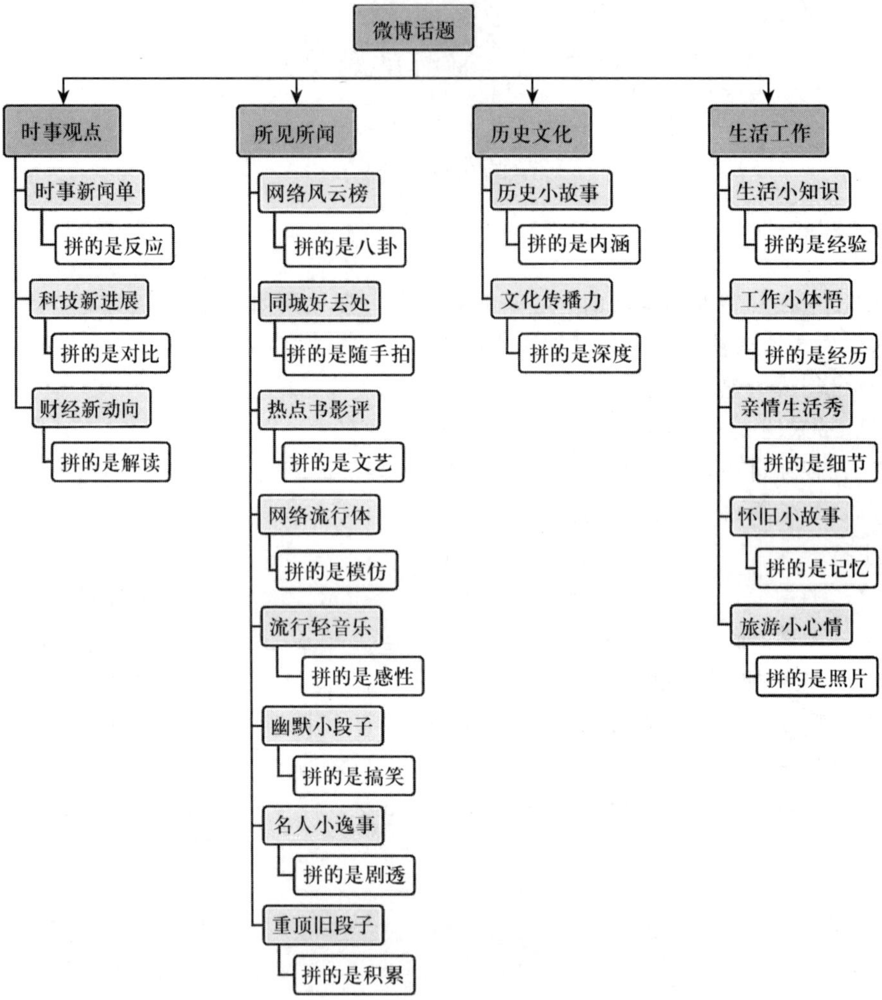

图 3-4-3　微博话题思维导图

了，会形成压力，可能根本就不会阅读了，有些小灵感可以记录在手机备忘录里，微信公众号的文章和其他微博账号的内容都可以进行及时记录。

2. 对收藏夹进行整理。

管理的时候，可以进行合理归纳，并加上标签，以后便于搜索。

3. 进行应用并不断更新。

需要使用的时候，可以按照分类找到相应的资料，也可以直接使用搜索，对于有些已经没有保存价值的资料，建议及时清理掉，应该用“有用”来作为衡量标准。除此之外，还可以从其他网站上了解热点，以及各方的看法。例如，知乎网（http://www.zhihu.com）、搜狗微信搜索（http://weixin.sogou.com）、新榜（http://www.newrank.cn）等。以上三个网站会提供微信热搜文章、热点推荐，也有围绕着热点进行的讨论，在根据热点找话题时，可以通过搜索借鉴参考其他公众号的文章。同时文字类素材还可以去简书、豆瓣等搜索文章。新闻热点可以通过今日头条、网易新闻等进行搜索查看。微博的热门话题以及热门微博基本上包括了最受关注的热点，最好养成每天浏览的习惯。

三、建立微博话题发布时间地图

除了常见的话题地图外，推荐按时间地图策划内容(节日、节气、假日)，因为节假日是最好的话题。这里所说节假日包括法定节假日、国际纪念日、民俗节假日、节气、网络搞笑节日、行业营销季、本地文化节以及特殊活动举行的时间等，如果我们每年都可以提前整理时间地图，对运营微博、提前准备发布内容会非常有帮助。在网上有各类节假日明细清单，只要耐心整理，就可以提前规划出微博节假日话题表。微博某年节假日话题表如图 3-4-4 所示。

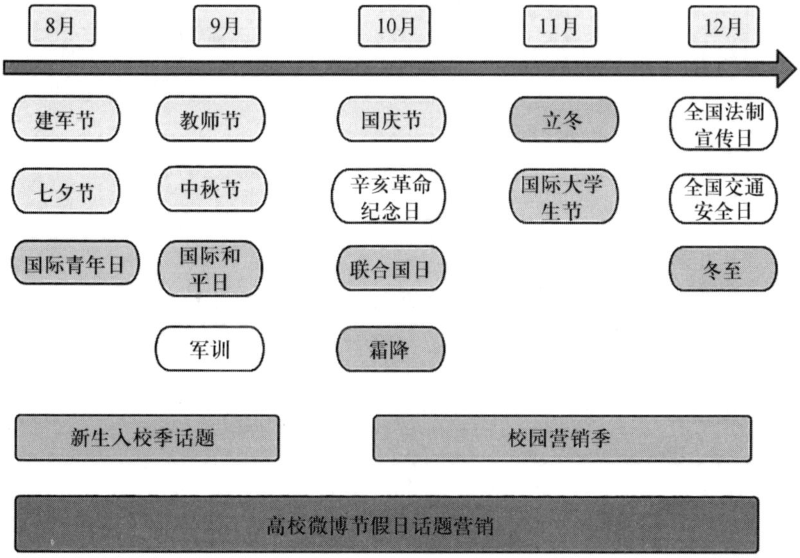

图 3-4-4　微博节假日话题

四、合理设计微博话题发布时间

除了话题内容和时间策划，微博发布的时间也会影响微博的阅读打开率。所谓最佳发布时间，背后的含义是能让你期望的人最先看到的时间。

(1)对于想和高质量粉丝互动的人，最佳发布时间也许是凌晨一点以后；

(2)对于不同地方，假如你希望外国人看到，要考虑时差的影响；

(3)对于有地铁的城市，也许很多人喜欢在地铁高峰期刷微博；

(4)对于不同的人群，如大学生，他们很多是越晚越精神；

(5)对于和节假日相关的微博，选择在节假日即将开始的时候发布也许效果更好；

(6)对于突发性新闻事件，第一时间抢发、连续跟进、快速刷屏，也许更好；

(7)对于现场的活动，实时同步播报也许更好；

(8)对于自己的个人感悟，也许选择大家都在休息的时间发布，效果更好；

(9)假如你的微博不是特别有趣，什么时间发都行，不要 5 分钟一条地刷屏就好。

确定微博最佳发布时间需要对微博发布效果进行动态观察，不断依据效果进行反馈调整。

特别提醒，在发布微博话题时尤其要注意，微博上有大量来源不明、耸人听闻的消息，这些消息比普通消息更吸引人转发，你转发后也会得到更多的粉丝转发，但是传播谣言后果很严重，乱发微博和乱转微博可能违反法律，遭到处罚。

【任务导入】

一、中华旅游××行

南方卫视的旅评网，每次组织名博活动，都会启动一个新话题“中华旅游名博××行”，这个××是按不同的目的地每次设置的，由于旅游名博们统一采用这个话题，所以话题的访问量每次都不错，而这个系列话题也成为旅评网的标签，如图 3-4-5 所示。

图 3-4-5　微博话题“＃中华旅游名博××行＃”

二、全国防抖四级考试

某手机品牌将防抖技术作为主要卖点推出新款手机，并在官方微博陆续放出“过山车防抖”“滑雪防抖”“滑板防抖”等系列视频，展示其防抖技术。

某手机品牌在微博发出“全国防抖四级考试”赛段一的开始信息，将考试分为自然抖、外力抖、失控抖和极限抖 4 个等级，以转发并@博主参与挑战的形式正式开考，且挑选了较为有影响力的微博博主，寄送挑战卡和新款手机，带动“考试”的氛围。自此，微博上开始小范围刮起了“防抖考试”视频的风向，带有话题“全国防抖四级考试”的微博数量开始逐渐增加。

随着参与人数的增多，某手机品牌官方微博于 9 月 11 日开启了针对所有用户的赛段二，要求用户在活动期间带话题发表视频，并增加了奖励名额，进一步刺激用户的积极性。9 月 12 日，某手机品牌正式上线售卖某新款手机，作为“防抖考试”神器，某新款手机一登场就稳居电商平台 2 000～3 000 元价位手机的销量排行榜第一，成为后期“防抖考试”必备利器。随着某新款手机的发售，“防抖考试”范围也从微博扩散到哔哩哔哩、抖音等视频网站，主题从测试手机防抖效果发展到对比其他手机与某新款手机的防抖效果，甚至“考试”形式也从走路、骑车、跑步等日常生活场景延展到了过山车一类的游乐场景。

思考：

1. 请总结以上两个案例在进行话题营销的时候借助了哪些手段。

2. 请总结企业在进行话题营销时应如何提升评论、阅读量和转发量。

【任务目标与质量要求】

近年来，越来越多的年轻人喜欢汉服，为使更多用户了解汉服，某店铺开设了官方微博，现需要进行微博营销，以宣传汉服文化、推广店铺产品、改善汉服给人们的固有印象。

企业以微博作为营销工具，可以通过发布普通微博、创建话题等多种途径进行产品的推广。本次实训要求以话题为营销手段，如何借用热门话题的热度，创建新话题又应该如何设置是本次实训要解决的问题。

【学习产出目标】

1. 借助热门话题，发布一篇产品上新的微博。
2. 学会使用微博抽奖平台。
3. 创建新话题，发布一篇转发抽奖活动微博。

【工作程序与方法要求】

根据实训要求，本例将通过微博话题和转发抽奖的形式来进行营销，以达到宣传汉服文化、推广店铺产品的目的，具体步骤如下。

步骤1　选择热门话题，发布产品上新的微博

在微博热搜榜或话题榜查找近期的热门话题，选择与汉服相关的话题，结合话题发布产品上新微博。例如，选择“＃带着汉服去旅行＃”“＃×××居然是科幻片＃”这两个话题，微博内容则可以为“年底来临，‘同袍’们准备好去哪旅行了吗？地方没决定没关系，先准备好要带上的汉服吧！＃带着汉服去旅行＃”“听说了吗？生命的发展是下一个冰川时代，再走一遍从文明未开化到如今的路。那么是不是说汉服也将回到这个世界？＃×××居然是科幻片＃”

步骤2　创建新话题，并开展转发抽奖活动

创建与店铺或汉服产品相关的话题，通过带话题发布微博、关注话题及官方微博等不同形式，开展活动。例如，以店铺为主，创建话题“＃我与××××××的故事＃”；以产品为主，创建话题“＃理想的汉服模样＃”；微博内容可以编辑为“＃我与××××××的故事＃我第一次知道××××××是在2018夏天，被闺蜜发的图片所吸引，一眼就爱上了那件衣服，当时不知道什么叫汉服，一直以为是古装，还是闺蜜带我入圈，了解汉服文化，没想到现在已经在××××××工作了半年多了，时光荏苒啊！不知道‘同袍’们和咱们家有什么样的故事呢？写下你与××××××的故事，带话题#我与××××××的故事#发布微博，或进入话题页面发布微博，关注官方微博，即有机会抽取镇店汉服一套，快来讲故事啦！2019年12月30日晚上8点开奖哦，千万别错过啦！"

【工作任务实施记录与评价】

1. 工作任务实施记录

序号	实施步骤	实施记录
1	产品上新微博发布	
2	新话题创建	
3	抽奖活动发布	

2. 工作任务实施自我评价

师傅指导记录	任务经验总结	自我评价
		优秀□　良好□　一般□　较差□
		学徒签名
		日期

3. 工作任务实施师傅评价

学徒工作任务实施情况评价(50%)				
序号	内容	分值	师傅评价	
			评分	评价与提升建议
1	选择热门话题，发布一篇产品上新的微博	20		
2	能够使用微博抽奖平台	15		
3	创建新话题，发布一篇转发抽奖活动微博	15		
小计		50		
学徒关键职业能力及职业品质、工匠精神评价(50%)				
序号	内容	分值	师傅评价	
			评分	评价与提升建议
1	工作态度	10		
2	吃苦耐劳、学习钻研	10		
3	团队协作、沟通交流	10		
4	认真负责、诚实守信	10		
5	主动创新	10		
小计		50		
合计		100		
师傅签名		日期		

任务三　微博数据分析

【专业知识准备】

有人在微博上只是逛逛，有人却可以从蛛丝马迹中获取有用的信息并转化为行动。对于很多普通用户而言，微博只是日常的社交工具，而对于微博营销人员来说，微博却可以创造巨大的营销价值。微博是一个社交媒体平台，如果想让微博在企业营销中发挥更大价值，并让运营具有可持续性，运营者就要学会数据分析和工具运用，通过数据分析及时发现运营问题并进行优化。微博的数据分析主要集中在粉丝数、阅读量、互动情况等，营销人员由此来判断微博的营销影响力。要做好微博运营，运营者除了要学会数据采集与分析，还要能灵敏感知目标用户的需求及其变化，善用逻辑推理将感知变成严谨的结论。

一、微博常见的数据维度

1. 粉丝增长

粉丝是微博营销的基础，不管是粉丝数量还是粉丝的增长速度，都是微博营销人员必须关注的问题。粉丝的增长速度能够反映运营者运营账号的效果。判断一个微博账号有没有潜力，其粉丝增长速度是重要的考察指标。一个健康的、有潜力的微博应该具有一定的粉丝数量，且能保证微博粉丝数量在一定程度内的持续增长。

粉丝增长速度主要可以分为加速增长型、平稳增长型和高低起伏型，如图 3-4-6 所示。理想状态下我们都希望自己的微博粉丝增长速度(粉丝增长数/天)曲线是加速增长型，但实际上再成功的运营者也只能是尽可能地接近加速增长型。

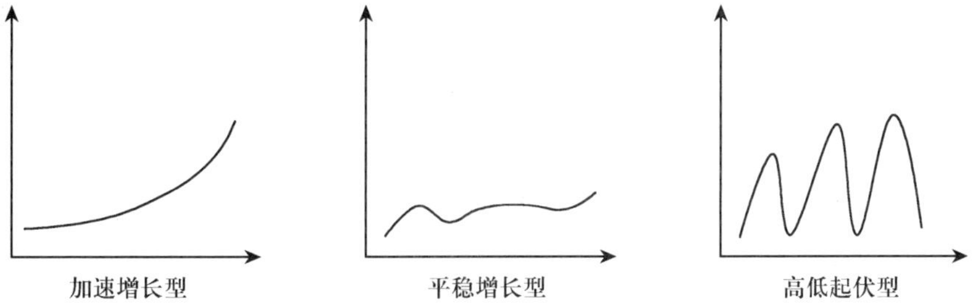

图 3-4-6　粉丝增长速度类型

2. 真实粉丝数

基于微博营销的商业化趋势，微博上出现了一个名词——“僵尸粉”，除机器注册外，“僵尸粉”也包括那些基于某些原因对微博仅有“三分钟”热情的用户。“僵尸粉”的存在对于微博和微博用户而言都没多大实际意义，所以我们需要关注真实粉丝数。

3. 微博阅读数

微博阅读数是新浪微博推出的直接反映微博受欢迎程度的动态数据指标。计算方法：微博阅读数仅运营者自己可以看到，只要该微博出现在好友的信息流里面即被算作阅读一次。微博被转发后，网友阅读转发后的微博也计入原微博的一次阅读数。在页面不刷新的情况下，每一次微博加载算一次微博阅读数，在页面刷新并重新载入时算多次阅读数。

4. 微博互动数

微博作为移动社交媒体平台，其社交性主要表现在微博用户可以通过转发、评论、点赞、私信等方式进行互动和交流。互动数一定程度代表着博主的美誉度、微博内容的受欢迎程度、微博话题的被参与程度。

5. 微博“铁粉”数

“铁粉”是微博推出的反映粉丝与微博账号之间亲密程度的互动产品，如图 3-4-7 所示。粉丝数超过 10 万的微博账号，其粉丝的“铁粉”标志才会被激活，粉丝数小于 10 万的微博账号，其粉丝没有“铁粉”标志。用户近 30 天与已关注的微博账号互动达到 5 天及以上，则自动成为这个微博账号的“铁粉”，因此“铁粉”数据也在一定程度上代表了微博账号的影响力。

图 3-4-7　微博“铁粉”

6. 微博影响力指数

影响力指数是衡量一个账号在平台上影响力的综合指数，运营者可以通过微博内容被转发、评论的情况，以及活跃粉丝的数量来综合评定一个账号的影响力。也就是说，粉丝数不是评价账号影响力的唯一标准，运营者还应参考账号的活跃度、传播力、覆盖度和销售转化率 4 项指标，如图 3-4-8 所示。

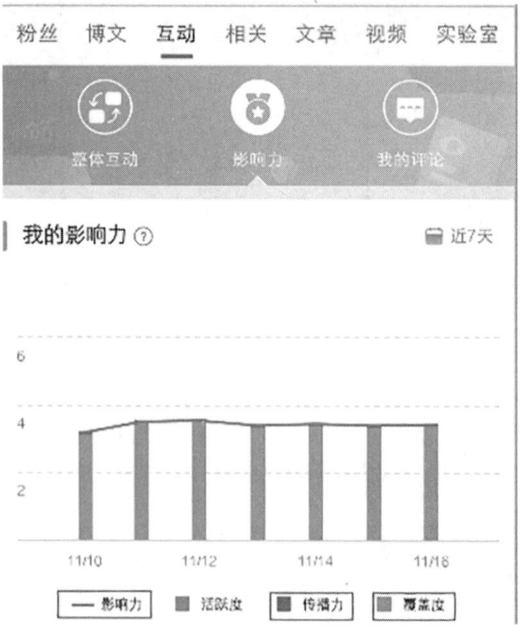

图 3-4-8　微博影响力指数

具体来说，这 4 项指标的意义如下。

1. 活跃度

运营者发布高质量的内容吸引粉丝积极转发、评论、点赞，或者私信好友聊天都能迅速提高账号活跃度。

2. 传播力

账号发布的内容被转发、评论的次数越多，证明其传播力越强。

3. 覆盖度

登录账号当天的粉丝数和转发、评论、点赞的粉丝数越多，覆盖度越高。

4. 销售转化率

微博也可以成为企业电商销售渠道之一，可以通过微博带来的购买能力评估微博运营能力，企业可以把转化率作为衡量指标之一。

二、微博数据分析工具

运营者了解微博的数据维度，可以进行运营分析和策略优化，具体可以运用以下 3 种常见的微博数据分析工具。

1. 微博数据助手

运营者可以直接通过微博自带的数据平台进行数据获取和分析。通过 PC 端登录微博账号，单击首页右上方的账号昵称进入个人主页，单击上方菜单栏的“管理中心”选项，单击页面左侧的“数据助手”，可以查看相关数据，如图 3-4-9 所示。例如，运营者可以通过数据助手了解近 7 天、近 50 天和近 90 天的博文阅读量。另外，运营者还可以另行付费获取高级权限，查看更多详细的运营数据。

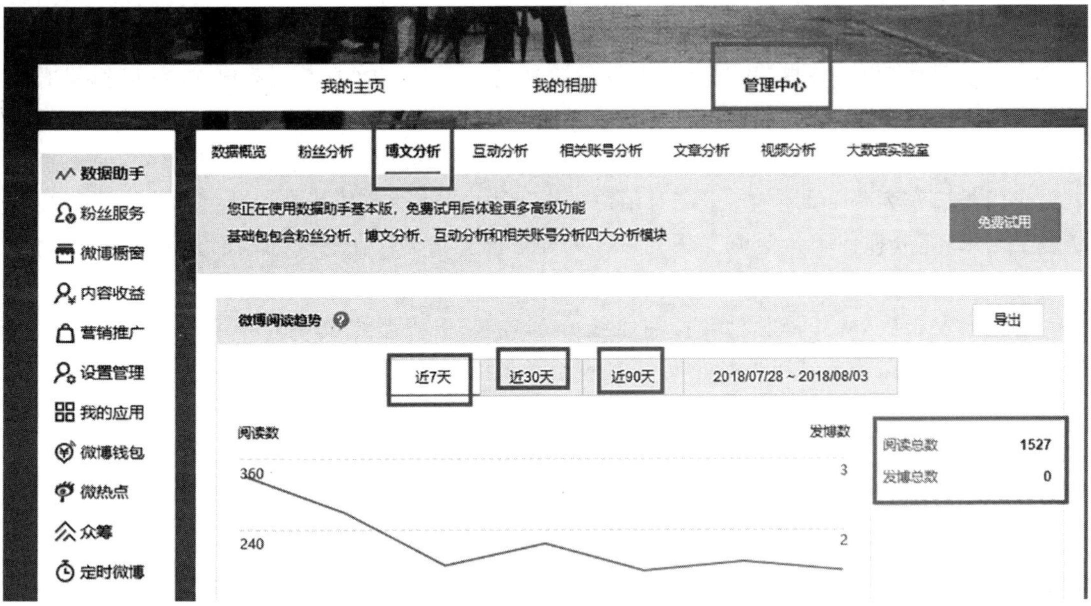

图 3-4-9　微博数据助手

2. 知微传播分析

“知微传播分析”是一个功能极其强大的数据分析平台。它是分析事件传播的有效工具，可以帮助运营者分析单条微博的传播路径，找到关键节点、转发次数、地域分布、性别分布等，还可以帮助运营者了解该条微博有多大的“威力”，它的传播产生了什么样的影响，以及用户接收信息后的情绪是积极的还是消极的。

3. 微热点

微博自有的工具平台——微热点，原名为新浪微舆情，同样具有数据分析功能。微热点是微博平台推出的一款数据挖掘产品，产品定位为社会化大数据工具，可以查阅某个人物、企业、事件的热度指数以及进行传播分析、口碑分析、微博情绪分析等。可以将用户的微博内容与热点事件进行即时匹配。

【任务导入】

随着 2012 年诺贝尔文学奖的尘埃落定，莫言成为有史以来首位获得该奖项的中国籍作家。商业敏感度高的图书商家自然不会放过这个千载难逢的好机会，对莫言及其作品的事件营销也层出不穷。在众多知名电商企业与老牌电子书商家的混战中，网易云阅读依靠充分的准备和优秀的反应能力，为我们提供了一个事件营销的经典案例。

作为电子书市场的“年轻”应用，网易云阅读在此次事件营销中却有着良好的表现。在这之前网易云阅读的新浪官方微博粉丝数只有 3 万多，但早于莫言获奖之前，网易云阅读的微博就已率先推出有奖活动，“【有奖转发】传说诺贝尔文学奖明晚将中日对决——莫言 PK 村上春树。我们挺莫言，希望的是中国作家雄起，希望他们不要不务正业、不要剽窃炒作、不要只顾赚钱过日子，希望他们用作品追问人性与灵魂。明晚 19:00 前关注 @网易云阅读并转发此条微博，如莫言胜出，将随机送出 163 本莫言获奖作品实体书”。除了 2 700 多的自然转发与近 700 的评论外，据观察，在此次为时 1 天半的事件营销期间，网易云阅读的微博粉丝增加了至少 1 000 多人，且微博营销内容和图片被大量微博复制使用。从数据可以看出，此条微博提升了网易云阅读粉丝数量，提升了其知名度和传播量，可以认为此条微博在营销上是较为成功的。

网易云阅读的发布时间选择在颁奖揭晓前一天，从其微博内容也可以看出，不只是将莫言成为热门候选作为一个宣传噱头，还对用户进行了引导，将莫言成为获奖热门与中国文学现状联系了起来，充分抓住了希望莫言获奖和对莫言是否能获奖存在质疑的两部分用户的心理，而两个对立意见群体的设置，也便于在微博内部形成话题，引发用户参与讨论。

在微博发布后，从其转发数增长的曲线分布来看，可以看出其中几个明显的时间节点变化。第一个高峰在微博发布后数小时之内。在获奖前一天这个时间点上线，趁对手还没有大规模相关活动推出的时候，填补了这个热门信息的空白期，直接抓住了大量微博用户的眼球。而在颁奖前一小时内，网易云阅读多次发布颁奖倒计时微博，刺激用户参与，也形成了一个传播高峰。这一微博的发布吸引了数十位网络作家的参与评论，观点争议明显，但网易云阅读倡导的“我们挺莫言，希望的是中国作家雄起，希望他们不要不务正业、不要剽窃炒作、不要只顾赚钱过日子，希望他们用作品追问人性与灵魂”得到广泛认可。通过对数据节点变化的分析可以得知此次事件营销的传播高峰期为何时，能够帮助营销人员分析网民对于事件的关注时间点，分析出在哪些时间发布微博，更容易得到关注和转发，有利于营销人员的运作设计。

在莫言获奖之后，网易云阅读在19:06发布微博，告知用户莫言的获奖并发布抽奖通知："祝贺莫言，为国人第一次夺得#诺贝尔文学奖#，希望这不只是一场民族自尊心的狂欢，而能成为中国作家雄起，作品开始追问人性与灵魂的信号。网易云阅读将尽快抽取163位幸运参与用户，送出莫言本次获奖作品一本。具体获奖名单将于10月12日中午12点在微博公布，请各位留意。"由于发布时间紧跟莫言获奖发布时间，此条微博还吸引到新浪微博中一些搜索诺贝尔文学获奖情况用户的注意。此条获奖通知在新浪微博也取得了较好的传播效果。

据网易云阅读内容中心书籍类负责人田志凌介绍，网易云阅读在莫言获奖次日就迅速联系出版社，拿到了出版社授权连载的电子版，包括《檀香刑》《生死疲劳》《红高粱》和《变》等多部代表作品。以上几部莫言代表作的电子图书日均下载量在10万次以上，其中几部作品的日均最高下载量甚至达到了电子书业内一些重量级原创作品颠覆时期的最高日下载量。至此，网易云阅读为我们提供一个事件营销的成功案例。

从数据分析可见，网易云阅读此次对莫言获奖的事件营销的准备非常充分。通过获奖前宣传、获奖消息发布、获奖后活动结果公布这几个事件点，完整覆盖了此次诺贝尔文学奖公布事件前、中、后三个阶段，将其微博活动与诺贝尔文学奖的公布在时间上进行了同步，特别是用活动覆盖诺贝尔文学奖公布前这个信息空白段，是其此次事件营销成功的关键步骤。

思考：

1. 请分析网易云阅读在事件营销过程中考量了哪些数据。

2. 请分析网易云阅读在营销时是如何结合爱国精神的。

【任务目标与质量要求】

了解知微数据分析平台，选择一条转发量超过2 000的微博，使用知微数据分析了解这条微博内容的传播路径并进行相应的分析。

数据分析对微博运营人员十分重要，数据的变化可以随时反映微博的传播效果。如果微博的传播效果不理想，我们可以运用相应的数据分析软件进行问题查找。知微数据分析平台作为微博数据分析的常用软件，是数据分析的有力工具。通过本次实训，同学们应能够通过数据分析软件对微博内容进行相应的分析。

【学习产出目标】

1. 根据需要明确微博数据分析应关注哪些数据。
2. 学会使用知微数据分析平台。
3. 对微博数据进行分析并得出相关结论。

【工作程序与方法要求】

步骤 1　了解“事见”和“舆论场”

(1)百度搜索“知微”，点击官网进入知微平台，进入之后，我们可以发现知微平台有三项分析功能：“事见”主要分析互联网全平台热点事件传播；“传播分析”主要对单条微博传播路径进行精准刻画；“舆论场”主要感知热搜态势，洞察全网生态。

(2)点击“事见”，先会看到近期舆论场热度走势，将鼠标移动至图形白点处可以出现某一时间的事件热度分析。还可以通过搜索框对某一关注的事件进行搜索分析。右上角可以进行“提交事件”“对比时间”以及搜索“事件库”。右侧列有事件热度排名，并有相应的事件热度和舆论场占比数据分析。“事见”还提供了近 30 天热点事件分析图，并对事件进行分类分析。

(3)点击“舆论场”，其中搜索框可以提供具体事件的舆论搜索；“舆论场”板块对 B 站、抖音、微博等平台进行了最近 1 小时和最近 24 小时的热度分析；另还有重要领域分布、舆论场排行榜以及 24 小时走势等数据分析板块。“舆论场”还提供了微博、知乎、头条、抖音、B 站和快手的榜单概览，我们可以查看各大网站热搜排名情况。“热点分析”板块为热搜微博提供了更详细的数据分析。

步骤 2　运用“传播分析”对单条微博进行数据分析

(1)点击“传播分析”，以某日报的经典传播案例为例进行数据分析。通过“总览”我们可以得到某条微博的整体传播情况，见图 3-4-10，可以发现该条微博的转发量为 2 195，评论为 1 149；本条消息在曝光量、情感值、内容评价和用户评价上均高于行业标准，综合评价得出的微力值为 77，得分较高。具体来看消息传播的各项指标，曝光量 4 408 万，情感值 58，内容评价 72，用户总体评价包括用户质量 69、用户活跃度 26、加 V 比例 6.4%、参与用户数 1 752、“水军”为轻度，短链接点击数 5 050。

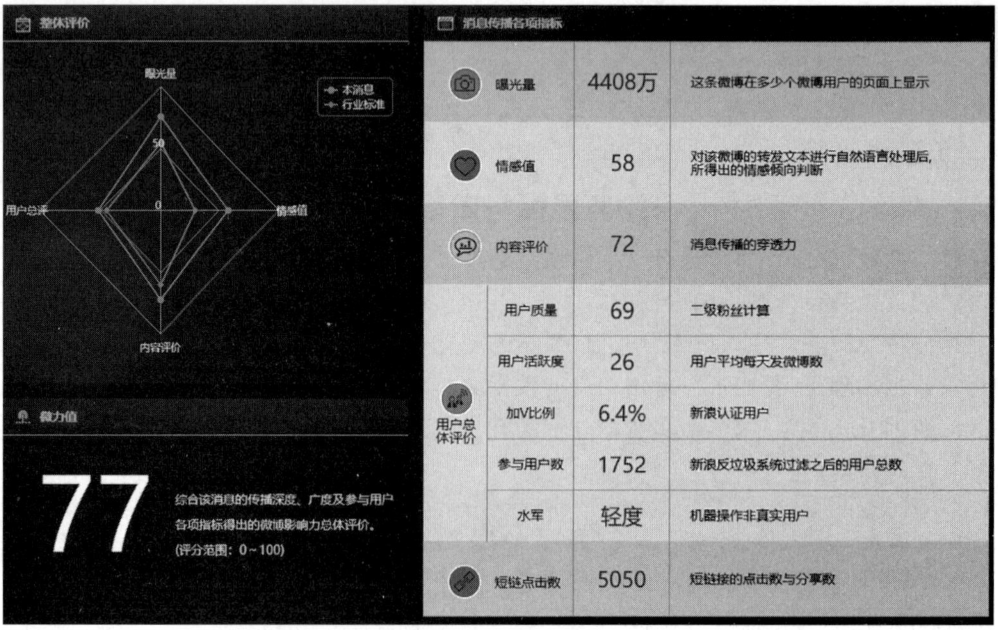

图 3-4-10　总览页面

(2)“传播分析”页面见图 3-4-11。通过“传播分析”板块可以看出微博的转发时间趋势，在发文当天 13:10 转发量最高，之后呈现急速下降趋势，在 14:30～15:00 出现了一个小高潮，之后转发热度波浪式下降。

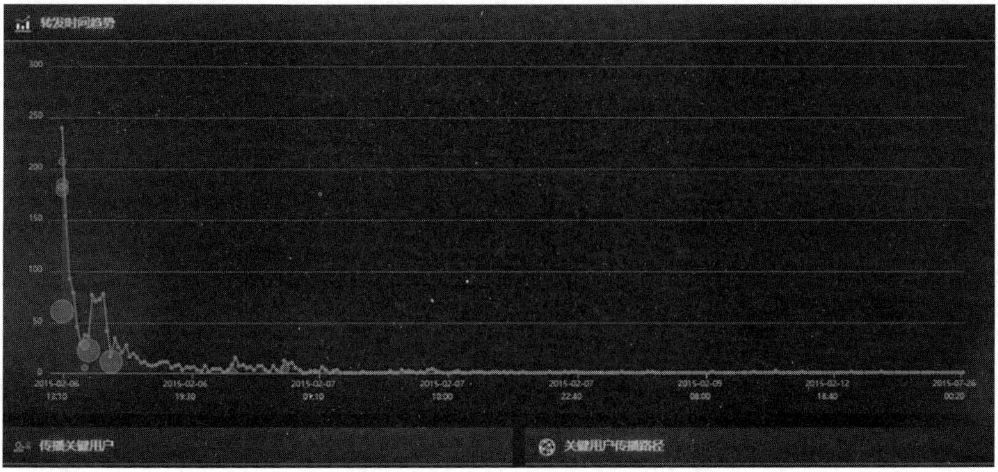

图 3-4-11 “传播分析”页面

(3)“传播路径”页面见图 3-4-12。通过“传播路径”页面可以看出关键传播账号的传播路径，灰色节点为根节点。传播第一层转发占比 75.3%，最大深度为 9。

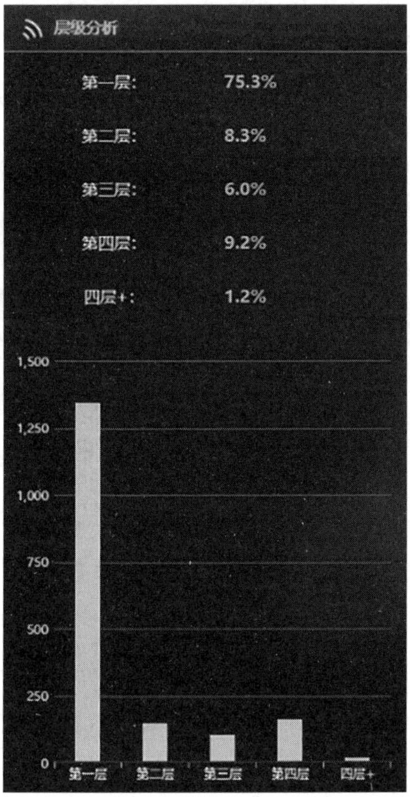

图 3-4-12 “传播路径”页面

(4)“参与者信息”页面见图 3-4-13。通过“参与者信息”数据分析我们可以得到翔实的参与者数据，例如地域分布，其中又有本消息和行业消息的对比、微博来源、微博认证、男女比例、粉丝质量以及活跃用户等。

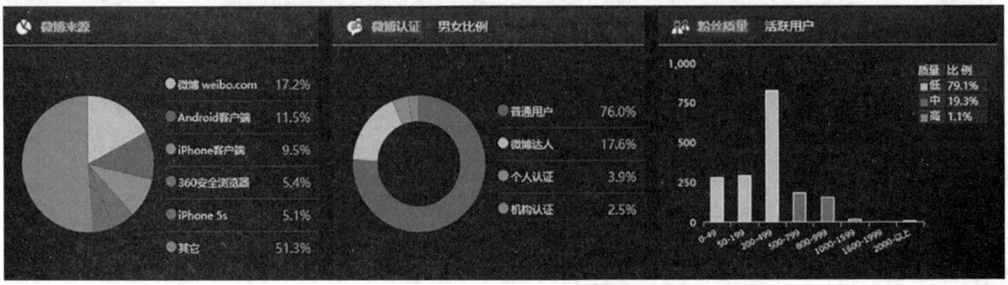

图 3-4-13 “参与者信息”页面

(5)“引爆点”分析。通过“引爆点”的数据可以看出该条微博是通过哪些博主的转发引起了广泛传播，该界面还对每个引爆点博主的粉丝数量、二次转发数量以及转发时间进行了说明。

(6)“短链分析”页面如图 3-4-14 所示。通过“短链分析”可以分析一些基本指标，如点击数、分享数和评论数、Referer 来源 TOP5、点击地域分布以及点击/转发比例分布。

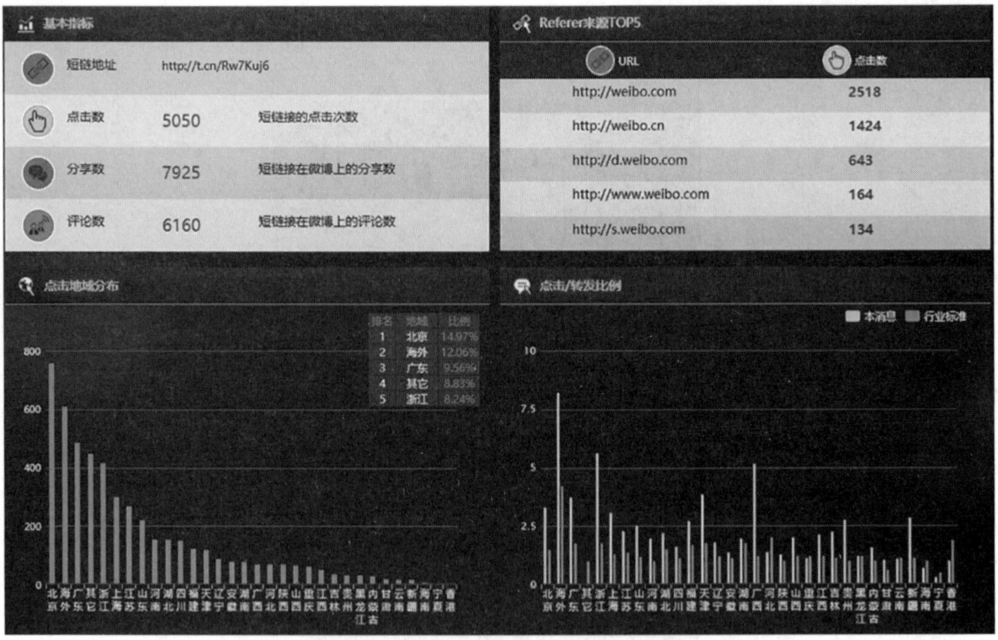

图 3-4-14 “短链分析”页面

(7)“水军分析”页面如图 3-4-15 所示。通过“水军分析”可以查看微博是否投放“水军”。该条微博为轻度“水军”，“水军”参与转发占比不超过 50%。

(8)“内容分析”。通过“内容分析”可以看出该条微博的情感值为 58，属于情感中性，出现的高频词为“前进”“收获”等，二次转发排名、转发时间以及微博地址，另外还可以对词云扩散情况进行分析。

图 3-4-15 “水军分析”

【工作任务实施记录与评价】

1. 工作任务实施记录

序号	实施步骤	实施记录
1	“事见”分析	
2	“舆论场”分析	
3	“传播分析”分析	

2. 工作任务实施自我评价

师傅指导记录	任务经验总结	自我评价
		优秀□ 良好□ 一般□ 较差□
		学徒签名
		日期

3. 工作任务实施师傅评价

学徒工作任务实施情况评价(50%)				
序号	内容	分值	师傅评价	
			评分	评价与提升建议
1	能够合理确定微博分析数据	20		
2	能够使用知微数据分析平台	15		
3	能够对微博数据进行分析并得出相关结论	15		
小计		50		

续表

学徒关键职业能力及职业品质、工匠精神评价(50%)				
序号	内容	分值	师傅评价	
			评分	评价与提升建议
1	工作态度	10		
2	吃苦耐劳、学习钻研	10		
3	团队协作、沟通交流	10		
4	认真负责、诚实守信	10		
5	主动创新	10		
小计		50		
合计		100		
师傅签名		日期		

项目五
短视频营销推广

【知识目标】

• 理解短视频的概念、特征与分类等。
• 掌握常用短视频拍摄设备特征与使用方法、适用情境。
• 熟悉常用短视频营销平台的特征。

【能力目标】

• 能够根据网络营销推广需要进行短视频内容定位与策划。
• 能够根据业务需要完成短视频脚本撰写，并灵活运用设备完成短视频拍摄与剪辑。
• 能够灵活运用短视频发布技巧，选择合适的平台进行发布与营销。

【素质目标】

• 通过短视频营销助农实践项目，引导学徒树立正确的世界观、人生观和价值观，在实践中放飞青春梦想。
• 了解新媒体营销共享、共赢的特征，培养团队合作、参与奉献、互帮互学的精神。
• 在短视频设计中引入创意、创新，激发创新、创业使命感，树立正确的学习观和成才观。

【专业知识准备】

一、短视频基础认知

（一）短视频的概念与特征

短视频是指可在各类新媒体平台上播放的、适合在移动状态和短时休闲状态下观看的、高频推送的视频内容，时长几秒到几分钟不等。短视频以视频的形式展示社会热点、时尚潮流、技能分享、幽默搞怪、街头采访、广告创意、商业定制等主题内容，较图文内容更加立体化，更具情感和代入感，容易吸引用户关注。

第49次《中国互联网发展状况统计报告》显示，截至2021年12月，我国网民规模达10.32亿，其中短视频用户规模达9.34亿，占网民整体的90.5%。2021年的《中国美好生活大调查》数据显示，我国网民观看短视频的时间超过即时通信，其已经排在手机娱乐活动第一位。

与传统视频相比,短视频团队配置要求不高、制作流程相对简单、制作门槛较低,但与直播相比又更易于传播,极大地丰富了新媒体原生广告的形式和内容。短视频具有内容丰富、品类繁多,短小精悍、主旨浅显,互动性强、易于传播,情感传递、引发共鸣等特点。

1. 内容丰富、品类繁多

短视频内容包罗万象,涵盖日常生活记录、搞笑恶搞、情景短剧、技能分享、创意剪辑、广告创意等主题,内容多变,形式丰富,可以为用户提供多样化、碎片化、立体化、沉浸式的内容体验。

2. 短小精悍、主旨浅显

短视频时长一般在几秒到几分钟不等,受时长限制,短视频所展现的内容都是精华,符合用户碎片化的阅读习惯,所表达的主旨浅显易懂,并具有新颖性、新奇性,以便能够在海量的视频信息中迅速吸引用户。

3. 互动性强、易于传播

在各短视频平台应用中,用户可以对短视频进行点赞、评论、关注、转发、下载,可以给视频发布者发送私信。视频发布者可以在评论区或者私信区回复用户信息。这就加强了视频发布者与用户之间的互动,增加了社交黏性,同时也利于视频的传播。

4. 情感传递、引发共鸣

短视频的话题一般不大,有聚焦、有情感、有价值,视频内容的展现更具情感和代入感,回应笑点、好奇点、兴奋点、泪点、痛点,容易带动用户情绪,可以很好地引发用户的共鸣。比如一些娱乐性、轻松幽默的创意类轻喜剧,可以在很大程度上缓解人们来自现实中的压力,给枯燥的生活带来乐趣。一些创意剪辑类视频,通过动感的转场和节奏,或精美震撼的制作,或搞笑的解说,能够吸引更多的阅读量。

(二)短视频的分类

1. 短纪录片型

纪录片型短视频,内容多数以微纪录片的形式呈现,内容制作精良,其成功的渠道运营率先开启了短视频变现的商业模式。典型的有“一条”和“二更”。

2. 网红 IP 型

网红 IP 型短视频是由网红制作并发布的短视频,网红形象在互联网上具有较高的认知度,其内容制作贴近生活。庞大的粉丝基数和用户黏性蕴含着潜在的巨大商业价值。

3. “草根”恶搞型

大量“草根”借助短视频风口在新媒体上输出搞笑内容,这类短视频虽然存在一定的争议性,但是在碎片化传播的今天为网民提供了不少娱乐谈资。

4. 情境短剧型

情境短剧型视频多以搞笑创意为主,创意、新奇、出其不意,往往具有反转,极具笑点。该类短视频在互联网上有非常广泛的传播。

5. 技能分享型

技能分享型短视频在网络上也有非常广泛的传播,旨在通过视频分享技能,如分享生活小技巧,讲授英语学习技巧,分享社交礼仪技巧、绘画技巧、唱歌技巧等来吸引用户。

6. 街头采访型

街头采访是通过提出用户较为关注的问题,采访街边路人的看法,以街边路人的反应和回答吸引用户观看的短视频类型。其制作流程简单，话题性强，深受都市青年群体的喜爱，是目前短视频的热门表现形式之一。

7. 创意剪辑型

创意剪辑型视频利用剪辑技巧和创意，或制作精美震撼，或搞笑，有的加入解说、评论等元素，让人耳目一新。

二、短视频内容定位

在“互联网＋”时代，每天都有海量的信息内容充斥在大家屏幕前，如何在信息泛滥的今天，通过几秒钟的时间迅速抓住用户的眼球，是短视频制作者面临的关键问题。在制作短视频内容之前，明确内容定位，并保持内容的持续性和连贯性，才能更好地提高短视频账号的辨识度和独特性，从而增加粉丝黏性。

（一）短视频内容类型定位

要打造吸引眼球的爆款短视频，要求创作者在分析用户观看需求的前提下，找准自己喜欢并且擅长的内容类型，持续高质量地输出视频，从而在众多视频号中脱颖而出。近年来用户观看量较高的短视频内容类型主要有以下几种。

1. 剧情类

此类短视频主要包括搞笑、恶搞、段子、故事等以剧情为核心的视频，以娱乐消遣为主，人们观看的目的是缓解压力，舒缓心情。一般剧情类内容都是通过夸张的效果来吸引用户关注，其表现形式多样，此类短视频的流量一般很高，但对原创和创意的要求也很高。

2. 生活类

此类短视频主要包括情感、美食、穿搭、化妆、母婴、宠物等以展现日常生活为主要内容的视频。用户可以看到美食的制作过程、美食打卡地的分享，甚至单纯的试吃视频都能极大满足人们的视觉享受。也可以通过短视频学习穿搭、化妆技巧，同时短视频也可以促使用户购买视频中出现的美妆或服饰产品。

3. 娱乐类

此类短视频主要分享舞蹈、唱歌、明星艺人、娱乐八卦等内容，具有很强的观赏性和娱乐性。只要创作者有特长且擅长才艺展示，就可以选择原创性舞蹈、唱歌视频模式，只要形成自身特色，就会吸引用户的喜爱。非原创性娱乐视频也会基于明星原有粉丝体量，吸引较多用户，有较好的展现量。

4. 新奇类

此类短视频主要包括技术流、高超手艺、探索类等内容，因其内容的独特性、新颖性，易吸引具有相同偏好的客户群体，这类短视频的客户群体相对更加细分垂直，关注此类群体，也可在垂直领域内打造爆火视频。

5. 文化类

此类短视频主要分享国学、哲学、历史等文学内容，知识讲解往往通俗易懂，视频发布者能够有独到的见解，并能通过具有感染力的语言进行讲述。

6. 时事类

此类短视频主要分享新闻、行业、实事、军事、“三农”、科技等内容。因此类视频内容具有时效性，视频发布者需具备敏感性和对时事的捕捉能力，适时发布，以追赶热点。

（二）短视频内容表现形式定位

短视频的内容表现形式是最终呈现给目标客户的视频画面，随着短视频行业的平稳发展，用户对内容的价值更加关注。了解短视频的内容表现形式，并选择适合自身特色的表现形式，对创作出优秀短视频至关重要。短视频的内容表现形式主要有图文形式、实拍形式、动画形式和创意形式。

1. 图文形式

图文形式的短视频主要由一张或几张底图与说明性的文字组成，有时会搭配解说，或出现与内容相关的人物。这种内容表现形式简单、容易操作。文字和音乐的搭配容易触发用户情绪，引起用户共鸣。缺点在于人们很难在较短的时间内快速消化信息，有时为了理解信息要暂停短视频，操作比较麻烦，体验感较差。

2. 实拍形式

实拍是目前占比最多的短视频形式，通过真人出镜或者其他事物出镜，对视频主题内容进行展现，这类短视频更具真实感和代入感。

(1)真人出镜　真人出镜形式更真实、具体而生动，除了外形之外，还有动作、表情、语言和个性，所以更容易获得人们的好感，使个人品牌得到快速传播。在选择出镜人员时，要着重考虑其外形、观感、表达和表演能力。部分短视频在拍摄时会选择真人局部出境，如面戴口罩、帽子，不展现面部，以增加神秘感；或者只手部出境，如分享绘画技巧类视频。应用真人出镜较多的短视频形式有脱口秀、搞笑剧情、知识分享、探店、vlog 等。

(2)其他事物出镜　其他事物出镜的短视频中，萌宠、风景、美食出镜出现得比较多。

萌宠出镜的短视频有两类，一类侧重于展现萌宠的日常生活，展现它们的可爱外表或与人类的行为互动，配以字幕、演绎等，增加视频展现效果；另一类侧重于宠物吃播，宠物大快朵颐的画面配备食物解说和咀嚼食物收音，往往能收到良好的效果。

风景出镜的短视频多为旅游类内容，侧重于展现旅游风景的美妙或壮阔，一般要搭配相应的背景音乐，从而吸引人们关注。

美食出镜的短视频大多数为制作美食的流程，精致的画面加上鲜明的音乐，每一步都得以最大限度地还原和呈现，让人们可以清楚地看到制作美食的方法，不仅能提升人们的美食制作技能，还满足了人们的观赏需求。

3. 动画形式

动画形式通过卡通人物可爱外形的展现，搭配贴近人物特色的夸张配音，在短视频平台上占据重要地位。目前短视频平台上的动画展现形式一般分为两种：三维动画角色的小故事和二维漫画式的生活小故事。动画形式的短视频降低了动画的制作成本，而且不断更新、碎片化的发布方式让观众可以陪伴动画角色一起成长，增强了观众对动画角色的信赖感和亲切感，使其黏性非常高。

4. 创意形式

创意形式是指采用创新的艺术表现形式，这种形式的内容往往会非常吸引眼球。这些内容往往新鲜又富有创意，表现形式或造成极大反差，或出现多重反转，或给用户带来强烈的视觉震撼，可以快速触动用户心理。

三、短视频内容策划

确定好短视频类型和表现形式后，需要对拍摄内容进行策划，以达到更好的拍摄效果。

（一）短视频选题策划

在做好内容定位的基础上，创作者要完成视频内容的输出，确定视频主题尤为重要。好的视频主题会带来更多的打开率和关注量。短视频选题策划大致有以下 4 种方法。

1. 围绕领域关键词扩展与细化

创作者可以围绕内容定位时确定的内容领域关键词进行扩展与细化，形成系列化选题。例如，美食类选题，可以从食材选取、食材处理、美食制作、美食品尝等方面进行扩展与细化；美妆类选题可以从护肤、底妆、眼影、腮红、口红等方面进行扩展与细化；剧情类选题可以围绕人物和故事打造系列主题，分集发布，在上集结尾处设置悬念，留下伏笔，在下集开头处设置情景回顾。

2. 结合热点进行选题

短视频创作者要提升网络热点敏感度，及时关注最近的热点动作、热点词语、热点话题、热点音乐、热点帖子等，思考能否和自身视频主题或者产品相结合，来获取热点话题流量，以快速增加短视频的播放量。

3. 收集目标用户的想法

收集目标用户的想法可以帮助创作者有效利用群体智慧，增强短视频的互动性，丰富短视频的内容。创作者可以从自己的短视频账号评论或竞争对手账号评论中寻找有价值的选题。评论是创作者与用户有效交流的渠道，它可以折射出用户的态度，如赞同、反对、质疑或提出新的问题，这些都可以发掘为短视频的素材。

4. 通过搜索关键词收集有效信息

在寻找选题时，创作者可以使用不同的搜索引擎搜索关键词，常用的搜索引擎有百度、微博搜索、微信搜一搜、头条搜索等，然后对搜集到的有效信息进行提取、整理、分析与总结。

（二）短视频内容创作方法

选题确定后，需对短视频内容进行创作，为后期拍摄搭建场景。短视频内容创作方法主要有以下几种。

1. 故事模型法

故事模型法主要是指通过固定的故事结构模型对视频内容进行策划的方法。典型的故事结构有三幕剧结构，即“开头—危机—高潮”，三个部分相互连贯形成一个完整的小故事，短视频恰恰就因为其时间短而可以用这种模式，将短视频的策划分为开场策划、高潮策划和收尾策划；另一类是四步走结构，就是通常说的起承转合，它又可以有“目标→阻碍→努力→结果”或“目标→意外→转折→结局”等不同类型。

同时，在讲述故事时，要注意强化角色个性，赋予主配角鲜明的个性特点，以增强剧情的对比效果和代入感；善于制造矛盾冲突，如人物性格矛盾、成功与失败矛盾、善与恶的矛盾等，以制造鲜明对立冲突，引发用户共鸣；巧设拐点，通过设置疑问、制造误会、制造巧合等方式设置悬念，让用户产生兴趣和好奇，从而继续观看。

2. 场景分解法

场景分解法就是将每个场景和每个画面详细分解开来，对其中要呈现的画面、音乐、趣味和文案进行充分的策划的方法。场景分解是强调针对每一个具体场景乃至具体场景下的某一个具体画面的策划。大体而言，15 秒的短视频可以被划分为 7 个以内的场景，每个场景包含 20～30 个画面，将它们以蒙太奇的方式组合在一起就构成了短视频的故事情节和推进节奏。

3. 创建素材库

短视频要充满个性和创意，在内容上与众不同。可以创建素材库，将平时收集到的创意素材储存到素材库中，当需要类似创意时，可以直接取用，进行创造性加工，从而完成最终的创意内容。

4. 挖掘用户深度需求

现在短视频的内容越来越丰富，用户的欣赏品位也越来越高，他们只关注对自身有价值的短视频。因此，要想让短视频成为爆款，创作者就必须挖掘用户深度需求，在短视频中为用户提供价值。用户或者可以从短视频中吸收新的知识，学习新的方法，丰富自身的知识储备；或者能通过娱乐性的内容缓解疲劳和压力；或者可以引发共鸣，获得情感价值。

（三）短视频封面和标题的设计

短视频的封面和标题直接影响短视频的推荐和播放量，一个好的短视频封面和标题可以吸引用户驻足点击观看，同时也能提高用户对账号的整体印象。

1. 短视频封面设计

短视频封面是展示给观众的第一印象，往往需要展现视频内容的核心画面，短视频封面设计需注意以下几点：

（1）画面清晰　可以直接从短视频中截取某个画面作为封面，但截图一定要清晰，清晰的图片传递的信息更准确，更让人产生点击观看的欲望。

（2）封面与主题内容契合　短视频封面要与主题具有直接的相关性，内容契合、突出重点，严禁图文不符，以免用户对短视频内容的理解产生偏差，造成心理上的失望，导致粉丝流失。

（3）建立自己的封面风格　创作者在设置短视频封面时，要建立属于自己的风格，或者专门为短视频设计一个封面，打上个人标签，形成个人特色。可结合自己短视频的内容定位，设计一套固定统一的模板封面图，加上标志性元素，以固定的形象长期给观众留下深刻印象。

（4）增添流量元素　可结合视频内容，在封面中添加一些流量元素，如表情包、流行语、热点词汇等，以增加封面的趣味性，但要避免流量元素的过度使用，以免造成观众的审美疲劳。

（5）禁止违规操作　在设置短视频封面图时，禁止违反法律法规，封面上不能出现暴力、惊悚和低俗的内容，不能含有二维码、微信号等推广信息，也不能带水印。如果出现违规操作，短视频就不会获得平台推荐，严重违规的还会受到相应的处罚。

2. 短视频标题的设计

一个吸引人的标题是短视频成为爆款的必要条件，不同的标题会造成播放量的天壤之别。在设计标题时，创作者要重点考虑以下几个方面。

（1）添加短视频关键词　现在大多数短视频平台采用推荐算法机制，用户输入关键词时平台会给出搜索列表，标题上添加关键词，可以增加被用户看到的概率，有利于增加短视频的推荐量和播放量。可以使用相关的数据分析工具来查看关键词的热度指数，并在标题中适当添加关键词。

（2）设置悬念　悬念可以有效引发用户的好奇心，在标题中设置悬念，可以激发用户的观看欲，用户在产生疑问之后要想找到答案，就只能在短视频中寻找，从而增加短视频的播放量。

（3）追逐热点　热点事件能够吸引人的注意力，在拟定标题时合理地使用热点词汇，就可以增加把内容传播给更多用户的机会，同时增加短视频账号的关注度。追热点属于借势营销，但要求内容选题与热点事件有相关性，且与短视频自身定位保持一致。

(4)引用数字　引用数字的标题逻辑清晰,能够让用户轻松理解短视频的内容要点。同时,数字表达具体、形象且生动,容易激发用户的兴趣。在短视频标题中使用数字时,以阿拉伯数字居多。一般来说,“干货”盘点类或总结分析类的短视频适合在标题中引用数字。

(5)指出用户痛点　人们观看短视频,除了消遣娱乐以外,还能学习知识和技能,利用学到的知识和技能解决现实生活中遇到的问题。那些在生活中遇到的暂时还未能解决的问题就是用户的痛点,创作者不仅要在短视频中为用户提供这些问题的解决方案,还要在标题中指出用户的痛点,以吸引用户注意。

(6)增强情感共鸣　在设计标题时增强代入感,让用户觉得短视频内容与自己相关,可以激发用户的情感共鸣,激发他们观看短视频的欲望。增强标题代入感的方法有两个:一是使用第二人称,可以拉近创作者与用户的关系,减少距离感;二是在标题中添加用户标签,直接标明目标用户群体,常用的用户标签有身份、学校、职业、年龄、性别、兴趣爱好等。

任务一　短视频内容设计

与公司合作的老李干果店,主营葡萄干、红枣、无花果、核桃等新疆干果,受网络购物影响,每日到店客流一直较少,经营业绩不佳,干果店难以为继。经亲友提醒,老李决定顺应时代潮流,拍摄短视频发布在主流视频平台上并对干果店进行宣传,同时通过短视频线上销售干果。但已经年过五旬的老李对如何进行短视频营销一窍不通,现需针对老李干果店开展短视频营销策划。

结合老李干果店的运营情况,开展短视频营销活动,完成短视频定位和选题。

【任务目标与质量要求】

能够明确分析产品特征,提炼产品卖点,根据目标市场情况灵活确定短视频内容定位及内容表现形式。

【学习产出目标】

1. 分析产品特征、挖掘产品卖点。
2. 确定短视频内容定位及内容表现形式。
3. 确定短视频营销主题。
4. 尝试进行短视频拍摄。

【工作程序与方法要求】

步骤 1　产品分析

根据所售产品,结合地域特性,利用产品分析的两个维度,即产品形态与成分、产品的功能与效果,分析产品显著特征,有效提炼产品核心卖点。

步骤 2　确定短视频内容定位及内容表现形式

选择适合干果产品的短视频拍摄内容和内容表现形式,可多维度呈现,可尝试不同的内容形式。

步骤 3　确定短视频营销主题

根据确定的短视频拍摄内容和内容表现形式以及预期营销目标,确定短视频营销的主题。

【工作任务实施记录与评价】

1. 工作任务实施记录

序号	实施步骤	实施记录
1	产品特征分析,产品卖点挖掘	
2	短视频内容定位,确定内容表现形式	
3	确定短视频营销主题	
4	短视频拍摄	

2. 工作任务实施自我评价

师傅指导记录	任务经验总结	自我评价
		优秀□ 良好□ 一般□ 较差□
		学徒签名
		日期

3. 工作任务实施师傅评价

学徒工作任务实施情况评价(50%)				
序号	内容	分值	师傅评价	
			评分	评价与提升建议
1	分析产品能够准确描述产品特征,提炼产品卖点	20		
2	能够根据产品特点选择合适的短视频内容定位和表现形式	15		
3	能够根据营销目标,确定短视频营销主题	15		
小计		50		
学徒关键职业能力及职业品质、工匠精神评价(50%)				
序号	内容	分值	师傅评价	
			评分	评价与提升建议
1	工作态度	10		
2	吃苦耐劳、学习钻研	10		
3	团队协作、沟通交流	10		
4	认真负责、诚实守信	10		
5	主动创新	10		
小计		50		
合计		100		
师傅签名		日期		

任务二　短视频拍摄与剪辑

【专业知识准备】

一、短视频的拍摄

（一）拍摄设备

1. 手机

对于绝大多数视频拍摄者来说，一部手机就足以完成拍摄任务。为了保证视频有足够的清晰度，手机设备的像素最好保证在800万及以上，分辨率设置为1080 P及以上，帧率设置在30帧及以上。在视频拍摄前，对像素和分辨率进行调整，如图3-5-1所示。

图3-5-1　手机像素及分辨率调整界面

2. 微单相机

微单相机体积小、轻便，且具有可更换单反镜头，能提供和单反相机同样的画质，具有较高的性价比。如图3-5-2所示。

3. 单反相机

单反相机是当今最为流行的取景系统，可以更换不同规格的镜头，反光镜和棱镜的独特设计使摄影者可以从取景器中直接观察到通过镜头的影像、照片及视频的成像出色，但价格较贵，且要求使用者具备必要的摄影专业知识，具有一定的使用门槛。如图3-5-3所示。

图 3-5-2 微单相机

图 3-5-3 单反相机

4. 稳定器

为了保证视频拍摄的稳定性，有时会需要一些拍摄辅助设备，如三脚架（图 3-5-4）、手持云台（图 3-5-5）、稳定器（图 3-5-6）、摇臂、滑轨（图 3-5-7）等，以保证拍摄出来的视频画质清晰、稳定、流畅。

图 3-5-4 三脚架

图 3-5-5 手持云台

图 3-5-6 稳定器

图 3-5-7 滑轨

5. 灯光设备

为增加画面的美感和曝光效果，在进行视频拍摄时通常需要配备灯光设备，较常用的有补光灯(图 3-5-8)、反光板(图 3-5-9)、激光灯等。

图 3-5-8　补光灯

图 3-5-9　反光板

6. 录音设备

为方便收音、增强音效，让声音效果听起来更好，在视频拍摄时，可以配备录音设备，常用的录音设备有手机麦克风、电脑麦克风、无线麦克风等。

（二）景别设计

1. 全景

全景拍摄的内容一般是一个总的角度，所展现的范围较大，画面中展现的是人、物、景的全貌。拍摄主题为人的时候，全景拍摄主要凸显人的动作、神态，同时再带上点背景(人物周围的景、物)。在全景拍摄中，周围的场景对人物来说都是陪衬、烘托，环境对人物还有解释、说明的作用。全景拍摄除了适用于写真照外，还非常适合服装展示、网红地点打卡、与某个景物“合照”。

2. 中景

拍摄人从头到膝盖的位置，既能让观众看清楚人物的表情，又有助于展现人物的肢体动作。中景是叙事功能最强的一种场景区分，包含对话、动作和情感交流的场景，风景的运用最能表现人物与周围环境的关系。在大部分剧情类短视频中，采用的都是中景拍摄为主的方式，通过中景拍摄可以更加清晰地展示人物的情绪、身份、动作等。

3. 近景

近景镜头主要从人物胸部到头部拍摄，有利于展现人物的面部或表情、神态和细微动作。在近景拍摄的时候，五官成了主要的表达形式。往往是通过近景拍摄让观众感知人物的情绪，留下深刻的印象，让观众无形中与角色产生交流感。

4. 远景

它是远距离场景中视距最长、空间范围最大的一种场景，主要表现远离相机的环境全貌，表现主要物体及其周围广阔的空间环境。它通常用于拍摄雄伟的环境，如山脉、峡谷和草原等广阔的场景。远景拍摄尤其适合旅游视频的拍摄者，通过风景的展示，来表现风光宜人，适宜旅游。

5. 特写

特写是对眼睛、鼻子、嘴巴、手指、脚趾等细节的拍摄。特写的画面内容单一，一般用来强化某些内容,适合展示需要突出显示的细节。

(三)运镜技巧

运镜,就是指短视频拍摄时通过移动机位或者改变镜头,来拍摄出不同的画面效果。

(1)推镜头 摄像机镜头与画面逐渐靠近,画面外框逐渐缩小,画面内的景物逐渐放大,使观众的视线从整体到某一局部。

(2)拉镜头 对着人物或景物向后拉远所摄取的画面。

(3)摇镜头 摄像机机位不动,变动摄像机光学镜头轴线的拍摄方法。

(4)移镜头 摄像机在水平方向按照一定运动轨迹进行的运动拍摄。

(5)跟镜头 摄像机跟踪运动着的被摄对象进行拍摄的摄影方法。

(6)升降镜头 摄像机在垂直方向上做上下运动所拍摄的画面。

(7)俯拍 从上往下拍摄。视角在物体上方,适合表现宏大的场景。可以通过和广角镜头的配合,达到一种近大远小的夸张喜剧效果。

(8)仰拍 从下往上拍摄。视角在物体下方,可以使人物高大,突显其形象,有赞美歌颂意味。

(9)平拍 平行于被拍摄物体的角度拍摄。与人眼视角相同,给人真实、自然的感觉。

(四)光线运用技巧

1. 顺光

顺光是指被拍摄者正面照射而来的光线,着光面是视频拍摄主体,是最常用的光线运用技巧。顺光构图拍摄可以让拍摄主体呈现自身的细节和色彩。

2. 侧光

侧光是指光源的照射方向与视频拍摄方向呈直角,从拍摄主体的左侧或者右侧直射而来的光线。拍摄主体受光源照射一面非常明亮,而另一面比较阴暗,画面的明暗层次非常鲜明。采用侧光构图拍摄,可以体现出一定的立体感和空间感。

3. 逆光

逆光是表现力较强的光线,拍摄主体正好处于光源和拍摄设备之间。这种光线容易使拍摄主体出现曝光不足的情况,画面会明显呈现出明暗偏差,立体感更强。

4. 顶光

顶光是指从头顶直接照射到视频拍摄主体上的光线。顶光竖直照射在被摄主体上,阴影在被摄主体下方,面积很小,几乎不会影响拍摄主体色彩和形状的展现。顶光能够展现主体细节,使主体更加明亮。

(五)脚本撰写

短视频拍摄脚本是拍摄短视频的依据,参与短视频拍摄、剪辑的人员,包括摄影师、演员、剪辑师等,他们的一切行为和动作都是服从于脚本的。脚本的最大作用就是提前统筹安排好每一个人每一步要做的事情,保证拍摄思路清晰,减少争论,防止出现方向性的错误,从而提高短视频的拍摄质量和拍摄效率。根据拍摄内容来划分,短视频拍摄脚本可以分为3类:拍摄提纲、文学脚本和分镜头脚本。

1. 拍摄提纲的撰写

拍摄提纲是指短视频的拍摄要点,只对拍摄内容起提示作用,适用于一些不易掌握和预测的内容,如新闻纪录片和某些故事片。拍摄提纲的限制较小,摄像师可以发挥的空间比较大,但对后期剪辑的指导作用不大。因此,如果没有太多的不确定因素,就尽量不要采用这种脚本类型。

拍摄提纲的撰写主要分为以下几步。

(1)明确作品的选题、立意和创作方向,确定创作目标。

(2)呈现选题的角度和切入点。

(3)阐述不同题材的表现技巧和创作手法。

(4)阐述作品的构图、光线和节奏。

(5)呈现场景的转换、结构、视角和主题。

(6)完善细节,补充剪辑、音乐、解说、配音等内容。

2. 文学脚本的撰写

文学脚本是专门为拍摄视频而写作的"母本",以文字形式讲述视频内容、人物形象,强调造型和动作,注重画面和声音的有机结合。文学脚本要求创作者列出所有可能的拍摄思路,但不需要像分镜头脚本那样细致,只规定短视频中人物需要做的任务、说的台词、所使用的摄法技巧和短视频时长即可。一个好的文学脚本,尤其是剧情类的文学脚本,要符合以下要求:时间和空间集中,矛盾冲突尖锐,人物性格典型,结构紧凑。

3. 分镜头脚本的撰写

分镜头是指把视频脚本的内容或生活场景分切成一系列可以单独拍摄的镜头画面。视频创作者在对文学脚本理解和构思的基础上,对未来短视频中准备塑造的声画结合的叙事内容以分镜头的形式诉诸图像或文字,分解为一个个的镜头画面,最终形成分镜头脚本。分镜头脚本是对短视频的总体设计和拍摄蓝图,编导不仅要对短视频所有镜头的变化和连接进行设计,还要对每一个镜头的声音、时间等所有构成要素做出精准的设定。分镜头脚本创作起来比较耗时耗力,对于画面要求比较高,故事性很强,剧情类的短视频可以采用这种脚本类型。

分镜头脚本主要包括镜号、摄法技巧、景别、长度、画面内容、台词、音效等内容,具体内容要根据情节而定。

(六)短视频拍摄小技巧

(1)根据主题来取不同的背景,尽量不要使用浅色系背景,这样拍摄的短视频可以得到更好的角度和深度。

(2)用手机拍短视频时要采用横向拍摄,并固定好拍摄的位置。这样看起来有电影感,用工具固定手机,防止因为手抖动,而造成画面抖动,影响拍摄效果。

(3)在拍摄时,注意取景的角度,要把主题相关的元素放进去。可以把主题人物放在画面的黄金分割线位置,这样拍摄就更能突出主题。

(4)在户外拍摄时,不要逆光拍摄,光线对拍摄的效果有影响。可以选择不同的角度来拍摄,可以通过调焦距来拍摄,自己站在顺光的地方,长焦拍摄,再慢慢拉近镜头,表现光线的变化。

(5)在拍摄主题人物时,可以把好的背景拍摄进来。背景不要单调,这样可以使画面丰富、有深度。

(6)在拍摄短视频时,可以利用不同角度,拍出有趣的视频。同一个地方,不同的角度、不同的时间,拍出的效果是不同的,所以要多角度进行拍摄,以找到最佳意境,拍摄出最佳的效果,同时也为后期的剪辑提供更多的素材。

二、短视频剪辑常用工具

1. 剪映 App

剪映是一款手机视频编辑工具，带有全面的剪辑功能，能够切割，支持变速、倒放、切换画布、转场、改变字体、一秒变声，有多样滤镜和美颜效果，具备丰富的曲库资源，操作简单易学，基本可以满足大部分用户的剪辑需求。

2. Videoleap

Videoleap 是适用于苹果手机的精品级 App，操作界面清晰简洁，编辑功能强大，涵盖素材混合、蒙版、特效、字幕、色调、配乐、转场动画等功能，可以轻松制作创意视频。它的混合器可以将图片与视频、图片与图片、视频与视频叠加在一起，做出超现实主义效果。

3. VUE

VUE 视频剪辑器是一款视频剪辑、视频制作、视频裁剪专业工具，拥有强大的编辑工具、美颜效果、滤镜及音乐背景和字体素材，能够支持多段拍摄功能，可以添加转场、去原声、模糊背景和套框，操作简单，功能强大。

4. PR

PR 是一款相对更为专业的短视频剪辑软件，易学、高效，可以轻松合成、剪辑、拼接，创建过渡效果，能够调色，美化音频，添加字幕，能够帮助作者完成高质量的作品。

5. AE

AE 是一款图形视频处理软件，可以将 2D 和 3D 进行合成，利用数百种预设的效果动画，为作品添加精美的视觉效果。

6. 爱剪辑

爱剪辑是国内首款全能视频剪辑软件，功能繁多，支持 AI 自动加字幕、调色、去水印、横屏转竖屏功能，操作简单便捷，可以在线边看边剪。

【任务目标与质量要求】

选择视频拍摄工具，拍摄不同景别、光线下的视频片段；构思短视频拍摄内容，撰写文字脚本和分镜头脚本。

能够根据短视频主题构思短视频拍摄内容，撰写文字脚本和分镜头脚本。能够选择合适的拍摄工具，巧妙运用拍摄技巧，完成短视频拍摄。

【学习产出目标】

1. 构思短视频拍摄内容，撰写脚本。
2. 根据脚本内容，完成短视频拍摄。
3. 选择剪辑软件，完成视频剪辑，提交成片。

【工作程序与方法要求】

步骤 1　撰写短视频脚本

根据短视频定位、内容表现形式和短视频营销主题，构思短视频拍摄内容，完成文字脚本和分镜头脚本的撰写。

表 3-5-1 文字脚本

镜号	景别	画面内容	时长	旁白
1	远景-特写	夕阳西下，学校林荫小道上，主人公在漫步	10 秒	时光飞逝，转眼到了毕业季……

表 3-5-2 分镜头脚本

镜号	运镜技巧	景别	画面内容	时长	台词	音效	道具
1	固定镜头	特写	一个小手拿起了一个碗	2 秒	妈妈，你看	碗与桌面刮擦的声音	家居场景、碗、桌子

步骤 2 熟悉短视频拍摄技巧

选择视频拍摄工具，并熟悉各类景别、光线、运镜方式的运用，提交每类景别、光线、运镜下视频片段，对比分析拍摄效果，时长 30 秒左右。

步骤 3 完成短视频拍摄

根据短视频脚本内容，巧妙运用短视频拍摄技巧，完成短视频拍摄，短视频时长 3 分钟以内。

步骤 4 完成短视频剪辑

选择视频剪辑软件，剪辑视频，提交最终短视频成片。

【工作任务实施记录与评价】

1. 工作任务实施记录

序号	实施步骤	实施记录
1	短视频脚本撰写	
2	短视频设计	
3	短视频拍摄	
4	短视频剪辑	

2. 工作任务实施自我评价

师傅指导记录	任务经验总结	自我评价
		优秀□　良好□　一般□　较差□
		学徒签名
		日期

3. 工作任务实施师傅评价

学徒工作任务实施情况评价(50%)				
序号	内容	分值	师傅评价	
			评分	评价与提升建议
1	构思短视频内容,完成脚本撰写	10		
2	灵活运用短视频拍摄技巧,完成效果对比拍摄	15		
3	根据脚本,巧妙运用短视频拍摄技巧,完成短视频拍摄	10		
4	选择剪辑软件,完成短视频剪辑	15		
小计		50		
学徒关键职业能力及职业品质、工匠精神评价(50%)				
序号	内容	分值	师傅评价	
			评分	评价与提升建议
1	工作态度	10		
2	吃苦耐劳、学习钻研	10		
3	团队协作、沟通交流	10		
4	认真负责、诚实守信	10		
5	主动创新	10		
小计		50		
合计		100		
师傅签名		日期		

任务三　短视频发布

【专业知识准备】

一、短视频营销基础知识

（一）短视频营销的含义

短视频营销就是企业或品牌借助短视频选择目标受众人群，并向其传播有价值的内容，以吸引用户了解企业品牌产品或服务，最终形成交易的一种营销方式。

（二）短视频营销的特点

1. 传播速度快、传播范围广

相较传统营销方式，在互联网环境下，短视频一经发布，只要内容足够精彩，就会在短时间内引起大量用户的转发狂潮，达到大面积传播的效果。各类短视频平台还会与具有超大用户基础的自媒体平台合作，吸引流量，进一步推动了短视频的传播速度和传播范围。

2. 成本低廉

相较于传统广告营销，短视频的制作门槛较低，投入的人力、物力、财力较少，成本也相对减少。通过互联网的快速传播，可以以较少的视频制作费用，获得可观的曝光量和播放量。

3. 营销效果可视化

短视频营销的投放效果，可以通过数据分析达到可视化效果，如视频浏览量、收藏量、转载次数、评论次数、互动人数、用户停留时长、转化率等数据，可以直观反映视频投放效果。通过数据分析，也可以对标行业竞争对手，对比后调整并及时优化短视频内容，从而达到更好的营销效果。

4. 目标用户精准

短视频的发布，会吸引对产品、品牌及视频内容感兴趣的特定类别用户，指向性明确。用户在对视频产生兴趣后，可能会由关注者转变为传播者，将短视频分享给相同特征和兴趣爱好的用户。此外，视频发布者可在对目标客户特征进行深度分析后，学会抓住用户的需求点，调整优化视频内容，以获得更好的营销效果。

（三）短视频产业链解析

目前短视频行业已经形成了成熟的产业链条。主要分为内容生产端、内容分发端和内容消费端，监管部门主要行使内容监管职能，内容消费端包括用户、营销平台、电商平台、品牌方等。服务支撑体系主要包括拍摄工具、技术支持、网络支持、支付渠道等。

1. 内容生产端

内容生产端有多种内容生产方式，主要可分为用户生成内容（UGC）、专业生成内容（PGC）和专业用户生成内容（PUGC）。

2. 内容分发端

内容分发端主要包括内嵌短视频的综合平台、垂直短视频平台和传统视频平台。

（1）内嵌短视频的综合平台有微信、微博、百度、今日头条等，主要是社交平台或资讯平台，自身用户体量巨大。

(2)垂直短视频平台有抖音、快手、美拍、西瓜视频等,内容丰富多样,侧重算法推荐。

(3)传统视频平台有爱奇艺、腾讯视频和优酷视频等,这些平台已有大量的视频用户,起点高。

二、主流短视频运营平台

(一)抖音

抖音是由今日头条孵化的一款音乐创意短视频社交软件,于2016年9月20日上线。抖音最初是一个专注年轻人的音乐短视频社区,用户可以选择歌曲,配以短视频,形成自己的作品。抖音用户可以通过视频拍摄、视频编辑、特效等技术让视频更具创造性。随着用户量的不断攀升,抖音逐渐面向不同年龄段的人群。

抖音主要以输出短视频为主,其特点如下。

1. 易操作

抖音短视频的时长一般很短,拍摄门槛不高,每个人都可以在抖音进行或简单或复杂的创作。界面简洁,操作简单,可以为用户打造沉浸式娱乐体验。

2. 用户体量大

抖音平台的用户量大,目前抖音的日活跃用户量已突破7亿,用户更加丰富多元化,活跃度高,使用频次高,抖音用户对平台的黏性不断增强。

3. 个性化推送

抖音通过收集、整理和分析用户的数据信息,利用画像分析用户的兴趣爱好,进行有针对性的推送,从而引发用户的共鸣和持续关注,减少对用户的干扰,还可以帮助广告主精准找到用户。

4. 参与性强

抖音会定期推出视频标签,引领用户参与到同一主题视频的创作中。这些视频标签激发了用户的创作灵感,创作出来的内容由于具有很高的参与感和娱乐性,所以被其他用户分享的概率也大大提升。

5. 中心化分发机制

抖音平台的分发机制是中心化的,主要特点是以少数的头部用户为中心。短视频运营者上传视频后,抖音后台会对视频进行检测,审核通过的进行初级推荐,再根据平台用户的转发、评论、点赞等用户反馈数据,对于达到设定算法阈值的视频进行叠加推荐,即二级推荐,二次推荐后短视频依旧活跃,则会进行第三级热门推荐。

(二)快手

快手是北京快手科技有限公司旗下的产品,前身叫“GIF快手”,诞生于2011年3月,最初是一款用来制作、分享GIF图片的手机应用。2012年11月,快手从纯粹的工具应用转型为短视频社区,用于用户记录和分享生活。快手平台的特点如下。

1. 商业化潜力大

三、四、五线城市为代表的新兴市场的潜力引起了诸多商家关注,在新兴市场寻求突破已成为当前移动互联网领域的趋势,而快手在这些新兴市场拥有较高的渗透率,商业化潜力很大。

2. 重视用户使用体验

重视用户使用体验是快手始终坚持的理念。在商业化方面,为了防止过度打扰用户,快手利用商业化机制精确衡量商业化与用户体验及平台价值的关系，商业内容的点击率、播放时长、点赞、关注、评论、转化率等正面指标越好，就越能赢得更多的流量支持，自然投资回报率就越高。通过这套机制，快手鼓励创作者创造更多对用户有价值的商业内容。

3. 强调真实、普惠

快手强调真实、普惠，以人为核心，重视用户关系，强调“拥抱每一种生活”，分发算法更均衡，中腰部和长尾用户也有被看到的机会；同时鼓励用户之间互动社交，形成了以私域流量为核心的平台。

4. 变现能力强

庞大的用户量和粉丝的信任为快手的“达人”变现提供了多种可能性，如直播、电商“带货”、知识付费、广告等。

（三）微信视频号

微信视频号是2020年1月22日腾讯公司官方微博正式宣布开启内测的平台。视频号内容以图片和视频为主，可以发布长度不超过1分钟的视频，或者不超过9张的图片，还能带上文字和公众号文章链接，可以直接在手机上发布。目前视频号已经完成短视频产品基本建设，初步形成内容生态体系以及广告、电商“带货”、直播付费等商业模式。以视频号为核心的微信生态形成了更强大的生态体系，为短视频营销带来新一波红利。视频号的特点如下。

1. 社交推荐＋个性化推荐

视频号目前的内容分发机制有两种：一种是社交推荐，另一种是个性化推荐。相较于抖音、快手，视频号更侧重于社交分发机制。视频号上更多的是根据社交关系匹配内容，创作者的视频主要通过朋友圈、微信群等进行分发。视频号在页面上包含关注、朋友点赞、推荐三个入口，分别对应兴趣推荐、社交分发和算法推荐。其中，朋友点赞会向用户推荐微信好友点赞过的短视频。如果创作者创作的视频内容足够优质，并有足够多的用户点赞和评论，就会主动转发到他们的朋友圈或微信群，视频号内容就有更大的概率得到算法的主动推荐，获得更大范围的传播，并且传播具有更长的时效性。

2. 信息多向传播

视频号除了可以发布短视频以外，还能发布带有文章、链接的内容，插入公众号内容，给公众号带来一些曝光流量，或者通过公众号为视频号的短视频引流，提升内容在微信内部的流动性。这种形式或将改变微信内部的信息流向，将公众号内容的信息分发变为多向传播，带来新的用户行为和操作路径，从而带来一个新的机会。

3. 更容易转化为私域流量

视频号基于微信社交平台诞生，可依靠来自微信生态圈的所有用户，不需要再额外引入新用户，公域流量转化为私域流量的难度较小。

三、短视频发布技巧

1. 发布时间

短视频发布时间也有黄金时段，尽量抓住用户集中的时间段，一般为工作日12:00～14:00、18:00～23:00，周六、日和节假日全天，这段时间是短视频平台用户最为集中的时间。实际操作过程中，可根据目标客户的活跃时间来确定视频发布时间，建议提前15～20分钟发布，以备后台审核。

2. 发布频次

根据账号所处阶段不同，短视频发布频次应有所不同。新手期，由于创作能力和剪辑水平不高，建议每天发布1～2篇作品，保持相对活跃的频率。相对稳定期，可以再保证视频质量的情况下，适当增加发布的频率，建议每天发布3～5篇作品。账号成熟期，可以固定时间发布，稳定更新。

3. 每日更新

坚持每日更新，每天至少发布短视频1个以上，保持稳定的更新频率，以增加账号的活跃度和权重。

4. 多渠道互动

可以充分利用自己其他平台的账号进行互动，发布短视频后，可以同时转发微博、朋友圈、小红书等平台，进行引流，增加曝光量。

【任务目标与质量要求】

设计短视频封面和标题，选择合适的平台，完成短视频发布。

能够根据短视频拍摄内容，结合爆款短视频标题和封面的制作知识，设计短视频标题和封面；能够根据短视频内容和目标客户群体特征，选择合适的视频发布平台。

【学习产出目标】

1. 设计短视频标题和封面。
2. 根据短视频主题和内容选择合适的视频发布平台。
3. 进行短视频数据分析。

【工作程序与方法要求】

步骤1　设计短视频标题和封面

根据短视频拍摄内容，结合爆款短视频标题和封面的制作知识，设计短视频标题和封面。

步骤2　选择合适的短视频发布平台完成短视频发布

能够根据短视频内容和目标客户群体特征选择合适的视频发布平台。

步骤3　进行短视频数据分析

短视频发布后，根据平台后台数据，统计观看、评论、点赞、关注、转发数据，并与同类型视频数据进行对比分析。

【工作任务实施记录与评价】

1. 工作任务实施记录

序号	实施步骤	实施记录
1	短视频标题和封面设计	
2	短视频平台选择	
3	短视频发布	
4	短视频数据分析	

2. 工作任务实施自我评价

<table>
<tr><th rowspan="6">师傅指导记录</th><th rowspan="6">任务经验总结</th><th>自我评价</th></tr>
<tr><td>优秀□　良好□　一般□　较差□</td></tr>
<tr><td>学徒签名</td></tr>
<tr><td></td></tr>
<tr><td>日期</td></tr>
<tr><td></td></tr>
</table>

3. 工作任务实施师傅评价

<table>
<tr><td colspan="5">学徒工作任务实施情况评价(50%)</td></tr>
<tr><td rowspan="2">序号</td><td rowspan="2">内容</td><td rowspan="2">分值</td><td colspan="2">师傅评价</td></tr>
<tr><td>评分</td><td>评价与提升建议</td></tr>
<tr><td>1</td><td>能够设计具有吸引力的短视频标题和封面</td><td>20</td><td></td><td></td></tr>
<tr><td>2</td><td>能够选择合适的平台发布短视频</td><td>15</td><td></td><td></td></tr>
<tr><td>3</td><td>能够进行短视频数据分析</td><td>15</td><td></td><td></td></tr>
<tr><td colspan="2">小计</td><td>50</td><td></td><td></td></tr>
<tr><td colspan="5">学徒关键职业能力及职业品质、工匠精神评价(50%)</td></tr>
<tr><td rowspan="2">序号</td><td rowspan="2">内容</td><td rowspan="2">分值</td><td colspan="2">师傅评价</td></tr>
<tr><td>评分</td><td>评价与提升建议</td></tr>
<tr><td>1</td><td>工作态度</td><td>10</td><td></td><td></td></tr>
<tr><td>2</td><td>吃苦耐劳、学习钻研</td><td>10</td><td></td><td></td></tr>
<tr><td>3</td><td>团队协作、沟通交流</td><td>10</td><td></td><td></td></tr>
<tr><td>4</td><td>认真负责、诚实守信</td><td>10</td><td></td><td></td></tr>
<tr><td>5</td><td>主动创新</td><td>10</td><td></td><td></td></tr>
<tr><td colspan="2">小计</td><td>50</td><td></td><td></td></tr>
<tr><td colspan="2">合计</td><td>100</td><td></td><td></td></tr>
<tr><td>师傅签名</td><td></td><td>日期</td><td colspan="2"></td></tr>
</table>

项目六
直播营销推广

【知识目标】

• 熟悉直播平台的特征与规则。

• 掌握直播活动流程。

【能力目标】

• 能够根据网络营销推广需求与产品特征，灵活选取合适的直播平台。

• 能够完成直播策划方案撰写。

• 能够根据业务特征进行直播内容定位与直播活动策划。

• 能够组织直播活动的实施。

【素质目标】

• 遵守直播平台规则，引导学徒增强法制观念、树立法律意识，懂法纪、明规矩，知敬畏、存戒惧。

• 直播带货助农增收，让乡村振兴搭上电商快车，增强社会责任感，电商助农践于行，强农兴农记于心。

任务一　了解直播平台规则

【专业知识准备】

一、直播营销基础认知

1. 直播营销的含义

直播即网络直播，是指用户在手机或计算机上安装直播软件，利用摄像头进行实时拍摄和呈现，其他用户可以在相应的直播平台直接观看和互动。

直播营销是指以直播平台为载体，通过同时制作和转播的形式，将产品或者活动的信息传递给用户的营销方式。企业可以通过直播营销获得品牌提升或者销量增长。

2. 直播营销的特征

(1)即时性　直播可以即时看到事件的发生、发展及其结果，在为用户提供直观、即时信息的同时，直播状态可以第一时间得到反馈。而且与图文、短视频等内容类型相比，直播具有更强的即时互动性。在直播营销过程中，主播在向用户呈现商品营销信息时，用户可以实时提出自己的问题或者意见，并及时得到反馈，在增强用户参与感的同时，还可以调动直播间的氛围，促使品牌商进一步优化商品、完善营销活动。

(2)分享性　完成直播策划后，品牌商会对直播活动进行宣传，发布在各个网络平台上的广告、软文、视频等宣传内容，会借助粉丝效应进行扩散传播。直播开始后，用户也可以通过发送链接或二维码等形式，将直播间分享到微信朋友圈、微博等社交平台，被分享者可以便捷、准确、快速地进入相应的直播间。

(3)直观性　直播具有即时性，所展示出来的内容无法经过后期加工，会带给用户真实的体验感。直播营销可以展示商品的生产环境、生产过程，让用户了解真实的生产制作过程，从而增加信任度。同时，直播商品的试吃、试玩、试用等过程可以让用户直观地了解商品的使用效果，从而刺激其购买欲望。

二、主流直播平台

(一)淘宝直播

淘宝直播是阿里巴巴集团于 2016 年推出的消费类直播平台，是国内领先的直播电商消费专业平台，为直播带货达人提供货品选择，为商家提供新电商消费模式。淘宝直播自 2016 年正式启动发展至今，成交额迅速增长，2018 年商品交易总额过千亿元，2020 年超过 4000 亿元。据淘宝数据显示，2022 年“6·18”，淘宝直播开播账号同比增长 12.4%，成交额过亿元的直播间达 32 个，成交额过千万元的直播间达 434 个，店铺成交同比增长 22%。

1. 淘宝直播的特点

(1)具有平台优势　淘宝平台优势包括：一是货品的专业化，淘宝直播成长于专业电商平台，淘宝先天拥有电商后端产品货源和商家资源优势，主播只需做好选品工作即可；二是活跃用户规模大，淘宝活跃用户高达 8 亿多，活跃消费用户高达 2 亿多，市场规模和市场潜力巨大。

(2)用户黏度大，转化率高　淘宝直播拥有天然电商基因，且在商家和用户间累积了很高的知名度和信任度，基于主播个人魅力和平台实力，用户产生购买决策的时间大大缩短，购买频次不断增加。与抖音、快手等直播平台相比，淘宝用户群体的购物目的较为明确，整体转化率高。

(3)平台机制完善　淘宝作为专业电商平台，制定了完整的选购、支付、配送、售后流程，各个环节都有相应的保障机制。淘宝直播为更好地刺激消费者，提升直播转化率，也推出了各种相应的激励机制，有利于直播转化率、点击率的提升。

2. 淘宝直播平台规则

(1)准入规则(入驻条件)

①达人主播　淘宝网用户须同时满足以下条件，方可申请达人主播：一是已入驻阿里创作平台成为达人，且账户状态正常；二是具备一定的主播素质和能力。

②商家主播　淘宝网卖家须同时满足以下条件，方可申请商家主播：一是店铺信用等级须为 1 钻及以上；二是主营类目在线商品数≥5，近 30 天店铺销量≥3，且近 90 天店铺成交金额≥1 000 元；三是卖家须符合《淘宝网营销活动规则》；四是本自然年度内不存在出售假冒商品的违规行为；五是本自然年度内未因发布违禁信息或假冒材质成分的严重违规行为扣分满 6

分及以上;六是卖家具有一定的微淘粉丝量、客户运营能力和主播素质。

③天猫商家主播　天猫商家须同时满足以下条件,方可申请商家主播:一是商家须符合《天猫营销活动基准规则》;二是商家具有一定的微淘粉丝量、客户运营能力和主播素质。

(2)经营规范　不得发布危害信息,包括但不限于敏感信息、淫秽色情信息;不得发布不实信息,包括但不限于捏造细节、夸大事实、不实宣传、虚假中奖信息、所推广商品信息与实际信息不一致;不得伪造活动信息,包括但不限于伪造或冒充淘宝网、天猫、聚划算等活动信息;不得发布垃圾广告,包括但不限于通过机器或软件等非人力手段对他人大量发送垃圾广告信息;不得发布淘宝直播平台不允许发布的信息;直播信息不得与入驻信息不符。

(3)行为规范　主播须遵循如下行为规范:不得违背其自身所做出的承诺;不得违规推广,包括但不限于发布阿里创作平台不允许发布的商品信息;推广的商品不得涉及出售假冒、盗版商品,不得为出售假冒盗版商品提供便利条件;不得存在易导致交易风险的行为,包括但不限于引导用户进行线下交易、发布外部网站的商品或信息;不得存在侵犯他人权益的行为,包括但不限于泄露他人信息、不当使用他人权利、骚扰他人;不得扰乱平台秩序,包括但不限于针对直播数据进行造假或者作弊;须符合淘宝直播平台主播要求。

(4)违规处理

淘宝直播平台会对违规主播进行相应处理,处理措施包括:警告并下线直播;删除直播内容;冻结直播权限;账户清退且不允许再入驻;阿里创作平台账户扣分。

具体违规内容及对应违规处理措施详见《淘宝直播平台管理规则》违规处理一览表。

(二)京东直播

京东直播是京东旗下直播平台,主推电商泛娱乐营销模式,通过生态建设、基建赋能、内容品质化,引领电商直播赛道升级。京东直播致力于建立完善健康的机构达人生态,开放全域流量,打破直播流量困局,大小主播平等对待,推动电商直播发展。京东公布的2022年"6·18"数据显示,截至6月18日23:59,平台累计下单金额超3 793亿元,同比增长10.3%。

1. 京东直播平台特点

(1)场景化　京东直播是京东首页核心导购区域频道,也是新零售时代下兴起的新型消费购物场景。京东通过建立分层成长机制、红人孵化计划、"专家+主播"跨屏连线直播创新、联合旗下京东超市打造"云娱乐"场景直播等举措,构建了新的消费场景,以唤起消费者的购买欲望。

(2)全域流量开放　京东通过加强基础设施建设,将全域流量开放给商家,从各个场景为平台商家引流。同时还提供直播所需各类产品、营销工具等,提供全方位、一站式服务。通过流量扶持、优惠政策扶持等方式,帮助商家共建直播流量场,以提高转化率。

(3)达人生态建设　京东建立完善、健康的达人生态,大小主播平等对待,从数据、产品、技术各方面对达人进行扶持,打造头、腰、尾部比例健康的直播生态场。同时还提供24小时商学院培训,为商家提供各种力所能及的支持。

2. 京东直播平台规则

(1)直播开通条件　京东商家登录京东内容开放平台即自动开通达人账号,其他用户须使用京东账号在京东内容开放平台申请开通,且须满足以下要求方可开通京东内容开放平台账号。

第一,申请个人账号时,须先完成京东金融个人实名认证,且同一个身份信息只允许申请开通一个个人账号。

第二，申请企业账号时，须提交企业相关资质，经内容开放平台运营人员审核通过后方可开通，同一个企业可以申请开通多个企业账号。

（2）信息发布规范　发布者除须遵守《京东开放平台总则》《京东开放平台禁发商品及信息管理规范》中关于信息发布的相关规定外，还须遵循如下信息发布要求。

第一，发布者不得发布危害信息，包括但不限于反动等破坏性信息、色情低俗信息。

第二，发布者不得发布虚假宣传信息，包括但不限于捏造细节、图文不符、夸大事实、虚假中奖信息、伪造官方活动的信息。

第三，发布者不得不当发布信息，包括但不限于发布第三方信息、垃圾广告和大量重复内容，同时发布者通过京东联盟推广时须遵守京东联盟平台相关推广规则。

第四，发布者不得发布京东内容开放平台官方不允许发布的商品信息，具体内容以京东内容开放平台发布系统为准。

（3）行为规范　发布者除须遵守《京东开放平台总则》中的相关规定外，还须遵循如下规范。

第一，发布者不得违背其自身所做出的服务承诺。

第二，发布者不得存在违规交易行为，包括但不限于引导线下交易，如通过第三方平台或账户、银行卡。

第三，发布者不得出现作弊行为，包括但不限于通过不正当方式获得关注数、赞、评论、转发数或进行内容抄袭等。

第四，发布者不得推广假冒商品，包括但不限于达人在内容中推广的商品明显涉及出售假冒、盗版、山寨商品。

第五，发布者不得出现提交虚假材料行为，材料提报环节包括但不限于准入申请、活动报名、违规申诉等。

第六，发布者不得有其他侵犯他人权益的行为，包括但不仅限于泄露他人信息、不当使用他人权利、骚扰他人等。

第七，发布者不得通过不正当、作弊等手段获得平台权益、权限等。

第八，发布者不得在任何社交平台泄漏京东内容开放平台任意数据、信息等。

第九，发布者不得利用平台权益发生金钱交易或变相收取利益等行为。

（4）违规处理　发布者若违反本规则相关规定，京东除依照平台规则进行处理外，京东内容开放平台有权依据本规则进行处理，处理措施有如下几种形式。

①删除违规信息；

②删除作弊数据；

③账号冻结（冻结期间将暂停收益）；

④账号清退。

具体违规内容及对应违规处理方式详见《京东内容开放平台管理规则》违规处理一览表。

（5）清退　京东内容开放平台的发布者存在以下任意情形的，京东内容开放平台将对发布者进行清退处理：

①发布者连续365天无任何发布行为。

②发布者违反国家法律、法规、政策。

③发布者因违反《京东联盟平台服务协议》及相关规则，被冻结京东联盟账号的。

④发布者因违反本规则账号被永久关闭的。

⑤发布者因违反其他平台规则，商家店铺被关闭的。

发布者因以上情形被清退的，除第一种情形外，发布者账号将永久禁止再次开通。如发布者为企业账号，则该账号对应的企业一年内不得开通新的达人账号。

若企业账号发生《京东内容开放平台管理规则》中的违规行为，京东内容开放平台可视情节严重程度，对同一企业资质关联的其他发布者账号做永久关闭处理。

（三）抖音直播

抖音是由字节跳动孵化的一款音乐创意短视频社交软件，于 2016 年上线，用户定位是面向年轻人的短视频社区平台。随着直播风口的兴起，抖音也适时开通直播功能，2018 年开通购物车分享功能，直播变现能力直线上升。2021 年"6·18"促销活动期间，5 月 25 日至 6 月 18 日抖音电商直播总时长 2 852 万小时，累计观看次数 372 亿，抖音平台总销量环比增长 12.8%，销售额超千万的品牌数量较同期增长 21.2%。

1. 抖音直播的特点

(1)平台侧重优质内容　与淘宝直播的卖场模式不同，抖音属于内容性平台，对内容的要求较高，更强调内容的设计感和品牌的创意性。抖音直播的消费路径是用户看到优质内容，从而产生购买欲望。平台注重为用户打造沉浸式体验，同时会根据用户偏好，将内容与用户进行匹配，对关注度更高的优质内容扶持力度大。

(2)基础用户体量大　抖音日活用户目前已经超过 6 亿，在互联网人口红利见顶、获客成本越来越高的情况下，抖音拥有巨大的流量池。抖音积累了众多的内容，在内容和基础用户流量的基础上，抖音直播可以增强电商属性，在推荐算法下将符合用户需求的商品信息推送给用户，以刺激其消费需求，激发潜在购买力。

(3)中心化内容推荐机制　抖音的内容分发机制为中心化，即根据平台用户的转发、评论、点赞等用户反馈数据，对于达到设定算法阈值的视频进行叠加推动，这样会导致流量向头部优质内容集中，中、尾部内容得不到有效曝光。因此抖音直播要获得更高推送的前提条件是创作优质内容、增加用户关注度。

2. 抖音直播平台规则

(1)通用审核规则　抖音为规范直播行为，制定了《直播行为规范》《抖音直播公约》等行为准则用以管理、规范主播在使用平台直播服务时所产生的内容，包括但不限于直播封面、标题、言论、着装、行为举止、声音、画风、贴纸等内容。其将违规行为及处罚措施分为三个等级，并制定相应处罚措施，需注意加以规避。

(2)直播标题　标题包括但不限于购物袋标题、第三方平台商品标题、直播间标题；标题应该以描述商品本身属性为目的，标题中各商品属性内容应客观属实，且与实际商品和商品详情页相关联；标题中禁止使用夸大或误导性的极限词；标题不得重复关键词或出现与商品名称、品类无关的关键词；禁止使用"点击领红包""点击参加抽奖""点击看美女""你的通信录好友""ta 正在关注你""530 万人看过"等引导点击的内容；禁止使用"倒闭""滞销""亏本""清仓""挥泪大甩卖"等夸大促销性相关信息的词汇；分享的商品信息应与直播过程中展示的商品一致(包括品牌、款式等)；不得含有其他法律法规、平台规定禁止出现的内容。

(3)主播语言规范　避免地方口音过重的直播风格，一定要保证主播说的内容，是大家都能够听明白的、能理解到位的；口播避免使用极限词汇，不然，很容易会受到“虚假宣传”“购物袋商品下架”之类的直播警告。

(4)主播行为规范　避免抽烟喝酒的行为甚至是动作模仿，直播间出现喝酒、劝酒、酒瓶等与酒相关的内容，也是不可以的。动作模仿也是危险的，可能被举报或直接被停播，收到直播间风险提示；避免容易引发误会的产品示范动作；避免换衣服或产品体验中不慎走光。特别提醒做女装直播的主播，因为女装直播经常要换衣服，换衣服的时候一定要离开镜头，就算里面穿了打底或者背心之类的，也不要直接在镜头前面换，因为领口过低也会被认为是直播违规。

（四）快手直播

快手直播是快手科技旗下直播电商平台，通过“直播＋短视频”多渠道带货变现，以沉浸式体验带给消费者不一样的购物感受。推出快手小店，旨在为平台提供更好的交易服务。快手日活跃用户达 3 亿多，直播、短视频日活跃用户近 1.7 亿。2022 年“6·18”数据显示，“快手 616 实在购物节”期间，破千万销售额直播间 49 个，快品牌直播间观看次数超 20 亿，订单量共计 1 200 万单，复购率达 88％，销售额同比增长 198％。

1. 快手直播平台特点

(1)目标客户市场下沉　快手用户主要分布在三、四线城市，年龄跨度大，快手用户在购物时更注重价格和品质。快手直播带货逻辑是通过极高性价比的产品大量出货。用户主动性强，愿意主动点赞、评论、分享自己喜欢的关键意见领袖(KOL)，互动率高。

(2)去中心化分发机制　快手平台采取去中心化的分发机制，更关注作者。对于每个用户来说展示的机会都是平等的，可以得到不少的流量和曝光。但这并不代表普通用户产生的内容具有很大的上推荐页成为热门的概率，只是相对于抖音来说是比较容易的。同时在内容方面，主要是基于用户的社交关注和兴趣来进行流量的调控和分发，社交属性更强。

(3)社区文化属性　快手更具社交属性，其独有的社区文化可以给用户带来很好的情感体验。合作品牌以中小型创业品牌为主，主播多与工厂、原产地、产业链有密切的合作，接地气的直播内容更适应快手平台的整体化特点，易于让顾客产生信任感。

2. 快手直播平台规则

(1)开通直播权限规则　开通直播权限，需满足以下条件：第一，实名认证；第二，年满 18 周岁；第三，绑定手机号；第四，注册时间超过 7 天；第五，至少有 1 个公开发布作品；第六，作品违规率未超标；第七，粉丝数超过 6 个；第八，连续观看视频 7 天，每天至少 1 分钟。

(2)直播行为规范　快手制定了《快手直播规范》《用户服务协议》等规范性文件，加强对直播平台的管理，对快手直播违规行为分为三类，并对相应处罚措施做出说明，主播在快手直播过程中，应严谨自律，进行规避。

A 类违规行为是严重违规行为，指涉政、涉黄、恶意违规等严重扰乱直播平台秩序的行为，一旦出现将永久封禁直播，乃至封禁账号，且平台有权冻结违规账户中未提现礼物收益。

B 类违规行为是中度违规行为，指除严重违规行为外，程度较重地扰乱直播平台秩序的违规行为，违反 B 类规定的用户，将被立即停止当前直播，并按违规次数递增停播时间。用户在停播处置期满后，若一个月内多次直播都无违规行为，将降低违规累积次数，予以减轻处罚；若持续多次 B 类违规，或情节严重的将永久停播，乃至封禁账号。

C 类违规行为是一般违规行为，是指除严重违规行为和中度违规行为外，其他扰乱直播平台秩序的违规行为。违反 C 类规定的用户，将被予以警告；若不改正，再次警告将停止当前直播。若仍然不改正，将停止当前直播并禁播 1 天。情节严重的将延长停播时间。

【任务目标与质量要求】

公司将与一家方便速食食品企业合作，“五一”假期来临之际，公司要求在节日当天，策划一场直播活动，主要宣传新品自热火锅，以提高新品的认知度，促进产品销售。现需同学们帮助策划这场直播活动。

进入不同直播平台，熟悉直播规则，根据产品特征和目标客户特点，选择合适的直播平台，做好开播准备。

【学习产出目标】

1. 掌握平台规则。
2. 根据产品特性和目标客户特点，选取合适的直播平台。

【工作程序与方法要求】

步骤 1　进入不同直播平台观看

分别进入淘宝、京东、抖音、快手直播，观看一场电商带货直播，分享在不同平台观看直播的感受，分析不同平台的直播特点。

步骤 2　熟悉平台规则

进入不同直播平台查看直播规则，也可借助网络进行直播规则的查找。

步骤 3　根据所营销产品的特性和目标客户特点，选择合适的直播平台

根据所营销产品的特性和目标客户特点，选取合适的直播平台，根据所选取直播平台的直播规则，按照直播条件，做好开播准备。

【工作任务实施记录与评价】

1. 工作任务实施记录

序号	实施步骤	实施记录
1	直播平台对比分析	
2	主流平台规则掌握	
3	直播平台选取	

2. 工作任务实施自我评价

师傅指导记录	任务经验总结	自我评价
		优秀□　良好□　一般□　较差□
		学徒签名
		日期

3. 工作任务实施师傅评价

学徒工作任务实施情况评价(50%)				
序号	内容	分值	师傅评价	
			评分	评价与提升建议
1	能够对比分析不同平台的直播特点	20		
2	能够查找不同平台的直播规则	15		
3	能够根据所营销产品的特性和目标客户特点选择合适的直播平台,做好开播准备	15		
小计		50		
学徒关键职业能力及职业品质、工匠精神评价(50%)				
序号	内容	分值	师傅评价	
			评分	评价与提升建议
1	工作态度	10		
2	吃苦耐劳、学习钻研	10		
3	团队协作、沟通交流	10		
4	认真负责、诚实守信	10		
5	主动创新	10		
小计		50		
合计		100		
师傅签名		日期		

任务二　直播活动策划

【专业知识准备】

一、直播内容策划

在信息量过载的互联网时代,内容为王,只有优质、有价值的内容才能在激烈的竞争中脱颖而出,吸引到用户,因此做好直播内容策划,是直播活动成功开展的基础。

(一)常见直播营销形式

目前常见的直播营销形式主要有三类:

1. 直播销售

直播销售是在直播间直接介绍商品,提供商品购买链接,通过营销话术和营销活动设计出售商品,主播直播的主要目的是销售带货,这是目前最流行的直播营销模式。

2. 软广宣传

软广宣传是指主播通过自己的直播演绎,比如分享使用技巧、产品试用、知识讲解、才艺展示等形式，来表现某商品的品牌或者优点，间接进行产品宣传，直播中可添加购物链接。

3. 合作推广

合作推广是指主播不直接销售商品，而是请商家、商家代言人进直播间或者进行线上连麦互动，来达到推广宣传效果。

（二）做好直播内容定位

不同的直播营销形式，所对应的直播内容也不相同，直播策划应根据产品特性以及直播团队特征，选取适合自己的直播形式，从而确定直播内容，做好内容定位。

1. 直播内容要具备吸引力

直播内容的吸引力是直播是否能获得用户关注的重要指标，直播内容应有趣、有用、有利益，给用户带来情感价值或者利益价值，从而吸引用户观看，进而影响用户情绪和行为，激发用户购买欲望。一般而言，脑洞大开、剧情反转、颠覆认知、追逐时事或热点话题等内容比较容易受用户欢迎。如东方甄选直播，通过文化知识的强输出，让人们一改对直播的观感，给用户带来强烈的情绪价值，再经发酵传播，吸引着大批受众进入直播间，主播们并未大肆宣传产品，却达到了良好的销售效果。

2. 选择自己最擅长的领域

随着消费主体和消费思维的改变，具有独创性、娱乐性、个性化的内容会成为品牌和用户连接的全新载体。要结合自己擅长的领域策划直播内容，将产品的内涵、品牌的故事融入直播内容中，以达到内容和产品的最佳匹配。如具有绘画才艺的主播，可以在销售绘画用具时，通过展示自己精湛的绘画技艺、分享实用绘画技巧，对产品优点进行直观展示，从而达到销售目的。

3. 内容具备垂直度

内容垂直度是指内容的专业度或纵深程度。增加垂直度，能够使直播内容具有鲜明的主题并一以贯之，增加内容辨识度，更能提升粉丝黏度。比如美妆主题直播内容，可以进行拓展和延伸，涉及识别皮肤类型、护肤技巧、护肤品推荐、画眉技巧、眼妆技巧、底妆技巧、唇妆技巧、彩妆推荐等，可以围绕这一主题对各个细分主题进行策划，打造系列直播内容。

4. 打造内容附加值

创造附加值的本质是指满足用户更多心理需求，以创造与竞争对手的差异，强化用户的认同，从而使用户愿意付出更多的时间、精力、情感、金钱等。挖掘和打造内容附加值，就是要赋予内容更持久的生命力，来持续吸引用户。可以通过满足用户深层次精神需求的方式，让用户持续产生情感共鸣；也可以通过构建消费场景，即预设各种消费场景，来持续激发消费者的购买需求。

二、直播营销活动策划

直播营销活动是促使用户将购买欲望转化为现实购买行为的催化剂，通过营销活动的互动行为，能够给客户带来直接利益，同时也能很好地调动直播间氛围。

（一）确定营销产品

开展直播营销活动的前提是确定营销产品，品牌方要根据直播活动主题，如平台大促活动，或者特色主题活动，选择合适的产品或产品组合，并制定合理的价格，以有效开展产品营销。

平台大促活动，一般应选取引流款、利润款、活动款、形象款产品，进行搭配销售。

1. 引流款

引流款，就是为直播间引进流量的商品。通常是性价比高的商品，以成本价，甚至是低于成本价销售。一般用在直播开始前半个小时的热场活动。

2. 利润款

利润款是直播间盈利的主来源渠道，这些商品一般品质较高，产品卖点上有独特之处，适用于直播间目标用户里面某一特定的小众人群，这些人追求个性，价格敏感度不高，且愿意消费。利润款的上架时段一般在直播间人气和流量较高时，主播需适当拉长商品的讲解时间，反复强调产品的价格或活动，以此增加商品的转化率。

3. 活动款

活动款又可称为爆款，爆款上架的主要目的是清库存，或者冲销量，是直播间的主打款，上架时段没有过多要求，一般讲解频次或讲解时长较高，以便让消费者充分了解该商品。

4. 形象款

形象款一般选择一些高品质、高调性、高客单价的小众产品。可以有3～5款，适合目标群体里面的3～5个细分人群。形象款仅会占产品销售中极小一部分，目的就是提升形象，给直播间增添好感和信任度。

特色主题活动，一般根据活动主题选择合适的主推款产品，然后根据主推款产品搭配辅推产品，产品风格要与活动主题相契合。

（二）选择直播互动行为

常见的直播互动行为一般有以下几种。

1. 抽奖活动

抽奖活动又可分为：点赞抽奖，即直播间内用户点赞即有机会参加抽奖活动，可以增加用户互动与停留；关注抽奖，即关注主播账号即有机会参加抽奖活动，用户点击关注即成为该账号下粉丝，可以增加粉丝量；分享抽奖，即用户将直播链接进行转发分享即有机会参加抽奖活动，可以增加直播间观众人数，提升新进流量。但应注意抽奖活动奖励的设置要具有吸引力，以激发用户行为。

2. 发放优惠券

优惠券的发放形式可以多种多样，直播间可设置不同金额、不同数量的优惠券，根据直播不同时间段，进行定时或不定时发放，直播间内用户随机领抢，优惠券可以直接抵减现金；也可以设置不同的条件，给满足条件的顾客赠送优惠券。

3. 赠送礼物

设定赠送礼物规则，随机给直播间用户赠送礼物，如第一位直播间用户，赠送礼品；随机抽取幸运用户，赠送礼品；订单金额最高用户，赠送礼品等。

4. 发送红包

可设置不同金额的红包，定时或者不定时发放，让直播间用户随机领抢。

5. 免单

设定免单规则，抽取幸运用户，给予免单权限，免单人选可随机抽取，也可根据设定条件选取。

6. 秒杀

选取一定数量的商品，金额低于当日直播间实际售价，预先设定秒杀时间，开启秒杀活动。

7. 其他互动形式

除以上活动外，还可以采取其他互动形式来调动直播间氛围，增加直播间人气，获取更多流量。主播可以根据自身所长，进行才艺展示；也可进行与产品、品牌相关的剧情演绎；还可通过设置游戏环节、开展互动问答等，以提升直播的趣味性，避免直播间冷场。

三、制订直播活动策划方案

直播活动策划方案是对直播策划活动的文字性描述，是直播活动得以顺利开展的行动指南。一般直播活动策划方案包含以下基本内容。

1. 直播目的

直播目的就是此次直播活动想要达成的目标，目标的制定应明确具体，应尽量使用定量数据。如为提高产品知名度，促进销量提升，开展××主题直播，计划完成产品销售额100万元。

2. 直播方式

直播方式主要包括直播的形式、直播的场次、直播的时间等内容。

3. 直播活动实施方案

直播活动实施方案主要包括预热方案、商品推销过程方案(可包含商品介绍、营销举措、福利措施、抽奖活动等)、直播收尾形式。

4. 人员配备

即直播团队成员的配备情况，列明团队成员的分工，分工应具体、明确、可操作、责任到人。

5. 物料准备

列明直播过程中所需准备物料，可列出物料详细名称、内容、尺寸、数量等，以明细表格形式展示。

6. 直播活动宣传

列明直播活动宣传方式、宣传渠道、直播引流方式等。

7. 经费预算

可以表格形式列出此次直播活动所需活动经费，预算明细需具体、明确。

8. 突发情况应急预案

制订直播活动突发情况应急预案，以应对各类突发情况，如直播中断、出现卡顿等技术故障，或者产品质量问题、价格问题、链接问题等，充分考虑各种可能性，加强对直播活动的掌控。

四、直播活动策划方案基本格式

以下通过案例讲解直播活动策划方案的基本格式。

××直播活动策划方案

一、直播目的

为了提高产品知名度，促进销量提升……

二、直播方式

1. 直播形式：××直播。

2. 直播场次：3场。

3. 直播时间：×年×月×日—×年×月×日。

三、直播实施方案

(一)预热

1. 做好直播预热工作，处理好直播标题和图片，开场秀可借助才艺或者热点事件，快速燃爆直播间，吸引观众。

2. 主播应熟练掌握产品款式、材质等信息。

3. 设计开场互动环节，设置互动内容，促进人气上涨。

4. ……

(二)直播过程

1. 产品信息详细介绍，按照产品链接显示介绍产品特性，对产品进行全方位展示。

2. 试用产品，融入产品卖点和特点。

3. 开展直播互动，设定不同阶段的互动形式，如抽奖、发红包、做游戏等。

4. ……

(三)直播收尾

1. 再次推销热销产品，做好最后的产品推广和引流。

2. 持续互动。

3. 持续吸粉。

4. 下次直播预告。

5. ……

四、人员配备

(一)直播团队共配备×名人员，岗位分别为……

(二)各岗位具体工作职责

1. 主播：……

2. 助理：……

3. ……

五、物料准备

本次直播活动所需物料如表3-6-1所示：

表3-6-1　××直播活动物料清单

序号	名称	内容	尺寸	数量	完成时间	备注
例1	背景墙	直播主题内容	150 cm×120 cm	1	2022年×月×日	

六、直播活动宣传

(一)线上宣传：微信朋友圈、微博、抖音……

(二)线下宣传：灯箱广告、电子屏广告……

七、经费预算

本次直播活动所需经费预算见表 3-6-2：

表 3-6-2　××直播活动经费预算表

序号	名称	尺寸	数量	单价	金额	备注
例 1	背景墙	150 cm×120 cm	1	200	200	
合计						

八、突发情况紧急预案

(一)突发情况

(二)应对措施

五、撰写直播活动脚本

脚本是使用一种特定的描述性语言依据一定的格式编写的可执行文件，是活动开展的直接依据。一场好的直播离不开一个设计严谨的脚本，直播脚本可以让我们把控直播节奏、规范直播流程、减少突发状况，达到预期的目标、让直播顺利得以开展。

直播脚本的 4 大核心要素：

(1)明确直播主题　从需求出发，核心鲜明。

(2)把控直播节奏　确定每个时间段的直播内容，有条不紊，松弛有度。

(3)调度直播分工　注明直播人员、场地、道具，高效配合，稳中求胜。

(4)引导直播互动　增加趣味性，吸引用户停留，制造高潮时刻。

六、直播活动脚本

直播活动脚本基本格式见表 3-6-3。

表 3-6-3　××直播活动脚本

直播主题	新品发布
主播	张××
主播介绍	详细主播介绍
道具准备	背景墙、Logo 等
内容提纲	
1	品牌及产品简介
2	直播福利简介
3	产品详细介绍

续表 3-6-3

直播主题	新品发布			
直播流程				
序号	环节	时长/分钟	主要内容(应详细列明具体话术)	画面背景
1	预热	2	主播自我介绍	背景墙、Logo
2		5	品牌简介	品牌背景
3		2	直播间出镜成员介绍	背景墙、Logo
4	直播过程	5	产品介绍	产品信息
5		5	产品展示	
6		10	现场互动	
7	直播收尾	2	爆款再次推广	
8		2	持续互动	
9		2	新直播宣传	

【任务目标与质量要求】

能够根据产品基本特征及产品卖点,策划直播营销活动,确定直播主题和直播形式,制订直播营销活动策划方案,按照直播策划内容,撰写直播活动脚本。

【学习产出目标】

1. 按照产品特性及直播特点,确定直播主题与直播形式。
2. 制订直播营销活动策划方案。
3. 按照直播策划内容,撰写详细的直播活动脚本。

【工作程序与方法要求】

步骤 1　确定直播主题与直播形式

确定直播选品,按照产品分析的两个维度,分析产品特征,提炼产品卖点,结合产品特征及营销目标,确定直播主题与直播形式。

步骤 2　制订直播营销活动策划方案

根据营销目标与直播主题,确定直播主要环节以及营销活动开展形式,制订直播营销活动策划方案,提交文字版策划书。

步骤 3　撰写详细的直播活动脚本

按照直播策划内容,根据直播营销活动的主要环节,撰写详细的直播活动脚本,直播时长30 分钟,内容格式可参照表 3-6-3。完成直播活动脚本撰写。

【工作任务实施记录与评价】

1. 工作任务实施记录

序号	实施步骤	实施记录
1	直播主题与直播形式的分析、确定	
2	直播营销活动策划方案制订	
3	直播活动脚本撰写	

2. 工作任务实施自我评价

师傅指导记录	任务经验总结	自我评价
		优秀□　良好□　一般□　较差□
		学徒签名
		日期

3. 工作任务实施师傅评价

学徒工作任务实施情况评价(50%)				
序号	内容	分值	师傅评价	
			评分	评价与提升建议
1	能够根据产品特征和营销目标，确定直播主题与直播形式	10		
2	能够制订直播营销活动策划方案	20		
3	能够撰写详细的直播活动脚本	20		
小计		50		
学徒关键职业能力及职业品质、工匠精神评价(50%)				
序号	内容	分值	师傅评价	
			评分	评价与提升建议
1	工作态度	10		
2	吃苦耐劳、学习钻研	10		
3	团队协作、沟通交流	10		
4	认真负责、诚实守信	10		
5	主动创新	10		
小计		50		
合计		100		
师傅签名		日期		

任务三　直播活动实施

【专业知识准备】

一、直播活动宣传

完成直播活动策划后，需对直播活动进行宣传推广，以吸引更多用户关注，获取流量。一般而言，直播活动的宣传可分为线上宣传和线下宣传两种形式。

（一）线上宣传

1. 广告宣传

广告宣传指通过制作广告文案、广告页面、宣传视频等，将直播时间、直播平台、直播主题等信息，以文字加图片或者文字加视频的形式，发布在官方平台，如企业官方网站、认证微博、官方微信公众号、短视频平台等平台，直接对直播活动进行宣传推广。

2. 软文推广

软文推广是指将直播活动信息植入文章中，通过软文吸引用户注意，间接将隐藏在软文中的直播信息推送给用户的宣传方法。软文可发布在企业官方平台，也可发布在新浪、腾讯等网站平台，或者百度贴吧、豆瓣社区、搜狐社区等论坛上，为直播活动制造影响力。

3. 问答类网站推广

可以通过百度、知乎、天涯问答、搜狗问答等问答类网站，通过回答用户问题的形式，对直播活动进行宣传推广。

4. 直播平台推广

通过直播平台的推送、提醒等功能，将直播活动信息传递给直播间粉丝；或者在上一场直播收尾时，适时对下一场直播进行宣传，直接将直播活动信息传递给直播间用户，进行预热。

（二）线下宣传

线下宣传主要是指，通过线下张贴海报、发放宣传彩页、活动现场宣传、沙龙现场咨询等形式，对直播活动进行宣传推广。

二、直播活动筹备

（一）选取直播场地

直播场地一般分为室内场地和室外场地。室内场地主要有店铺、办公室、会议室、直播室等。室外场地主要有广场、公园、商场、景区等。要根据直播活动的主题和特点选取合适的直播场地，并进行适当布置或简单装修，为直播活动创造良好的环境，以增强直播氛围，提高直播效果。

（二）准备直播物料

直播物料是指在直播过程中，需要用到的素材及辅助工具等，主要包括产品、产品展台、背景板、宣传海报、实物奖品等。直播开始前，应准备好直播道具，并妥善分类存放，以备随时取用。

（三）调试直播设备

目前直播一般使用手机或电脑。对于手机直播，需要的设备主要有手机、手机支架、灯光设备、麦克风、外置声卡、监听耳塞等。对于电脑直播，需要的设备主要有电脑、美颜摄像头、麦克风、监听耳麦、灯光设备等。设备准备齐全后，直播前需对设备进行调试，一般而言主要调试以下内容。

1. 设置直播机位

根据直播脚本画面展示的不同，对直播机位进行设置，一般而言有商品特写机位，主要以特写镜头展示商品细节；主播中远景机位，主要塑造商品的使用场景，让用户了解商品全貌；主播近景机位，主要展示主播特定部位镜头，展示商品使用过程和效果，不同的机位展示的内容不同，直播前应提前设定好各个机位的位置。

2. 进行网络测试

网络对于直播能够顺利开展至关重要，直播前应对网络的稳定性和网络传输速度进行调试，保证网络顺畅。

3. 直播间测试

提前测试直播间进入渠道是否畅通、直播画面是否清晰、声音效果是否良好等，保证直播间展示效果良好。

三、直播活动执行

做好直播前筹备活动后，接下来就进入到正式的直播活动执行环节，直播活动的执行可以分解为直播活动开场、直播活动过程、直播活动收尾 3 个主要环节。

（一）直播活动开场

直播活动开场的目的是为了让用户了解直播内容，同时调动直播间氛围，给用户留下良好的第一印象，从而对本场直播产生兴趣，并停留在直播间。直播活动的开场设计是留住用户的关键因素，常用的开场方式主要有以下几种。

1. 介绍式开场

直播开始时直接向用户介绍本次直播的主要信息，包括自我介绍、直播时间、直播话题、直播流程、主要营销产品等，属于开门见山型。

2. 提问式开场

以提出问题的方式，引导用户思考并回答，带动主播与用户的互动，增强用户的参与感。

3. 经历暖场

主播通过讲述自身经历，可以是人生感悟式的经历，也可以是日常生活中的趣事，拉近和用户的距离，引发用户情感共鸣。

4. 故事式开场

通过讲述趣味性或者应景性的故事，以快速引发用户的讨论和共鸣，选择的故事应契合活动主题。

5. 福利式开场

开场发福利是最好最有效的活跃气氛的方法，可以迅速调动粉丝的积极性和直播间观众的情绪。

6. 任务式开场

开场发布小任务，并伴随奖励，以引导用户进入直播主题。

（二）直播活动过程

直播活动过程是对直播内容的详细展示，实施直播营销活动，借助营销话术对推广产品进行逐一介绍，同时通过发红包、发放优惠券或其他互动形式，来增强用户的观看兴趣，让用户长时间停留在直播间，并通过一系列引导行为，激发用户购买欲望，引发用户购买行为。

1. 营销产品展示

按照直播脚本设计顺序，对营销产品或产品组合进行逐一展示，详细介绍产品的特点、性能、价值、使用方法、促销活动等，加上现场使用情况展示，让用户全方位了解产品。

2. 互动带动氛围

按照直播营销活动策划的互动行为，按照直播脚本和现场直播情况，适时开展直播间互动，营造热烈、良好的直播间氛围，以更好激发用户兴趣，提高产品下单率，更好地实现直播营销目的。

（三）直播活动收尾

直播活动收尾环节，应向用户表示感谢，并最大限度地引导直播将近结束时的剩余流量，这些用户在很大程度上可以发展为忠实粉丝。同时应再次通过引导，实现产品的宣传与销售转化。还可预告下场直播内容，对下次直播进行宣传推广。直播活动收尾方式有三种。

1. 销售转化

在收尾环节，一是可以通过再次降价、打折、发放优惠券等方式，刺激用户下单购买。二是可通过发送链接、二维码等方式告知用户进入官方网站或者网上商城的方式，引导客户购买。三是可引导用户在其他媒体平台上，比如微信、朋友圈、微博等平台分享本次直播或直播中推荐的商品。

2. 引导关注

一是引导用户关注直播间，将普通用户转化为粉丝，便于后期粉丝维护。二是可以将企业、品牌或者产品的自媒体账号和关注方式告知用户，引导用户关注。

3. 邀请报名

邀请报名是指告知用户加入粉丝平台的方式，并邀请其报名加入，以便于后期接收直播信息，并快速参与直播互动。

四、直播活动技巧

（一）直播话术

直播之前一定要准备好开播话术，做好直播脚本，脚本中一般包含话术逻辑。

(1)产品拥有优越的地理位置，比如靠近货源、地方产品很出名等。

(2)这个产品和别的产品有哪些差别。

(3)产品价值，比如营养价值、对消费者有什么好处等。

(4)产品活动，比如今天的购买优惠是什么。

(5)常见售后问题解决办法。

(6)产品使用方法等辅助内容。

但需注意的是，产品宣传应实事求是，不得夸大产品宣传。

（二）直播活动注意事项

1. 遵守平台规则

直播的首要注意事项就是清楚了解并严格遵守平台直播规则，避免出现违规现象。

2. 设备齐全

开播前，一定要保证直播设备齐全，设备检查调试无故障，避免开播后出现问题。

3. 背景布置

背景布置要契合直播主题，符合营销产品的特性，搭建沉浸化直播场景，营造良好的直播氛围。

4. 塑造个人形象

主播应塑造良好的个人形象，衣着妆容、性格特色、特长展示等，要契合直播主题，并建立鲜明的个人风格，以更好地吸引用户，并培养用户的忠诚度。

5. 寻找互动话题

直播间氛围的带动依赖于主播与用户间的互动，与主播临场发挥和反应速度密切相关。在平时，直播团队可搜集相关话题、段子、事件等，形成素材库，并加工整理，制造互动内容。

6. 粉丝维护

通过直播吸纳一定数量的粉丝后，要做好粉丝维护工作，构建与粉丝的沟通渠道，比如建立粉丝群，发送日常或节日祝福用语；关注粉丝动态，及时给予回复；主动关心粉丝；发放粉丝福利等，以提升粉丝的依附感和忠诚度。

【任务目标与质量要求】

选择合适的直播活动宣传方式，进行直播活动宣传，执行一场直播活动，并录制视频。

能够根据目标客户群体的特性，选择合适的直播宣传方式和宣传平台。做好直播活动筹备工作，能够按照直播脚本实施一场直播活动，并对直播数据进行分析。

【学习产出目标】

1. 选择合适的直播互动宣传方式，撰写宣传文案。
2. 开展直播筹备工作，列出所需筹备内容。
3. 开展直播活动，并录制直播视频。
4. 进行直播数据分析，提交分析结果。

【工作程序与方法要求】

步骤 1　选择合适的直播互动宣传方式，撰写宣传文案

根据目标客户群体的特性，选择合适的直播宣传方式和宣传平台，并撰写宣传文案，可以为“文字＋图片”“文字＋视频”或其他形式，需提交宣传材料。

步骤 2　开展直播筹备工作

开展直播活动筹备工作，做好直播前准备，列出所需筹备的具体内容。

步骤 3　开展直播活动，并录制直播视频

执行一场直播活动，要求按照脚本内容完成直播任务，走完所有直播流程，并录制直播视频，提交视频材料。

步骤 4　进行直播数据分析，提交分析结果

采集直播后台主要数据，如直播间观看人数、互动人数、下单人数、各产品的订单量等，进行分析并提交分析结果。

【工作任务实施记录与评价】

1. 工作任务实施记录

序号	实施步骤	实施记录
1	宣传文案撰写	
2	直播筹备	
3	直播活动实施	
4	直播数据分析	

2. 工作任务实施自我评价

师傅指导记录	任务经验总结	自我评价
		优秀□　良好□　一般□　较差□
		学徒签名
		日期

3. 工作任务实施师傅评价

学徒工作任务实施情况评价(50%)				
序号	内容	分值	师傅评价	
			评分	评价与提升建议
1	选择合适的直播互动宣传方式,撰写宣传文案	10		
2	能够有效开展直播筹备工作	15		
3	能够开展直播活动,完成主要直播流程	15		
4	能够进行直播数据分析,提交分析结果	10		
小计		50		
学徒关键职业能力及职业品质、工匠精神评价(50%)				
序号	内容	分值	师傅评价	
			评分	评价与提升建议
1	工作态度	10		
2	吃苦耐劳、学习钻研	10		
3	团队协作、沟通交流	10		
4	认真负责、诚实守信	10		
5	主动创新	10		
小计		50		
合计		100		
师傅签名		日期		

项目七 网络营销推广效果评估

【知识目标】

• 掌握营销推广效果监控与评测中常见评估指标及其含义、算法。

• 掌握微信、微博等常用网络营销推广平台运营效果分析方法及工具。

【能力目标】

• 能够根据运营需要制订营销推广效果评估方案。

• 能够对营销推广效果进行监控与分析，撰写效果评估报告。

• 能够根据营销推广效果分析，对微博等主要网络营销推广平台进行运营评估优化。

【素质目标】

• 通过数据的监测、收集与分析，强调数据的真实性、可靠性，提高诚信意识；养成尊重数据、务实严谨的科学态度。

• 在收集、分析数据资料，讨论疑难问题的过程中，培养团结协作的意识。

• 及时关注行业发展，从实践中来、到实践中去。

任务一 营销推广效果监控与评测

【专业知识准备】

一、网络营销推广效果评估的重要意义

对于网络营销推广效果的及时监测与准确评估，能够有效提升企业营销活动的科学性、有效性，为网络营销推广的策划与实施明确方向、查漏补缺，其重要性不言而喻。

1. 帮助企业选择适合的营销推广平台

信息技术的高速发展为电子商务提供了良好的运营环境，新的营销方法与推广渠道层出不穷，网络营销对于企业的价值日益凸显。在现实管理实践中，不乏企业本着多多益善的原则，认为网络营销推广的渠道、方法越多越好。但通常情况下，这种“广撒网、多敛鱼”的营销推广策略不仅需要巨大的成本，而且并不能收获理想的经济效益。网络营销推广效果评估正是对哪些推广平台更适合企业进行的测评，科学客观的效果评估可以帮助企业找到更合适的推

广策略和推广方式，进行有针对性的营销推广，减少盲目性。

2. 评估企业效益

网络营销效果评估对于评估企业效益有着重要的意义，可以作为衡量企业经济效益的重要指标。网络营销效果的评估需要将营销推广得到的所有数据进行统计分析并得出月度、季度、年度投资收益率。通过网络营销效果评估，一方面可以对网络营销方案和计划进行调整优化，另一方面可以通过营销效果的评估去分析评估企业整体效益。

3. 选择高效营销活动

网络营销效果评估不仅有助于企业选择合适的营销推广平台，而且通过评测还可以找到哪些营销活动更有效。例如，淘宝、微信、微博、抖音等电商推广平台，它们都有各自推广的特点，这时便需要进行网络营销效果评估，从中选择更有效的推广平台。

二、评估指标

网络营销推广的效果评估主要是通过对某些统计数据指标进行分析，常见的统计数据主要包括以下几种。

1. 访客数量

所谓访客数量是指网络营销推广活动引来了多少访客。网站访客数量统计以 IP 为基准，即访客来到企业的营销平台后，网络营销人员可以通过相关网络工具记录这些访客的独立 IP，一个 IP 对应一个访客，用来评估该营销平台的人气值与活跃度。

2. 访客来源

访客来源是指访客通过哪些推广渠道进入企业营销平台的。通过分析访客来源可以清楚地掌握访客主要是从哪个推广渠道进入企业营销推广平台的，进而得出哪个渠道的网络推广效果更好，按照用户的搜索习惯以及需求调整推广方式，优化企业的网络营销策略。

3. 关键词效果跟踪

一些访客是通过搜索某些关键词进入企业营销平台的，通过关键词分析可以得出哪个推广活动效果更好以及哪些关键词效果更好。

4. 访客的站内行为

访客进入企业营销平台后，浏览了哪些页面，停留时间多久，上个访问页面是哪里，同时访问的页面有哪些，是否被邀请会话，邀请的次数，最后统计出共有多少名访客，有多少名访客被邀请，有多少访客接受会话等，这些都是访客的站内行为。

三、微信运营效果分析

（一）图文分析

图文分析是从公众号图文消息出发分析微信公众号运营效果的。通常是对企业公众号推送的图文消息的阅读量、转发量、收藏量等进行分析。图文分析可以直观有效地评估公众号推送的文章内容以及标题是否对用户产生吸引力以及用户对文章内容的关注度。对于微信运营人员调整公众号的运营内容有重要作用。

1. 常见指标

(1)送达人数　图文消息群发时送达的人数，用户拥有多少粉丝便会有多少送达人数。

(2)图文页阅读人数　点击图文页的人数(不包括重复点击)，包括非粉丝人数。

(3)图文页阅读次数　点击图文页的次数(同一粉丝重复点击计算在内),同时包括非粉丝的阅读。

(4)图文转化率　图文阅读人数占送达人数的比率。

(5)原文页阅读人数　点击原文页的人数(不包括重复点击),包括非粉丝人数。

(6)原文页阅读次数　点击原文页的次数(同一粉丝重复点击计算在内),包括非粉丝的阅读。

(7)分享转发人数　转发或分享至朋友、朋友圈、微博的用户数(不包括重复转发),包括非粉丝的分享或转发。

(8)分享转发次数　转发或分享至朋友、朋友圈、微博的总次数,包括非粉丝的分享或转发。

2. 图文分析

图文分析通常指对企业公众号推送的每篇消息具体的阅读量、转发量、收藏量的分析。图文分析的主要作用在于有效评估公众号推送的文章内容以及标题对用户的吸引力和关注度。通常包括昨日关键指标、关键指标详解趋势和阅读来源分析三个部分。

(1)昨日关键指标　昨日关键指标是针对昨日的图文阅读量、转发量、分享转发数变化,以及与前天、7 天前、30 天前进行对比,体现为日、周、月的百分比变化。

(2)关键指标详解趋势　可以选择 7 天、14 天、30 天或某个时间段的阅读人数、次数变化,也可以选择按时间对比,可查看图文页阅读人数、图文页阅读次数;原文页阅读人数、原文页阅读次数;分享转发人数、分享转发次数。

(3)阅读来源分析　阅读来源分析指对微信粉丝主要通过哪些渠道进入文章阅读页的分析,常见的阅读来源有会话、好友转发、朋友圈、历史消息和其他方式 5 种。其中,会话是指用户通过与公众号发起会话的方式获得内容页链接,进而进入阅读页的方法。而历史消息是指用户通过查找历史消息翻看之前内容进行阅读的行为。其他方式则是通过各种站外分享的链接进入文章阅读页。

(二)用户分析

用户分析是指对关注该公众号的用户按照不同的属性进行分析。通过用户分析,一方面可以更加清楚公众号的用户相关属性,掌握公众号粉丝用户画像,发现更多用户需求;另一方面用户分析可以指导微信运营人员不断优化公众号的内容或服务,提高用户体验度。用户分析主要包括对用户增长量分析、用户来源分析、用户属性分析三方面。

1. 用户增长

用户增长能够直观反映当前关注该公众号的用户数量的增长趋势,从侧面表现出某一时间段内该公众号受用户的欢迎程度。主要从新关注人数、取消关注人数、净增关注人数、累积关注人数 4 个方面分析用户增长。

“新关注人数”表示公众号在某一时间段内新增加的用户数量,也可以理解为该公众号带来的粉丝流量。“取消关注人数”则表示在某一时间段内丢失的用户数量,而“累积关注人数”是指该公众号当前所拥有的用户总量。

2. 用户来源

用户增长来源分析是对微信用户是从哪些渠道进入该公众号成为其粉丝的分析,通过用户增长来源分析,微信运营人员可以清楚地掌握各个来源渠道的用户的比重,并从中找到最佳用户来源渠道，为公众号带来更多的粉丝。

公众号用户来源可以有多个渠道，主要可以分为公众号搜索、扫描二维码、图文页右上角菜单、图文页内公众号名称 4 个方面。通过对这几方面的用户来源进行分析，进而找到用户来源的最佳有效渠道。同时，对于其他来源方面的不足之处进行针对性的优化，比如该公众号通过扫码增加的用户较多，那么微信运营人员可以增强公众号二维码的曝光度。通过扬长避短，查漏补缺，找到有效推广渠道，为公众号带来源源不断的精准用户。

3. 用户属性

用户属性分析主要从用户性别、语言、地域和终端等几方面进行，根据不同的用户属性可以了解用户分属于哪些地域和群体，明确公众号的用户画像，从而制作推送出针对该群体属性的优质内容，调整公众号的运营方向，为更多用户提供优质服务。

(1)用户性别和语言　通过对男女性别比例的统计，可以了解该公众号用户群体是偏女性化还是男性化。语言上，微信后台分为简体中文、繁体中文、英文和未知语言，根据后台的用户语言可以了解哪种语言用户比例最大，指导微信运营人员在制作图文消息时使用哪种语言。

(2)地域分布　是指用户所在地的分布，通常以省份为划分单位。地域分布分析可以了解用户主要分布地区，这对于微信付费推广有重要参考价值，可以按照用户的地域分布情况，在用户分布多的省份进行重点付费推广，在人数较少的省份城市减少投入。

(3)终端分布　指对于公众号用户使用微信终端的统计分析。公众号后台终端分布可以分为安卓用户、苹果用户、微软用户三类。通过终端机和机型的分布情况可以判断出用户群体的基本经济状况，可以更有针对性地调整产品的价格和服务。

（三）消息分析

消息分析是指对公众号的用户与公众号之间互动情况的分析，它是衡量公众号用户黏性的重要指标，主要包括消息分析及消息关键词分析两方面内容。

1. 消息分析

微信公众号的消息分析主要包括消息发送人数、消息发送次数、人均发送次数三项指标，这三项指标可以按小时、日、周、月精心统计。通过对消息发送人数、消息发送次数进行分析，可以清楚地掌握用户与公众号之间的互动情况，进而可以判断出用户的黏性如何。

需要注意的是，由于公众号的类型以及公众号的定位不同，用户与公众号之间互动的次数和人数也不尽相同。通常公众服务号定位于客户关系管理，因而服务号与用户之间互动的频率和用户数量会比订阅号相对高一点儿。此外，公众号的活动也会对用户和公众号的互动次数有一定影响。

2. 消息关键词分析

消息关键词分析作为消息分析的一部分，主要是用来衡量公众号活动期间，用户对于公众号策划的营销活动的参与度如何。通常用户会以回复关键词的形式参加活动，因此用户回复的关键词从侧面反映着用户的需求以及对产品或服务的有效反馈。

四、微博运营效果分析

（一）微博运营数据监控指标

微博运营数据监控的指标可以分为粉丝指标、内容分享指标、流量转化指标三方面。

1. 粉丝指标

粉丝指标分析主要包括微博新增粉丝数量分析和高质量粉丝数量分析两部分。

(1)新增粉丝数量　新增粉丝数量是指微博在某一时间段内最新关注用户数量的变化情况,也是衡量微博实时运营效果的重要指标。

(2)高质量粉丝数量　微博粉丝按照活跃度和是否认证可以分为普通用户、认证用户和微博达人。其中,认证用户和微博达人因其经常活跃在微博平台,有着较高的人气和影响力,所以是高质量粉丝。这类用户本身拥有较大的粉丝数量,通过他们能够扩大博主的影响力,进而扩大微博的营销效果。

2. 内容分享指标

内容分享指标主要分为微博被阅读数量和微博互动数量这两项内容。

(1)微博被阅读数量　微博被阅读数量是指该账户原创微博和转发微博被阅读浏览的次数。微博的阅读浏览量表明粉丝对于其发布的信息内容是否感兴趣或吸引其打开原文并单击链接的程度。

(2)微博互动数量　微博互动数量是关于企业微博发布的原创微博和转发微博,在粉丝阅读浏览过程中,自愿参与微博活动并与博主进行互动的次数。微博互动的形式主要有转发、评论、赞以及点击博文中链接的次数。对微博互动数量的分析是检测该博文内容的重要因素,也是衡量微博运营效果的重要指标。

3. 流量转化指标

流量转化指标作为微博运营效果分析的最重要指标,主要分为直接流量转化和间接流量转化两方面。

(1)直接流量转化　直接流量是指通过在微博内容中插入官方网站或网店的网址,用户通过该网址链接直接进入网站而带来的流量,用户如果通过点击该链接进入内容页面即属于直接流量。直接流量同时也可以用来检测推广效果如何,用户的点击量反映了推广效果。

(2)间接流量转化　间接流量是指用户在微博中看到相关信息后,通过自己搜索或直接输入网址等方式进入了官方网站或网店。

(二)微博运营数据监测方法及工具

微博运营数据的监控贯穿整个营销活动的始终,监测方法和工具一般分为三种,即手动方法、新浪官方统计和第三方工具等。

1. 手动方法

手动统计分析一般通过 Excel 表格来完成,运营者结合企业微博的需要选定检测的指标列入表格中,每天针对这些指标的数据进行监督和登记,通常统计时按照一定的周期(活动周期或自然月周期等)进行汇总分析。

2. 新浪官方统计

新浪官方统计是通过新浪微博的后台进行查询,从“账户管理中心”进入,单击“数据中心”工具。微博数据中心按照缴费情况分为免费版、会员版和收费版。

3. 第三方工具

除了上述微博分析工具之外,还有许多第三方开发的微博分析应用工具,不同应用工具之间各有其不同的作用。因此,微博运营者在选择时,可以根据自己的实际需求选择相应的分析工具。

(1)知微　免费版提供 2 000 次以下转发传播分析，提供可视化的微博传播路径图、传播关键人物分析、转发粉丝属性分析、传播层级比例分析等。

(2)粉多客　粉多客平台提供除常见的微博运营、定时微博任务、消息管理、客户管理等功能外，还提供专门针对本地化服务而推出的功能，如智能助手、客户挖掘、微博销售、商盟互推等。

(3)独到　可以提供可视化的微博传播路径图、传播关键人物、转发粉丝属性分析、传播层级分析等，与“知微”功能相似。

(4)粉丝传播分析　该款应用可以提供微博的转发传播路径图，采集转发者基本转发信息，一般提供 1 000 次以内的转发信息，相对于上面讲的工具，主要着眼于转发分析，缺少路径传播的细致分析及对粉丝属性的具体分析。

(5)企业微博 360　可对微博的粉丝属性、单条微博进行分析，提供微博层级转发的曲线图及转发排行榜，即挖掘传播路径上的关键人物。

【任务导入】

一袭红袍策马雪原而红遍短视频圈的某地文旅局副局长这两年火爆全网。她及团队在帮助当地企业直播带货、解决就业方面的成绩让人刮目相看。

其通过社交媒体发布一则消息，谈到了自己这两年来的心路历程，并表示：“坚持了两年零社交、零娱乐的日子，月带货数据稳定在 2 000 万～3 000 万元，这背后有太多人的付出、支持、期盼、信任。当前不敢停下来是义不容辞的责任。有时候我们努力奔跑并不是想要去得更远，只是想保持住现状。”

2021 年，其团队和助农企业帮助贫困企业直播带货已经突破 1.4 亿元，带动直接就业人数 2 000 多人，万余名老百姓实现了增收。2022 年第一季度，她和团队月带货数据分别为 3 427.84 万元、2 122.17 万元、2 008.17 万元。截至 2022 年 6 月，其账号粉丝数 444 万人，目前已累计开展 200 余场助农直播，销售额达 2.2 亿元人民币。直播电商的快速发展，推动了当地产业结构的调整。

“地方政府＋主播＋产品”的视频直播农产品带货活动成效显著，获得了极高的营销推广效果。

思考：

1. 请总结是否需要对网络营销推广的效果进行评估，以及评估工作有何作用。

____

____

____

____

____

2. 请总结网络营销推广的效果应该如何科学、合理地评估。

____

____

____

____

____

【任务目标与质量要求】

2022年“6·18”购物节鸣锣收官。国家统计局数据显示,2022年前5个月国内实物商品网上零售额同比增长5.6%,而2020年和2021年同期的增速分别为11.5%、19.9%。

“6·18”期间(6月1日至6月18日),抖音电商直播总时长达到4 045万小时,成交额破千万元的直播间达183个,交易额破千万的品牌达758个,累计下单新客环比提升20%。其中商城在爆发期间访问用户数环比提升115%。

本次新增商品数量近2 000万,而总销量达到9.9亿以上,表明用户对节日大促的消费力强劲。而对比于往年“6·18”的商品数以及新增销量情况,可发现今年的“6·18”大促活动取得良好增长态势,较往年同期增长高达304%。

从品类的竞争商品数量来看,服饰鞋包占比达到38.23%。其次为日用百货、餐饮食品、母婴儿童、家具家装等重点品类。这些重点品类的销售表现也不俗,服饰鞋包和餐饮食品两者占总销量超过50%,服饰鞋包的销量破3亿。

请在师傅的指导下,对抖音平台营销推广效果进行监控与评测,完成《“抖音‘6·18’好物节”营销推广效果评估报告》。

1. 能够正确运用网络营销推广分析流程对具体案例进行效果分析。
2. 能够对营销数据进行有效监控,准确计算用户价值与渠道成本。
3. 能够针对营销推广效果的监控与评测结果完成相关分析报告。

【学习产出目标】

1. 制订营销推广效果评估方案。
2. 针对具体营销推广活动完成营销推广效果评估并撰写总结报告。

【工作程序与方法要求】

步骤1　明确目标

合理的营销推广目标包括IP数、访问量、注册用户数、活动参与人数、作品转载数、销售额、订阅数等。

合理指标的确定主要考虑预算/单目标成本。比如说获取到1个优质IP的成本是0.1元,而我们的推广预算是10万元,则目标定在100万个IP左右比较合理。那如何计算目标成本呢?有以下五种方法。

(1)根据以往的经验数据　如果以前有过类似经验或数据作基础,那么可以据此推算。

(2)实际测试　如果没有经验可以借鉴,那么可以拿出少部分的资金,在小范围内进行测试。

(3)对比传统渠道的数据　由于互联网是新兴行业,所以很多经验和数据都无法借鉴,但是传统行业的经验和数据却丰富得多。互联网比传统渠道省钱,所以我们可以借鉴传统渠道的数据,在此基础上除以5或10等。

(4)参考同行数据　如果业内同行公布了他们的一些数据,那么可以直接借鉴。或者直接通过交流的方式,询问同行的情况。

(5)根据行业调查数据　有许多专业的数据公司会公布各种行业数据,比如艾瑞、缔元信、易观国际、开眼数据等,我们可以直接借鉴这些报告中的数据,这些数据都是比较科学和可靠的。

步骤 2　监控营销数据

数据监控是很重要的一步，没有数据作依托，那就是盲人摸象。在数据监控这块，一是要选择好的监控工具，比如对于网站的流量统计，就可以选择 CNZZ、网景统计、百度统计、量子统计等。二是建立详细的数据监测表，监测的数据越详细越好。

步骤 3　计算用户价值

明确了目标，有了数据后，我们还要计算出每获取到一个用户的价值是多少。这样在做营销活动时，目标才能更明确。举个例子，比如我们的网站是论坛，以通过发展付费会员盈利。那么就要根据以往的统计数字，计算出多少注册用户会成为付费用户，这些用户平均带来的利润是多少，假设每 100 个注册会员中有 2 个成功付费用户，平均每个用户会带来 1 000 元的利润，那么这 100 个用户将产生 2 000 元的利润。也就是说，每获得一个用户的价值是 20 元。

步骤 4　计算渠道成本

这里主要是指渠道的投入产出比（ROD），毕竟营销效果才是我们追求的最终目标。投入产出比的计算公式是毛利率/投入费用。假设我们的网站每天在某网站投放广告的费用是 1 000 元，平均每天的销售额是 5 000 元，扣除成本 2 000 元，毛利是 3 000 元，则这个渠道的投入产出比是 3。

具体操作时注意，不要一味地看数据，还要注意区分新老用户，在新客户转化率的基础上追求 ROD。比如说在 A 网站投放广告，ROD 很高，但是可能其中大部分用户已经是我们的老用户了，只是图方便，才点击 A 网站的广告直接购买。实际上其 ROD 是虚高的。

所以对于相同类型的渠道网站，除了分别统计数据外，还可以进行合并统计，将这些网站视为一个大渠道。假设在 A、B、C 三个相同类型的网站同时投放了广告，C 网站的效果最好，A 网站和 B 网站的效果比较差，从表面上看，应该减少或停止 A、B 网站的投放。但是真实情况可能是用户在 A 网站看到了广告没有下单购买，在 B 网站看到了没有下单购买，但是在 C 网站看到后却下单购买了，实际上这是三家网站共同发力的结果。

步骤 5　营销渠道优化

营销推广，效果为王。想提升效果，就要不停地培养渠道并对渠道进行优化。不同的渠道的具体优化方法不尽相同，但是原理差不多，重点还是数据，要注意数据的变化。比如，针对常规的问题解决思路如下。

1. 流量少

如果网站流量少，可能的原因有二：一是推广力度不够；二是如果推广力度很大，但还是流量少，那就是方法或策略有问题。

2. 咨询少

如果网站有流量但是没咨询或咨询少，那可能的原因也有二：一个是引入的流量不精准。此时就需要去分析每个渠道带来的流量质量，比如，如果是搜索引擎优化（SEO）或竞价，则分析用户是搜索哪些词来的；如果是软文营销，则分析客户是看了哪些文章来的；如果是邮件营销，则分析具体邮件地址的质量和邮件的内容。如果流量是精准的，那另一个可能的原因就是网站有问题。网站的问题也可能有二：一是网站的吸引力不够，这个问题要看用户的跳出率和停留时间。跳出率是指只访问一页就离开的用户比例，停留时间是指平均每个访客在网站停留了多久才离开。如果跳出率很高、平均停留时间很短，那么基本上可以判断是网站内容的吸引力不够，甚至是跑题。二是如果网站吸引力够，但还是咨询少，则是内容的营销性不足，说服力不够。

3. 转化少

如果咨询够，但是成交少，那么可能的原因有三：一是客服的水平不够；二是话术体系有问题；三是产品没有竞争力。

除了这些常见问题的解决和优化外，具体每个渠道都要进行优化，这样成本才会越来越低，转化率越来越高，整体效果越来越好。而渠道的优化，也是根据数据来做的。

比如做微信运营，微信运营的一个重要指标就是内容的访问量和转发量。对于微信运营人员来说，就需要不断地关注往期内容的运营数据，总结出那些高阅读和高转发的内容有什么特点，然后将这类内容作为运营的重点。

【工作任务实施记录与评价】

1. 工作任务实施记录

序号	实施步骤	实施记录
1	营销推广效果评估方案制订	
2	完成用户价值、渠道成本计算	
3	营销推广效果评估报告撰写	

2. 工作任务实施自我评价

师傅指导记录	任务经验总结	自我评价
		优秀□　良好□　一般□　较差□
		学徒签名
		日期

3. 工作任务实施师傅评价

学徒工作任务实施情况评价(50%)				
序号	内容	分值	师傅评价	
			评分	评价与提升建议
1	完成营销推广效果评估方案制订	20		
2	完成用户价值、渠道成本计算	10		
3	完成《“抖音‘6·18’好物节”营销推广效果评估报告》撰写	20		
小计		50		

续表

学徒关键职业能力及职业品质、工匠精神评价(50%)				
序号	内容	分值	师傅评价	
			评分	评价与提升建议
1	工作态度	10		
2	吃苦耐劳、学习钻研	10		
3	团队协作、沟通交流	10		
4	认真负责、诚实守信	10		
5	主动创新	10		
小计		50		
合计		100		
师傅签名		日期		

任务二　微博运营评估优化

在师傅的指导下，对公司微博账号进行效果评估，并针对评估结果，思考如何对微博运营进行优化，撰写微博运营评估优化建议。

【任务目标与质量要求】

1. 能够选取合适的评估指标对公司微博账号进行效果评估。
2. 能够根据评估结果分析微博运营存在问题并提出优化建议。

【学习产出目标】

1. 对公司微博账号进行评估。
2. 针对微博账号运营评估结果，找到存在的问题并进行分析。
3. 针对目前微博账号运营存在的问题提出提升改善建议。

【工作程序与方法要求】

步骤1　微博内容优化

1. 内容类型

一般来说，社会化媒体平台在运营之初会确立多种类型的内容进行多维度的尝试，经过一段时间的运营后根据运营的效果选择合适的内容类型。微博平台的内容首先以娱乐化为主，如娱乐新闻、笑话段子等。其次可以选择社会关注度较高的事件，如公益事件、新政策颁布等。另外，可以分享行业相关的专业知识。三者之间的内容占比通常为40%、20%、40%。

2. 语言风格

社会化媒体是企业与用户之间直接沟通的渠道，其语言风格要贴近粉丝的阅读习惯和阅读喜好。企业微博在运营之初可以选定多个风格的语言进行测试，通过统计数据分析出最优的语言风格，这点尤其适用于以年轻一代为目标用户的企业，这是由用户群体本身喜欢多样化的语言风格的特性决定的。同时，企业微博的语言风格也要与其产品和服务信息相符合，不能选择与产品和服务信息相冲突的语言风格。

步骤 2　互动方式优化

作为社会化媒体的微博，在互动方式上具有多样化的特点，常用的主要有关注、转发、评论、赞、私信、@好友等诸多方式，日常运营中企业微博可以通过这些方式邀请其他有一定影响力的博主或企业账号参与企业微博策划的活动，从而扩大传播范围和增强营销效果，然而这些方式的效果往往不尽相同，企业可以通过对以往数据的对比选择合适的方式与这些账号进行互动。

步骤 3　社交关系优化

在社会化媒体中，微博的社交关系属于弱关系，微信的社交关系属于强关系。从阿里5.86亿美元注资新浪，到新浪宣布与淘宝战略合作，实现账号互通，微博的社交关系与电商进行结合为企业通过社会化媒体实现直接转化提供了更多的机会。特别是以零售为主要业务的企业可以通过对微博运营效果的分析选取合适的营销活动和营销方式将弱关系向强关系进行转换。

【工作任务实施记录与评价】

1. 工作任务实施记录

序号	实施步骤	实施记录
1	微博账号运营效果评估	
2	微博账号运营存在问题分析	
3	微博运营评估优化建议	

2. 工作任务实施自我评价

师傅指导记录	任务经验总结	自我评价
		优秀□　良好□　一般□　较差□
		学徒签名
		日期

3. 工作任务师傅评价

学徒工作任务实施情况评价(50%)				
序号	内容	分值	师傅评价	
			评分	评价与提升建议
1	完成微博账号运营效果评估	15		
2	提出微博账号运营存在的问题	15		
3	撰写微博运营评估优化建议	20		
小计		50		

续表

学徒关键职业能力及职业品质、工匠精神评价(50%)				
序号	内容	分值	师傅评价	
			评分	评价与提升建议
1	工作态度	10		
2	吃苦耐劳、学习钻研	10		
3	团队协作、沟通交流	10		
4	认真负责、诚实守信	10		
5	主动创新	10		
小计		50		
合计		100		
师傅签名		日期		

项目八 网络营销推广舆情管理

【知识目标】

• 熟悉网络舆情管理的重点、难点与管理原则。

• 熟悉网络舆情危机的特征与类型。

【能力目标】

• 能够灵活运用网络舆情管理策略。

• 能够对公司的微信、微博、短视频等平台进行舆情危机风险点分析。

• 能够针对可能存在的风险点完成公司网络舆情风险管控应急预案。

【素质目标】

• 互联网不是法外之地，网上言论自由要以遵守法律法规为前提，学徒应提升法律意识与媒体素养，净化网络环境。

• 在正确辨析网络舆情过程中形成正确的思维理念与价值观念，增进舆情管理的学习深度。

【专业知识准备】

随着信息技术的不断发展和新媒体的兴起，信息传播速度大大提高，随之而来的信息风暴不断改变着我们的生活、工作和思维方式。面对新的网络环境，舆情管理面临来自各方的挑战。舆论管理得当，有利于企业的快速发展，相反，会给企业带来不利影响，损害企业声誉，造成巨大的经济损失。加强舆情管理正成为企业的一项重要任务。

网络舆情有广义和狭义之分：广义的网络舆情是指在互联网上流行的对社会问题不同看法的网络舆论，是社会舆论的一种表现形式；狭义的网络舆情是指针对企业的不同看法，包括讨论、报告和反映等。本项目主要针对企业的网络舆情管理。

一、当前企业面临的舆情环境

1. 内忧外患

当前，许多企业正处于改革发展、转型升级的关键时期，内外舆情发生率高。一些员工对深化改革、经营管理、安全生产、福利分配等有不同的看法和意见，而另一些员工则对公司的关键决策存在误解。公众和各种媒体对企业社会形象和商业活动有不同的看法。产品质量、售后服务等问题，受到不同程度的评价和舆情影响。这种评价和舆情往往会长期积累，造成负面舆论。

2. 扩大化

互联网的普及所带来的扩张效果，正在增加引发舆论危机的可能性。在过去，舆论传播缓慢，渠道狭小，企业舆论容易被其他信息淡化，而无法造成大规模舆论危机。然而，目前在新媒体时代，信息可以在互联网上迅速传播，迅速发展成舆论危机。

3. 情绪化

网络媒体的传播存在一定的情绪化，助长了负面舆论的传播。网络传播具有匿名性，传播参与者更情绪化，可能将互联网作为情感发泄的场所。正面舆论容易被忽视，但负面舆论往往传播得很快。

二、网络舆情管理的特征

1. 突发性

舆情危机事件通常是在没有准备的情况下突然爆发的、不可预见的突发性事件，因而具有突发性。其作为一个开放的系统，时刻处于同外界的物质、信息交流当中，其中的任何一个环节都可能出现失衡，导致危机。

2. 渐进性

舆情危机的爆发是一个从量变到质变的渐进式的过程。通常可以分为前兆期、加剧期、处理期和消除期 4 个阶段。

(1)前兆期　舆情隐患初露端倪，向组织发出警告。这时舆情处在一个不稳定的状态，此时重要的是如何使这种状态向好的方面转化，控制事态发展，转危为安。如果对前兆期的舆情信号熟视无睹，任由事件继续发展，那么事件就会造成舆情爆发，产生连锁反应，公众与组织关系突然恶化，使企业措手不及。

(2)加剧期　舆情的加剧期一旦到来，就不会自行消失。这一阶段内问题暴露、公众投诉、媒介追踪，声誉大降等问题接踵而来，企业或社会公众已较清楚地了解到到底发生了什么事情。相关部门介入，进行抢救工作。

(3)处理期　处理期是舆情灾难发展到顶峰的时期，抢救工作进入关键阶段。在此时期，公关部门设立信息中心，及时向社会公众公布最新事态情况。在发表消息时，要坚持"公开事实真相"的原则，以避免新闻媒介和社会公众的猜疑、质询。舆情的处理期主要工作有调查情况、自我分析、安抚公众、联络媒介等。

(4)消除期　消除期是指评估工作开始，抢救工作告一段落。在这一时期，除着手准备详细的调查报告外，主管部门和公关部门都还需要妥善处理舆情后期工作。同时，依靠公共关系手段消除影响、引导公众、重塑企业形象。

3. 严重性

企业在舆情危机中，应对措施一旦失当，会给企业形象和品牌信誉造成极大的负面影响，甚至危及企业生存。因此，舆情管理对于企业的健康发展非常重要。

4. 建设性

舆情管理并不是一蹴而就的，而是要在企业发展过程中长期建设的，因此舆情管理具有建设性。企业只有认识到舆情管理的建设性，才会采取主动姿态，沉着冷静、满怀信心地面对危机，从中寻找和抓住任何可能的机会。

5. 紧迫性

舆情危机总是在短时间内突然爆发，使组织立刻处于高度戒备状态，因此要求相关人员要在第一时间全面掌握事实真相。舆情爆发所造成的巨大影响常常会成为社会和舆论关注的焦点和讨论的话题，成为新闻界争相报道的内容，成为竞争对手发现破绽的线索，成为主管部门检查批评的对象。

总之，组织舆情危机一旦出现，它就会像一颗突然爆炸的炸弹，在社会中迅速传播扩散，对组织造成严重的冲击，迅速引起社会各界的不同反应和关注。

三、网络舆情管理重难点

1. 信息的采集与分析

企业舆情的传播由来已久，从口耳相传发展到互联网和移动互联网的传播。现有的舆情监测难以适应大数据时代舆情传播的特点。尤其是现在新媒体平台层出不穷，以及短视频的崛起，都让原有的舆情监测方式捉襟见肘。

2. 数据准确性

全面掌握舆情信息的方方面面，了解事件发生的原因，溯源、揭露真相，捕捉各大媒体的观点和网民的主要关注点是舆情管理工作的必然举措。然而，难点在于，由于信息不对称和网民诉求不一致，无法为后续民调和判断处理提供有效的数据支持。不准确的信息不仅会导致研究判断不准确和无效舆论，还会引起强烈的公众反弹和二次舆论。

3. 反应及时性

在舆论形成的初期，在发酵过程中无法及时发现或及时回应，这是企业普遍存在的问题。等到舆情爆发后，又抱有侥幸心理，当舆论危机愈演愈烈时，就错过了应对舆论的最佳时机，造成了不可逆转的局面。

四、网络舆情危机的类型

危机的形式多种多样，按照不同的评判标准有不同的解决方法。一般情况下会将危机按照存在状态、归咎对象和损失的表现形态三种形式来进行分类。

（一）按存在状态分类

1. 一般性危机

一般性危机主要是指常见的公共关系纠纷。从某种意义上说，公共关系纠纷还算不上真正的危机，它只是舆情危机的一种信号、暗示和征兆。只要及时处理，做好工作，公共关系纠纷就不会转向舆情危机。

2. 重大危机

重大危机主要是指企业的重大工伤事故、重大生产失误、火灾造成的严重损失、突发性的商业危机、大的劳资纠纷等。它是公共关系从业人员面临的必须及时处理的真正危机。如产品或企业的信誉危机、股票交易中的突发性大规模收购等，公关人员必须马上应对处理，因此平时就需要准备相关方案。

（二）按归咎对象分类

1. 内部舆情危机

发生在企业内部的舆情危机称为内部舆情危机，这种危机的发生主要是由该企业的成员直接造成的,危机的责任主要由该企业内部的成员承担。

2. 外部舆情危机

外部舆情危机与内部舆情危机相对。它是指发生在企业外部,影响多数公众利益的一种舆情危机。

需要注意的是,从分类对象的角度具体划分舆情危机的类型时,内部和外部是相对的。因为危机事件的发生,通常是由内部原因和外部原因共同造成的。因此,对具体舆情危机的划分与处理必须进行具体分析。

(三)按损失的表现形态分类

1. 有形舆情危机

有形舆情危机是指给企业带来直接而明显经济上的损失,凭借肉眼即可观测到这些损失。如房屋倒塌、爆炸、商品流转中的交通事故等造成的人员伤亡或财产损失等都属于有形危机。

2. 无形舆情危机

无形舆情危机是指给企业带来的损失表现得不明显的危机。任何一个给企业的形象带来损害的危机都属于无形舆情危机的范畴。如果不采取紧急有效的措施阻止,已受损害的企业形象将使企业蒙受更大的损失。

五、网络舆情危机管理原则

(一)承担责任

危机发生后,公众主要关心两个方面的问题,即利益问题和情感问题。

1. 利益问题

利益问题是公众关注的焦点,无论谁是谁非,企业都应该先承担起责任。即使受害者在事故发生中有一定责任,企业也不应首先追究其责任,否则会加深双方的矛盾,引起公众的反感,最终不利于问题的解决。

2. 感情问题

感情问题是指公众很在意企业是否考虑到自己的感受,因此在危机事件发生时企业应该站在受害者的立场上表示同情和安慰,并通过新闻媒介向公众致歉,抚平用户心理、情感上受到的伤害,从而赢得公众的理解和信任。

实际上在舆情危机事件发生后,公众和媒体往往在心中对企业已经有了心理上的预期,即希望企业做出什么样的反应,怎样安抚此次危机带给用户的伤害才能令公众感到满意。因此企业不能选择直接对抗,而需要通过真诚的沟通了解公众对危机处理的心理预期,从而有针对性地处理该危机事件,在这个过程中,态度至关重要。

(二)真诚沟通

企业处于危机漩涡中时,是公众和媒介的焦点,一举一动都将受到质疑,因此千万不能有侥幸心理,企图随着时间的推移将危机淡化,最终蒙混过关。而应该遵守真诚沟通的原则,主动与新闻媒介和公众联系,说明事实真相,促使双方互相理解,消除公众的疑虑与不安。真诚沟通是处理危机的基本原则之一,主要包括三个方面,即诚意、诚恳、诚实。

1. 诚意

诚意是指企业在危机事件发生后的第一时间向公众说明情况,并致以歉意,从而体现企业对该事件的重视和勇于承担责任、对消费者负责的企业文化,最终通过诚意赢得消费者的同情和理解。

2. 诚恳

诚恳是指企业在处理危机的时候以消费者的利益为重，不回避问题和错误，及时与媒体和公众沟通，向消费者说明进展情况，重拾消费者的信任和尊重。

3. 诚实

诚实是舆情危机处理最关键也最有效的做法。人们往往会原谅一个人的错误，但不会原谅一个人说谎，公众对企业也是如此。

（三）速度第一

网络舆情危机发生后，能否首先控制住事态，使其不扩大、不升级、不蔓延，是处理危机的关键。正所谓“好事不出门，坏事行千里”，在危机出现的12～24小时，负面消息往往会像病毒一样，以裂变方式高速传播，同时可靠的消息往往不多，社会上充斥着谣言和猜测。

此时企业的一举一动将是外界评判企业如何处理这次危机的主要根据，媒体、公众及政府都密切注视着公司发出的第一份声明。而对于公司在处理危机方面的做法和立场，舆论赞成与否往往都会立刻出现在传媒报道。因此公司必须当机立断，快速与媒体和公众进行真诚沟通，从而迅速控制事态，防止危机范围持续扩大，控制危机事态发展。

（四）系统运行

企业在进行网络舆情危机处理时必须系统运作，绝不可顾此失彼。只有这样才能透过表面现象看本质，创造性地解决问题。

1. 以冷对热、以静制动

网络舆情危机发生后往往会使人处于焦躁或恐惧之中。对于一般的危机，危机公关小组不需要企业领导者直接担任负责人，对于危机公关小组企业高层应给予充分的信任，镇定自若，以减轻企业员工的心理压力。同时，对于普通员工，企业高层也应以稳定为主要原则，不要急于追究责任，而是做好员工的安抚工作，团结内部，共同渡过危机。

2. 统一观点、稳住阵脚

在危机发生后企业内部应在短时间内对危机做出准确评估，迅速统一观点，从而稳住阵脚，团结起来共同处理危机事件。

3. 果断决策、迅速实施

由于危机瞬息万变，在危机决策时效性需求和信息匮乏的现实条件下，任何模糊的决策都会产生严重的后果。所以必须最大限度地集中决策，使用资源，以最快的速度做出决策，并付诸实施。

4. 借助外力

当危机来临，尤其是大型危机来临时应充分和政府部门、行业协会、同行企业及新闻媒体进行沟通，寻求帮助，联手应对危机，以增强企业发布信息的公信力和影响力。

5. 循序渐进、标本兼治

要真正彻底地消除危机，需要在控制事态后，及时准确地找到危机的来源对症下药，谋求治“本”。如果仅停留在将危机事件消除的阶段，往往会因为后续事件的发生而前功尽弃。

（五）权威证实

网络舆情危机发生时，企业的公信力下降，公众对企业保持怀疑态度，此时企业自己为自己辩护的效果往往会很差，而通过第三方权威机构为企业发声往往能够使消费者解除对企业的警戒心理，重获信任。

六、网络舆情危机管理策略

（一）做好危机预防工作

危机潜伏期应当注意危机的预兆，以预防为主，使危机消除于潜伏期，从源头防止危机发生。可以在危机爆发前建立企业的舆情监测系统，其基本思路是针对可能发生危机事件的原因，制定和实施预防措施，消除诱因。针对企业或组织团体要监测的关键词，舆情监测系统可以分为日报、周报、月报，舆情监测报告中针对关键词进行分析，也可以针对竞争对手的关键词进行监测，从中发现问题，及时给出解决方案。

（二）正视危机

一旦发生危机事件，企业应该从态度上正视危机并认真对待，如果置之不理或者麻痹大意，任其自由发展，造成事件的恶化，引起公众的不满，将严重影响公司生产经营和品牌形象。

（三）查明实情

危机事件发生后，在紧急控制事态的同时，也需要展开对危机事件的调查，这是危机处理事件的基础。调查的主要内容包括危机事件的性质、特点、原因、时间、地点、状况、趋势、后果、影响，各方面公众对事件的反应、情绪、意见，尚存的潜在危机因素，连锁危机事件发生的可能性等因素，通过这些对危机实情的查明可以对危机进行准确评估并做出正确应对。

（四）有针对性地处理危机

危机的处理要以“协调现状、利于未来，谦虚自责、坚持原则”为方针。可以邀请权威性机构来解决问题，创新解决办法，把危机事件作为考验企业发展的机会。加强处理问题的针对性，对不同公众群体以及团体组织应采取不同的策略，具体讲解如下。

1. 企业内部

对企业内部员工首先要及时通报危机事件的实情，稳定公司内部员工的情绪，号召大家团结一心，共渡难关，制定公司的奖罚机制，奖励在危机处理中有功的人员，惩罚肇事者，防止内部人员的逆反行为。

2. 受害公众

对于受害群体以及关注此事的社会各界，企业要热情接待，耐心倾听，不急于自我辩护。对于受到人身、财产伤害的受害者，企业负责人需亲自看望、道歉、安慰、及时回答问题，提出解决办法，并在事后保持联系，继续予以关心。

3. 上级主管部门

对于上级主管部门和公司负责人，要及时汇报，请求指示和支持。对于应承担的责任需要主动承担，接受批评和处分。同时要吸取教训，防止类似事件再发生。

4. 社会公众

对于社会公众要及时通报，说明危机事件的详细情况，防止虚假消息持续扩散，必要时可以邀请代表前往企业参观，请求理解和支持。

5. 竞争对手

针对竞争对手，企业需要通过媒体把真实情况告诉他们，防止对手借题发挥，传播虚假信息损害企业形象，查找可能引发连锁危机的诱因并及时处理，防止对手乘虚而入，占领市场。

6. 新闻媒体

对新闻媒体要由专人热情接待，公开真相，防止失真报道。利用媒体的宣传报道，向正面引导社会公众，重塑企业的形象。同时需要注意的是，媒体的社会影响力非常大，因此对待新闻媒体需要谨慎。主动向新闻界提供真实、准确的消息，公开表明企业的立场和态度，以减少新闻界的猜测，帮助新闻界做出正确的报道。

对新闻界表示合作、主动和自信的态度，不可采取隐瞒、搪塞、对抗的态度。对确实不便发表的消息，也不要简单地"无可奉告"，而应说明理由，取得媒体的同情和理解。除新闻报道外，可在刊登有关事件消息的报刊上发表歉意广告，向公众说明事实真相，并向公众表示道歉并承担责任。

【任务导入】

2021 年 4 月中旬，李宁韦德之道 4 全明星银白款在得物 App 上的售价已高达 48 889 元，而其参考售价为 1 499 元，涨幅达 31 倍。此事引发广泛关注，一时间，李宁"天价鞋"、炒鞋团等话题成为热点，其中更有人将矛头指向品牌商。4 月 15 日，李宁就"天价鞋"事件做出回应，并迅速登上热搜，引发舆论关注。

从 3 月下旬开始，随着签约新代言人、中国李宁 21 秋冬新品发布等多个话题被热议，李宁也多次登上热搜。"天价鞋"事件把李宁拉下"神坛"，短短时间，就从"国货之光"、河南走秀的出圈代表，演变到离谱炒作、官方点名批评的地步，而"天价鞋"背后的炒鞋利益链再次引发关注。

得物 App 下架了三款"天价鞋"同时发布声明称这是卖家设定的价格，"并无买家成交或极少有买家成交"。此外，得物 App 表示，对全平台商品进行核查，另发现 20 款球鞋存在卖家所标价格波动较大的问题，并对这些球鞋做了下架处理，并对 3 名涉嫌恶意影响商品标价波动的卖家采取封禁措施。

李宁方面表示，为防止有人利用外挂软件抢购限量鞋，在线上采取了 IP 地址核对的方式，如发现有 IP 地址多次出现，疑似炒鞋者，店家会拒绝发货。在线下，公司还会采取身份证核实的方式。

同时，李宁公司对消费者指责的"饥饿营销"做出了解释，李宁公司称：一方面，产量会受到原材料及生产厂商的产能配置问题影响，考虑到下一批新品的发售，每期限量鞋的生产需按规划进行，不能随意加单；另一方面，部分鞋款来自与合作方签合同的方式开发，相关产品的销售数量在合同中已有标注，这种情况下，李宁公司不能擅自加量生产。

结合上述案例，思考：

1. 请总结负面舆情对企业会产生什么样的影响，企业该如何应对负面舆情。

____

____

____

2. 请总结企业能够运用哪些方法对舆情进行监控。

____

____

____

【任务目标与质量要求】

收集网络舆情管理案例，结合公司业务发展现状，分析公司可能存在的舆情危机风险点，在师傅的指导下，完成一份公司网络舆情风险管控应急预案。

能够根据实际情况灵活运用网络舆情危机管理策略做好危机预防，形成针对性管理预案。

【学习产出目标】

1. 对公司的微信、微博、短视频等平台进行舆情危机风险点分析。
2. 针对可能存在的风险点完成公司网络舆情风险管控应急预案。

【工作程序与方法要求】

步骤 1　危机预防

危机预防是指企业在危机爆发之前做出的应急预防机制，一般来说主要表现在以下几个方面。

1. 树立强烈的危机意识

企业进行危机管理应该树立危机理念，营造危机氛围，使企业的员工面对激烈的市场竞争，充满危机感，将危机的预防作为日常工作的组成部分。

首先，对员工进行危机管理教育，教育员工认清危机的预防有赖于全体员工的共同努力。全员的危机意识能提高企业抵御危机的能力，有效地防止危机发生。

其次，开展危机管理培训，强化员工的危机意识，让员工掌握危机管理知识，提高危机处理技能和面对危机的心理素质，从而提高整个企业的危机管理水平能力。

2. 建立预防危机的预警系统

预防危机必须建立高度灵敏、准确的预警系统。信息监测是预警的核心，随时收集各方面的信息，及时加以分析和处理，把隐患消灭在萌芽状态。预防危机需要重点做好以下信息的收集与监测工作。

(1)随时收集消费者市场对产品的反馈信息，对于可能引起危机的各种因素进行严密的监测。

(2)掌握行业信息，研究和调整企业的发展战略和经营方针。

(3)对监测到的信息进行鉴别、分类和处理，提前预测未来可能发生的危机类型及其危害程度，并在必要时发出危机警报。

3. 建立危机管理机构

危机管理机构的建立是企业危机管理有效进行的组织保证，不仅是处理危机时必不可少的组织环节，而且在日常危机管理中也非常重要。在危机发生之前，企业要做好危机发生的预防工作，建立危机管理机构，制定危机公关处理程序，明确主管领导和成员职责。

4. 制订危机管理计划

企业应该根据可能发生的不同类型的危机制订一整套危机管理计划，明确怎样防止危机爆发，一旦危机爆发立即做出针对性反应等。事先拟定的危机管理计划应该囊括企业多方面的应急预案。在计划中要重点体现危机的传播途径和解决办法。

步骤 2　危机准备

危机准备是危机爆发之前企业常备的预案机制，避免在危机爆发时出现无法应付的局面，一般来说危机准备工作包含下面几个部分。

1. 成立危机处理小组

在危机爆发之初，往往是危机公关处理的最佳时期，一旦处理不当，就有可能进入危机加剧阶段，甚至导致企业破产。因此在危机爆发之初，企业要迅速成立危机处理领导小组作为企业危机管理的核心，协调各方，统筹全局。

如果企业之前没有建立这样的管理小组的经验，那么应当迅速调动企业人力资源，组成由企业高层管理者、相关的职能部门乃至企业外部专家组成的危机公关处理小组，明确规定危机公关处理小组各成员之间的职责、权限和沟通渠道，必要时可以请外部专业的公关公司进行辅助。

2. 进行危机模拟训练

在企业内部进行必要的危机管理教育培训、危机模拟和应急训练，让所有在危机管理计划或应急预案内的人员熟悉情况，具有较强的心理承受能力，增强危机管理意识和能力，一旦危机发生后，能沉着冷静、有条不紊地处理出现的危机问题。

3. 与媒介建立良好关系

在危机处理过程中，企业需要通过媒体的报道及时向社会公众报告事态发展状况，处理结果。需要注意的是企业与媒介良好关系的建立是长期积累的结果。对于突发的危机事件，企业在与媒介沟通上需要做好下面两点。

(1)危机事件经过确认后，如果是企业行为造成的，应尽快配合记者采访，将结果公之于众，并采取相应的积极纠正措施，赢得公众的同情、信任。准备好新闻稿，告诉公众发生了什么，尽快公布有关的背景情况，尽快通过专业的新闻媒体将危机事件的真实情况报道出去。

(2)使企业或者政府部门本身成为权威消息中心，掌握报道主动权，并与媒体保持沟通。如果一个企业准备好新闻稿件和背景材料，以及相关的设备，媒体将认为企业是合作的，一般会消除敌对情绪，同时视企业为重要的信息来源，企业容易赢得主动。

4. 监测危机舆情

在各搜索引擎里搜索与公司的品牌词、产品词、网站名称或公司名称相关的关键词，如果搜索的结果在前 5 页内有企业相关的负面信息，这表明企业有可能已出现危机。可以采取人工监测的方法进行抽时段监测，也可以通过搜索引擎的邮件订阅功能来完成，以百度为例，可以在百度邮件订阅界面，设置与自己公司相关的关键词之后，填写邮箱地址及验证码，确定订阅即完成设置。这样与本公司相关的所有舆情信息都会及时发送到邮箱中，大大节约了监测的人力和时间成本。

还可以在微博、微信、SNS 以及人气比较旺的博客、论坛等社会化媒体网络中进行监测。方法同搜索引擎方法类似，利用搜索功能搜索跟公司相关的信息，定期在与自己公司业务高度相关的博客、论坛里搜索跟公司产品、服务、管理等相关的话题进行监测，对于业务量比较大的企业，可以通过专业的网络舆情监测分析软件进行网络危机的监测。

步骤 3　危机确认

危机确认工作是指企业对危机事件给出明确界定的过程，主要包括确认危机来源、界定危机性质和启动危机管理程序三个部分。

1. 确认危机来源

危机来源一般有三个方面，即属实的负面信息、误解的负面信息和捏造的负面信息，企业应该针对具体危机事件判定危机来源，并制定相对应的危机公关策略。

(1)属实的负面信息　是指由于企业产品和服务未能达到消费者需求而引发的负面信息。

(2)误解的负面信息　是指企业在产品和服务的宣传上使用户对产品和服务产生了误解，从而引发的负面信息。

(3)捏造的负面信息　是指竞争对手或者其他第三方机构进行恶性竞争，对企业进行诋毁而产生的负面消息。

2. 界定危机性质

界定危机性质需要企业分析引起危机的主要原因，梳理清楚危机事件与危机原因之间的因果关系，判定危机的性质和严重程度，为制定危机公关处理策略提供依据。

事物的发展是由内因和外因共同作用形成的，不同性质的原因对于事物的发展造成的影响也不相同。企业危机的发生也是由不同原因造成的，因而需要危机诊断，找到危机根源。危机诊断是企业根据危机的调查和评估，进而探寻危机发生的具体诱因的过程。在危机发生初期，企业需要通过危机诊断判断出危机产生的真正根源，对危机的性质进行界定，不同性质和不同程度的危机采取不同的处理方式。

3. 启动危机管理程序

危机事件大多为突发性事件，难以预测，而且会在短时间内迅速扩散，所以，一旦发生便要立即启动危机管理程序，着手成立危机管理小组，评估调查危机事件，商讨如何处理并立即实践行动方案。选定方案前的决策过程，应根据评估结果和诊断结果选择方案。

然而对于没有预设危机管理小组的企业，则需要企业主要负责人在第一时间成立临时应急小组负责处理该危机事件。

步骤4　危机处理

对于企业公关部工作人员来说，这个时候最为关键。此时的首要任务是组织团队负责。危机刚发生后，企业掌握的真实消息并不多，危机事件原因也正在调查当中，但是不能逃避责任或保持沉默，这样会使企业陷入被动，因此，企业在这一阶段需要遵循下面几点，确保相关消息及时、准确地传达到公众面前。

1. 快速建立沟通机制

危机爆发期是整个危机事件的高潮部分，也是危机公关的关键点，在这一阶段企业要高度重视危机，谨慎处理和妥善安排各项事务。

2. 确定发言人

在企业内部，确定对外发言人，负责对外媒体传播。对外发言人与其他人都要保持一致的口径。一般人不要随意接受采访，当然也不能简单地拒绝，而是礼貌地告知企业对外传播的负责人和新闻热线。对于深层次的原因，如果没有调查清楚，不要发布猜测的和不准确的信息。

3. 及时汇报最新消息

尽力找到相关新闻记者，及时向他们报送相关信息，并明确说明事态情况。在危机的处理当中，企业一般会采取对社会、公众负责的确切的措施，这些措施，有助于减弱社会对企业的敌对，增强社会对企业的信任和信心。

4. 倾听受害者意见

对于受害者，要冷静地倾听他们的意见，了解受害者的情况，确认有关的赔偿损失的要求。注意，这个时候不是分清谁对谁错，争辩的时候，要给受害者以安慰和同情，尽可能地提供他们所需要的服务，尽最大努力做好善后工作。

5. 及时更正失实报道

失实的报道往往是由于公众不了解事件真相造成的，这种报道会加剧危机发展势态。企业遇到失实的报道应该向新闻媒体的管理部门——国家新闻出版署求援，向国家新闻出版署说明情况，由国家新闻出版署出面要求新闻媒体在原因没有查清前，不要盲目报道，等到事件原因调查清楚后由企业召开新闻发布会，向公众说明事件的真相。

6. 利用新闻发布会

危机爆发后，各界媒体会纷纷关注事件的发展，这时需要企业将危机事件的真实消息告诉给媒体，通过媒体向社会公众报道事件发展情况。但由于媒体较多，各方面了解的信息不全，容易造成失实报道，因此，可以利用新闻发布会的形式向媒体集中时间报告最新发展事态。同时，也有利于企业能够掌握信息发布的主动权，不陷入被动局面。

注意多用事实说话。行胜于言，事实胜于雄辩，多用事实说明事件本身能取得更好的效果。

步骤5　危机总结

通过危机处理阶段，危机事件得到有效控制，进入危机总结阶段，在这一时期企业的主要工作是消除危机处理后的遗留问题和影响，同时，企业要尽快恢复自身形象、对危机时间进行总结、评估危机处理的效果，并有针对性地制定危机预防措施，最大限度地避免此类危机在今后运营过程中再次发生。

1. 恢复企业形象

危机事件在得到有效控制后，需要公关部门继续加强公众对于企业形象的引导，重塑企业形象，努力将负面影响降到最低程度。可以通过权威的媒体发布相关信息，从正面引导受众。

2. 进行危机总结

在调查和检查得出的事实基础上，对危机管理工作进行全面的分析与评价，在这一过程中要详尽地列出危机管理工作中存在的各种事项，包括对预警系统的组织和工作程序、危机处理计划、危机决策、应急预案的有效性等各方面进行的分析与评价。

3. 对问题进行整顿

多数危机的爆发与企业管理不善有关，通过总结评估可以有针对性地提出改正措施，责成有关部门逐项落实，完善危机管理内容。经过积极地检讨、反思与教育，为避免重蹈历史覆辙，应形成改进方案的共识，及时修正危机预防系统。

【工作任务实施记录与评价】

1. 工作任务实施记录

序号	实施步骤	实施记录
1	舆情危机风险点分析	
2	公司网络舆情风险管控应急预案撰写	

2. 工作任务实施自我评价

<table>
<tr><td>师傅指导记录</td><td>任务经验总结</td><td>自我评价</td></tr>
<tr><td rowspan="5"></td><td rowspan="5"></td><td>优秀□　良好□　一般□　较差□</td></tr>
<tr><td>学徒签名</td></tr>
<tr><td></td></tr>
<tr><td>日期</td></tr>
<tr><td></td></tr>
</table>

3. 工作任务师傅评价

<table>
<tr><td colspan="5">学徒工作任务实施情况评价(50%)</td></tr>
<tr><td rowspan="2">序号</td><td rowspan="2">内容</td><td rowspan="2">分值</td><td colspan="2">师傅评价</td></tr>
<tr><td>评分</td><td>评价与提升建议</td></tr>
<tr><td>1</td><td>完成舆情危机风险点分析</td><td>20</td><td></td><td></td></tr>
<tr><td>2</td><td>完成公司网络舆情风险管控应急预案</td><td>30</td><td></td><td></td></tr>
<tr><td colspan="2">小计</td><td>50</td><td></td><td></td></tr>
<tr><td colspan="5">学徒关键职业能力及职业品质、工匠精神评价(50%)</td></tr>
<tr><td rowspan="2">序号</td><td rowspan="2">内容</td><td rowspan="2">分值</td><td colspan="2">师傅评价</td></tr>
<tr><td>评分</td><td>评价与提升建议</td></tr>
<tr><td>1</td><td>工作态度</td><td>10</td><td></td><td></td></tr>
<tr><td>2</td><td>吃苦耐劳、学习钻研</td><td>10</td><td></td><td></td></tr>
<tr><td>3</td><td>团队协作、沟通交流</td><td>10</td><td></td><td></td></tr>
<tr><td>4</td><td>认真负责、诚实守信</td><td>10</td><td></td><td></td></tr>
<tr><td>5</td><td>主动创新</td><td>10</td><td></td><td></td></tr>
<tr><td colspan="2">小计</td><td>50</td><td></td><td></td></tr>
<tr><td colspan="2">合计</td><td>100</td><td></td><td></td></tr>
<tr><td>师傅签名</td><td></td><td>日期</td><td colspan="2"></td></tr>
</table>

项目九
网络营销推广策划方案撰写

【知识目标】

- 熟悉网络营销推广策划的原则、步骤。
- 掌握网络营销推广策划方案的内容。

【能力目标】

- 能够根据网络营销推广需要，撰写网络营销推广策划方案。

【素质目标】

- 通过案例分析和文案撰写训练，培养职业及日常生活应用文的写作能力。
- 注重策划方案的客观性、严谨性、时效性，培养高度负责、严谨细致的敬业精神；引导学徒多角度、思辨地看问题，提高分析能力、自我管理能力等。

【专业知识准备】

网络营销推广策划是指企业以互联网为媒介，在对内外环境进行准确分析的基础上，围绕企业发展目标，全面构思、精心设计企业未来一定时期内的网络营销推广阶段目标、推广策略及实施方案的过程。

网络营销推广策划是一项复杂的系统工程，是直接用于指导企业的网络营销实践的，它属于思维活动，是以谋略、计策、计划等理性形式表现出来的思维活动。它包括对网站页面设计的修改与完善、搜索引擎的优化、新媒体营销与客户的互动等诸多方面的整合，是网络技术和营销经验的协调作用的结果。它也是一个相对长期的工程，一个成功的网络营销推广方案实施需要通过细致的策划设计。

网络营销推广策划要围绕网络营销推广目标，对将要发生的网络营销行为进行前瞻性的规划和设计，制订具体的行动措施，提供整套的网络营销推广执行方案。

一、网络营销推广策划的原则

1. 系统性原则

网络营销推广是以网络为工具的系统性的企业活动，是在网络环境下对市场营销的信息流、商流、制造流、物流、资金流和服务流进行管理的工作。因此，网络营销推广策划是一项复杂的系统工程，策划人员必须以系统性原则为指导，对企业网络营销推广活动的各种要素进行整合和优化,使“六流”皆备,相得益彰。

2. 创新性原则

网络为消费者对不同企业的产品和服务所带来的效用和价值进行比较提供了极大的便利。在个性化消费需求日益彰显的网络营销环境中,创新、创造和个性化需求相适应的产品特色和服务特色,是提高消费者效用和价值的关键。创新带来特色,特色不仅意味着与众不同,而且意味着额外的价值。在网络营销推广策划过程中,必须在深入了解网络营销环境尤其是消费者需求和竞争者动向的基础上,努力营造旨在增加消费者价值和效用的、为顾客所欢迎的产品特色和服务特色。

3. 操作性原则

网络营销推广策划工作先要形成网络营销推广策划方案。网络营销推广策划方案必须具有可操作性,否则毫无价值可言。这种可操作性表现为在网络营销推广策划方案中策划者要根据企业网络营销的目标和环境条件,就企业在未来的网络营销活动中做什么、何时做、何地做、找何人做、如何做等问题进行周密的部署、详细的阐述和具体的安排。也就是说,网络营销推广策划方案是一系列具体的、明确的、直接的、相互联系的行动计划的指令,一旦付诸实施,企业的每一个部门、每一个员工都能明确自己的目标、任务、责任及完成任务的途径和方法,并懂得如何与其他部门或员工相互协作。

4. 协同性原则

网络营销推广策划应该是各种营销手段的综合应用,而不是某个方法的孤立使用。诸如微博、微信、短视频、直播、社区、网络媒体等资源要协同应用,才能真正达到网络营销推广的效果。

5. 经济性原则

网络营销推广策划不仅本身消耗一定的资源,而且网络营销推广方案的实施会改变企业经营资源的配置状态和利用效率。网络营销推广策划的经济效益是策划所带来的经济收益与策划和方案实施成本之间的比例。网络营销推广策划必须以经济效益为核心。成功的网络营销推广策划,应当是在策划和方案实施成本既定的情况下取得最大的经济收益,或花费最小的成本取得目标经济收益。

二、网络营销推广策划方案的内容

1. 企业网络营销推广策划的目的

策划书首先要说明企业进行网络营销推广策划的目的,可以根据企业实际情况选择销售型、服务型、品牌型、提升型或混合型。

2. 企业背景状况分析

企业背景状况分析包括企业发展的历史和现状分析、企业面临的环境分析、企业品牌状况分析、企业竞争对手和伙伴分析、市场调查与分析等。

3. 企业网络营销环境分析

对产品当前市场状况及市场前景的分析,如产品的现实市场及潜在市场状况,以及需求变化对产品市场的影响、消费者的接受度等。对产品市场影响因素进行分析,主要是对影响产品的不可控因素进行分析,如宏观环境、政治环境、居民经济条件、消费者收入水平、消费结构的变化、消费心理等。对一些受科技发展影响较大的产品,如计算机、家用电器等,还需要考虑技术发展趋势方面的影响。

4. 市场机会与问题分析

营销方案是对市场机会的把握和策略的运用，因此分析市场机会是营销策划的关键。

(1)针对产品营销现状进行问题分析。

(2)针对产品特点分析优势和劣势，找出劣势进行优化，并从优势中寻找机会。

5. 营销目标

营销目标是企业所要实现的具体目标，即网络营销推广策划方案执行期间企业经济效益要达到的具体目标，可以是销售量、销售额、利润或市场占有率等指标。

6. 行动方案

根据策划期内各种情况的特点推出各项具体行动方案。行动方案要细致、周密、操作性强又不乏灵活性。选择合适的推广方式还要考虑费用支出，一切量力而行，争取以较低的费用取得良好的效果。

7. 各项费用预算

策划方案各项费用预算是整个营销方案推进过程中的费用投入预算，包括营销过程中的总费用、阶段费用、项目费用等，其原则是以较少的投入获得最优效果。企业可根据自身情况并凭借经验进行具体分析制订。

三、网络营销推广策划方案实施

1. 制订行动方案

为了有效地实施网络营销策划方案，必须制订详细的行动方案。这个方案应该明确网络营销策略实施的关键决策和任务，并将执行这些决策和任务的责任落实到个人或小组。另外，还应包含具体的时间表，说明行动的确切时间。

2. 建立专门机构

专门机构在网络营销执行过程中起决定性作用。企业可将战略实施的任务分配给具体的部门和人员，规定明确的职权界限和信息沟通渠道，协调企业内部的各项决策和行动。

3. 设计决策和报酬制度

为实施网络营销策划方案，还必须设计相应的决策和报酬制度。这些制度直接关系到方案实施的成败。就企业对管理人员工作的评估和报酬制度而言，如果以短期的经营利润为标准，则管理人员的行为必定趋于短期化，他们就不会有为实现长期备战目标而努力的积极性。

4. 制订相应的选拔激励机制

网络营销策划方案最终是由企业内部的工作人员来执行的，所以人力资源的开发至关重要。这涉及人员的考核、选拔、安置、培训、激励等问题。在考核、选拔管理人员时，要注意将适当的工作分配给适当的人，做到人尽其才。为了激发员工的积极性，必须建立完善的工资、福利和奖惩制度。此外，企业还必须确定行政管理人员、业务管理人员和一线工人之间的人员比例。

因此，为了有效实施前期制订的网络营销方案，公司要制订详细的行动方案，指定专人负责网络营销推广实施，并制订完善的绩效考核机制，设计相应的激励机制。

【任务目标与质量要求】

结合公司网络营销运营需要，完成一份"'双十一'网络营销推广策划方案"，内容包含但不限于：①环境分析。②目标。③推广方式、内容与计划。④策划实施步骤及各项具体分工时间、人员、费用、操作等。⑤预期效果。⑥策划实施中的关键环节、应注意的事项,以及其他与策划内容相关的事宜。

针对具体营销推广活动,完成网络营销推广策划方案。

【学习产出目标】

1. 了解网络营销推广策划的概念,掌握网络营销推广策划的基本原则。
2. 熟悉网络营销推广策划的步骤。
3. 了解网络营销的效果评价指标。
4. 掌握网络营销推广策划书的内容要点,能够撰写网络营销策划方案。

【工作程序与方法要求】

步骤 1　梳理企业发展现状与需求

企业发展现状包含企业的基本概况,如企业使命、企业宗旨、企业愿景和企业经营理念、企业主营业务、近期发展情况、发展战略及中短期发展目标,以及网络营销推广策划想要达到的目标。一般内容包括以下方面。

(1)企业的基本情况。

(2)企业的品牌优势和产品优势。

(3)企业的经营模式。

(4)企业存在的问题。

(5)网络营销推广目标。

步骤 2　宏观环境分析

宏观环境因素可概括为以下四类。

(1)政治和法律因素(political factors)。

(2)经济因素(economical factors)。

(3)社会和文化因素(social factors)。

(4)技术因素(technological factors)。

这四个因素的英文首字母组合起来即为 PEST,所以宏观环境分析也称 PEST 分析。分析了解企业所处的外部环境有何有利和不利的因素,以及这些因素对企业有何影响,以便企业做出反应。

步骤 3　微观环境分析

微观环境主要包括供应商、营销中介、消费者、竞争者、社会公众、企业内部环境等。通常运用五力分析模型进行分析。

五力分析模型将大量不同的因素汇集在一个简便的模型中,以此分析一个行业的基本竞争态势。五种力量模型确定了竞争的五种主要来源,即供应商的议价能力、购买者的议价能力、潜在进入者的威胁、替代品的威胁,以及来自目前在同一行业的公司间的竞争。这五大竞争力,决定了行业的盈利能力,并指出企业战略的核心是选择正确的行业以及行业中最具吸引力的竞争位置。

步骤 4　企业优劣势分析

对于企业内部通常从优势(strengths)、劣势(weaknesses)、机会(opportunities)、威胁

(threats)四个方面进行分析，即 SWOT 分析。基于内外部竞争环境和竞争条件下的态势分析，将与研究对象密切相关的各种主要内部优势、劣势和外部的机会和威胁等，通过调查列举出来，并依照矩阵形式排列，然后用系统分析的思想，把各种因素相互匹配起来加以分析，从中得出一系列相应的结论，而结论通常带有一定的决策性。

1. 优势

优势指企业组织机构的内部有利因素，具体包括有利的竞争态势、充足的财政来源、良好的企业形象、雄厚的技术力量和经济实力，以及企业在产品质量、市场份额、成本优势、广告攻势等方面的优势。

2. 劣势

劣势指企业组织机构的内部不利因素，具体包括设备老化、管理混乱、缺少关键技术、研究开发落后、资金短缺、经营不善、产品积压、竞争力差等。

3. 机会

机会指组织机构的外部有利因素，具体包括新产品、新市场、新需求，以及外国市场壁垒解除、竞争对手失误等。

4. 威胁

威胁指组织机构的外部不利因素，具体包括新的竞争对手、替代产品增多、市场紧缩、行业政策变化、经济衰退、客户偏好改变、突发事件等。

将调查得出的各种因素根据轻重缓急或影响程度等排序，构造 SWOT 矩阵。在此过程中，将那些对公司发展有直接的、重要的、大量的、迫切的、久远的影响因素优先排列出来，而将那些间接的、次要的、少许的、不急的、短暂的影响因素排列在后面。

步骤 5　确定企业网络营销推广的目标市场

目标市场是企业打算进入并实施营销策略的细分市场，也就是企业打算满足的、具有特定需求的消费者群体。与企业在进行传统营销时要确定目标客户，并选择能连接到目标客户的广告媒体做广告一样，在开展网络营销推广时，也要明确目标客户是哪些人，他们经常会浏览哪些网络媒体，然后再选择合适的网络媒介进行网络推广。

企业进行网络营销推广时，还必须深刻了解客户习惯，以便采取不同的营销策略进行推广。有些目标消费者喜欢去聊天论坛，企业推广人员就应当去聊天论坛宣传企业和产品信息、也可以在聊天论坛里投放网络广告；有些目标消费者喜欢去淘宝等第三方电子商务平台，企业推广人员就应当选择淘宝等平台发布相关信息。目标市场描述（目标客户群描述）一般包括年龄、性别、职业、兴趣爱好等。

步骤 6　规划网络营销推广的目标

与传统推广一样，网络营销推广首先需要明确营销目标。只有确定了营销目标，网络营销推广才有行动方向，才能对网络活动做出正确评价。目标一般包括：

(1)任务（需要完成什么）。

(2)量化的工作指标（工作量是多少）。

(3)时间范围（什么时候完成）。

步骤 7　选择恰当的网络营销推广方式

网络营销推广方案的制订是对各种网络营销推广工具和资源的具体应用。网络营销方式众多，企业在选择推广方式时应注意与企业自身实际和所需效果相结合。

步骤8　确定网络营销预算

网络营销预算是对网络营销推广策划方案实施过程中所需费用的预估。只有预算合理，才能保证网络营销推广顺利实施。

【工作任务实施记录与评价】

1. 工作任务实施记录

序号	实施步骤	实施记录
1	企业发展现状与需求梳理	
2	环境分析	
3	企业SWOT分析	
4	目标市场分析	
5	网络营销推广目标、方式与预算分析	
6	方案撰写	

2. 工作任务实施自我评价

师傅指导记录	任务经验总结	自我评价
		优秀□　良好□　一般□　较差□
		学徒签名
		日期

3. 工作任务实施师傅评价

学徒工作任务实施情况评价(50%)				
序号	内容	分值	师傅评价	
			评分	评价与提升建议
1	完成网络营销推广策划方案	50		
小计		50		
学徒关键职业能力及职业品质、工匠精神评价(50%)				
序号	内容	分值	师傅评价	
			评分	评价与提升建议
1	工作态度	10		
2	吃苦耐劳、学习钻研	10		
3	团队协作、沟通交流	10		
4	认真负责、诚实守信	10		
5	主动创新	10		
小计		50		
合计		100		
师傅签名		日期		

附　录

Appendix

Appendix

Appendix

Appendix

附录一

网络营销推广学徒岗位标准

网络营销推广学徒岗位标准见附表1。

附表1　网络营销推广学徒岗位标准

序号	岗位	岗位描述	岗位技能标准	岗位素质要求
1	竞价员	竞价员是企业网络部门中专门负责网络广告费用工作的工作人员，负责企业的网络广告投放的观察、费用统计、数据分析，以便达到最高的投入产出比。	(1)具有分析判断能力，能够根据市场和企业的变化，及时调整投放策略。 (2)了解企业的营销策略和营销计划，熟悉本企业的产品、优势、服务、价格、目标市场、竞争对手；精准把握推广方向。 (3)了解搜索引擎优化SEO和SEM的原理和策略，能够根据不同的商品和不同的需求，制订不同的广告策略。	(1)较强的抗压能力。竞价排名没有现成的投放方法，企业间也各有差异。操作人员需要根据企业自身特点在摸索中活学活用，也只有不断尝试，才能充分发挥竞价排名的灵括优势。 (2)随机应变的能力。竞价人员需要根据实际情况的变化，不断调整竞价方式，需要工作人员能够随机应变，灵活处理各种情况。

续附表1

序号	岗位	岗位描述	岗位技能标准	岗位素质要求
2	市场推广专员	市场推广专员是指在企业中根据市场需要，协助市场推广主管策划和制订各类推广活动方案，负责推广活动的全面执行以及活动效果的评估的市场人员。	(1)能够对展现、点击、消费、询盘人数等各项数据进行分析。 (2)能够根据市场以及工作具体需要进行市场推广活动的策划并制订具体的活动方案。 (3)能够做好市场推广的活动预算，控制活动成本。 (4)根据市场推广活动的效果进行评估，并编写市场推广活动效果评估报告。 (5)定期进行市场信息的收集和整理以及分析工作，提出合适的市场推广创意。	(1)较强的组织协调能力。市场方案的执行和推广往往需要多家企业合作，需要市场推广专员联系和协调合作单位，配合市场推广活动。 (2)较强的执行力。在市场推广过程中，市场推广专员需要全面执行市场推广方案，监督执行过程，掌握执行进度，需要较强的执行力。
3	软文营销策划专员	软文营销策划专员需要根据企业的产品或服务特征，结合企业经营管理过程中的各个阶段的具体情况，以及当前及未来一段时间的市场需求变化趋势而制订软文营销计划。	(1)熟悉微博、微信等社交平台的内容运营、活动策划，熟悉社区运营、口碑营销。 (2)具有一定的文字功底和表达能力、沟通协调能力。 (3)对热点事件、新闻动态等信息敏感、把握能力强，能够及时组织语言，在各类平台上作出响应。	(1)较强的创新精神。信息爆炸时代如何迅速抓住消费者眼球是软文营销策划的关键，这要求软文营销策划人员具有较强的创新能力，能够设计出与众不同，博人眼球的文案。 (2)较强的市场洞察力。需要软文营销策划专员能洞察市场的变化，设计符合市场需求的软文策划方案，通过软文营销提升企业销售量。
4	美工设计专员	美工设计，包括两种：一是偏设计的美工，主要负责项目的图片处理及制作效果图，需掌握 PS、Flash 等图片处理工具，配合产品经理把产品设计出来；二是偏技术的美工，会切图，能写出规范的 CSS+DIV，能配合程序员的相关工作。	(1)能够对商品进行拍照、处理和排版，完成公司宣传视频、图片的拍摄制作。 (2)能够对公司的网页界面进行美术设计、创意和制作工作。 (3)可以根据各种相关网站的用户群，提出构思新颖、有高度吸引力的创意设计。	(1)较强的创新能力。与众不同的设计方案才能使得企业的产品或者主页给消费者留下深刻的印象，较强的创新能力是美工设计专员的重要素质。 (2)吃苦耐劳精神。美工设计岗位工作压力较大，需要该岗位员工具备较强的吃苦耐劳精神与抗压能力。

续附表1

序号	岗位	岗位描述	岗位技能标准	岗位素质要求
5	产品运营专员	产品运营专员要对用户群体进行有目的的组织和管理，增加用户黏性、用户贡献和用户忠诚度，有针对性地开展用户活动，增加用户积极性和参与度，并配合市场运营需要进行活动方案策划。因为需要能对产品和市场数据进行分析，以此为依据推进产品改进，并且始终保持敏锐的用户感觉。	(1)能够收集和整理运营团队对产品的需求，组织撰写产品需求文档。 (2)能够收集使用产品过程中的问题及反馈，对运营数据进行统计与分析，形成对产品运营和设计有价值的文档。 (3)可以定期收集和分析运营数据，为产品和运营策略制定提供有效的数据支持，并根据数据提出有效的应对策略和产品需求分析。 (4)通过产品运营策略带动产品核心指标的提升，挖掘帮助用户成长与帮助用户推广的方案，提升用户的成长空间。	(1)较强的团队合作精神。产品的运营往往需要各方参与与团队协作，要求产品运营专员具备较强的团队合作精神。 (2)较强的抗压能力。市场情况多变，产品运营专员往往需要随时随地调整营销方案，工作强度大。
6	直播运营专员	直播运营专员利用视讯方式进行网上现场直播，将产品展示、相关会议、背景介绍、方案测评、网上调查、对话访谈、在线培训等内容现场发布到互联网上，利用互联网的直观、快速，表现形式好、内容丰富、交互性强、地域不受限制、受众可划分等特点，加强活动现场的推广效果。	(1)能够开拓与维护优质头部带货主播、MCN机构，推进直播合作(包括但不限于淘宝、抖音等电商直播平台)。 (2)能够建立与主播、机构的深度合作关系，优化商务谈判结果，跟进直播团队的咨询、建议和反馈，处理突发事件。 (3)能够对接品牌抖音店铺，沟通运营给出直播合作建议，优化直播带货合作效果。	(1)具备较强的分析能力和判断力，能洞察粉丝特点及需求，梳理粉丝变现渠道。 (2)思维敏捷，有良好的应变能力及语言表达能力，工作积极热情、执行力强，富有责任心。

附录二

网络营销推广学徒岗位师傅选拔标准及工作职责

一、聘任对象

电子商务群学徒制企业师傅的聘请对象主要为各类企业对于电子商务、市场营销工作有丰富的经验，具备一线指导工作能力的在职人员。

二、聘任条件

1. 热爱教育工作，对培养电子商务、市场营销人才有充分热情，具有良好的政治思想素质和职业道德，以身作则、为人师表。

2. 具备丰富的工作经验与问题处理能力，善于沟通和表达，掌握并灵活运用行业知识进行技能的传授和讲解能力。

3. 工作成绩突出，善于“传、帮、带”。近三年在企业生产工作中，没有违纪、违章、违规行为。

4. 获得中级及以上相关职业资格证书或师资证书。

5. 有制订、实施培训方案的能力，具备良好的语言表达能力和沟通交流能力。

6. 身体健康，心理健康，能坚持正常工作，男性60岁以下、女性50岁以下。

三、评聘程序

由企业根据评选条件，结合实际情况采取笔试、技能操作方式进行评选。

经评审通过的师傅，发放聘书，聘期为三年。聘书加盖学院和师傅所在企业公章。

四、奖励办法

对于师傅带徒弟期间表现优秀的人员给予精神奖励，由单位和学院统一发文表彰，颁发获奖证书。

五、指导师傅工作职责

1. 树立为教学服务、为学生服务的思想，坚持把培养高素质、高技能、创新型的人才作为工作目标。

2. 不断提升自身的业务能力、技术水平和实习指导水平。

3. 负责对学徒进行学习目标、文明礼貌、岗位适应、安全生产等方面的教育，教育学徒遵守企业各项工作制度，培养学徒养成文明、安全生产的习惯。

4. 指导学徒深化专业理论学习，耐心、及时解答学徒提出的问题。

5. 协助企业师傅做好学徒技能训练的指导和各技术环节的示范，使学徒尽快掌握实际操作技能。

6. 指导学徒认真填写工作手册并经常检查。

7. 认真听取企业师傅的意见，对教学中存在的问题及时向学校领导汇报，并研究解决问题的方案，采取措施及时解决，不断提高教学质量。

8. 会同企业和第三方评价机构，组织实施对学徒的岗位评价考核，负责对学徒的实习鉴定。

9. 认真完成学院交办的其他各项工作任务。

附录三
企业学徒选拔标准和考核办法

一、学徒选拔的基本原则

坚持“公平、公正、公开”的原则，做到选拔条件与考核内容公开、选拔经过公开、选拔结果公开，选拔优秀学徒开展实践。

二、选拔对象

以“招工即招生、入企即入校、企校双师联合培养”为主要内容的企业新型学徒制，培养对象为新疆农业职业技术学院电子商务专业群大二第二学期全体学生。

学生按照培养方案完成在校期间相应课程、实践、综合素质培养，成绩合格。通过企业学徒岗位选拔，校、企、家长、学生四方达成一致培养意见。

三、选拔条件

1. 思想端正，有良好的道德品质和文明的行为习惯。
2. 身体健康，热爱网络营销推广工作，具有团队合作意识。
3. 专业课程成绩优秀。
4. 有责任感和奉献精神，品行端正。
5. 自愿参加企业学徒制培训。

四、选拔程序

个人提出书面申请—经济贸易学院根据学生情况进行推荐—用人单位综合考核确定人选—由企业、学院、学生、家长等四方共同签订学徒协议。

五、学徒选拔考核技术标准

（一）考核命题标准

学徒选拔考核以岗位标准与工作要求为基础，适当增加新知识、新技能等相关内容。

（二）成绩评定

由合作企业组成的专家组对学生进行评分。参选学徒现场操作，根据评分标准进行评定，并加入专家面试环节，以此来认定学徒的真实业务水平和今后的发展潜力。

附录四
网络营销推广岗位课程标准

网络营销推广岗位课程标准见附表2。

附表2 新疆农业职业技术学院网络营销推广岗位课程标准

课程名称	网络营销推广
适用区域	电子商务专业群学徒制学生
课程描述（职业岗位工作过程与能力要求）	网络营销推广课程以任务导向、问题导向，通过理论自学、师傅指导、案例分析、任务实操等方法，在实际工作中将理论应用于实践，在理论、实践和综合素质方面全面提升网络营销推广能力。通过网络市场调研、网络营销推广内容设计、微信营销推广、微博营销推广、短视频营销推广、直播营销推广、网络营销推广效果评估、网络营销推广舆情管理、网络营销推广策划方案撰写九大学徒实践项目，使学生从初学者成长为有能力的网络营销岗位人才。
先修课程与预备知识技能	**先修课程：** 企业管理、商品学、市场营销、市场调研与预测、电商运营管理等。 **知识准备：** 1. 商品类别、特征等； 2. 企业管理、电子商务、营销理论； 3. 市场调研与预测。 **能力准备：** 1. 能熟练应用演示文稿体现工作成果； 2. 分工协作能力； 3. 交流、沟通的能力。
相关职业资格	电子商务、网络营销等相关证书

续附表 2

教学时间要求	学徒制期间
学习目标	**思政目标：** 1. 网络市场调研：树立“求真务实、实事求是”的市场调研与数据分析工作原则，掌握“具体问题具体分析”的分析思路，具备“用数据说话”的解读问题能力。将“以人为本”思想作为岗位工作的指导思想和行动指南，树立服务意识，以满足客户需求为出发点，为客户提供多样、个性及定制化服务。 2. 网络营销推广内容设计：增强在生产与传播内容的过程中积极宣传正能量的意识。培养新媒体内容创作者精益求新、开拓创新的工作态度。 3. 微信营销推广：通过家乡农特产品营销推广任务，引导学徒积极投身乡村振兴、电商兴农，培养服务地方经济和报效家乡的情怀。遵守平台规则，引导学徒养成按规矩办事的工作习惯，将规则意识内化为自身内在品质。 4. 微博营销推广：严格遵守新媒体营销职业道德底线和法律红线，输出对顾客有价值的内容。遵守网络商务活动的相关法律法规，共同营造绿色安全的网络营销环境。借助微博平台，弘扬社会主义核心价值观，传播企业和社会的正能量，宣扬品牌文化、企业文化和中华民族传统文化，宣传积极向上的流行时代风尚和生活方式。 5. 短视频营销推广：通过短视频营销助农实践项目引导学徒树立正确的世界观、人生观和价值观，在实践中放飞青春梦想。了解新媒体营销共享、共赢的特征，培养团队合作、参与奉献、互帮互学的精神。在短视频设计中引入创意、创新，激发创新、创业使命感，树立正确的学习观和成才观。 6. 直播营销推广：遵守直播平台规则，引导学徒增强法制观念、树立法律意识，懂法纪、明规矩，知敬畏、存戒惧。直播带货助农增收，让乡村振兴搭上电商快车，增强社会责任感，电商助农践于行，强农兴农记于心。 7. 网络营销推广效果评估：通过数据的监测、收集与分析，强调数据的真实性、可靠性，提高诚信意识；养成尊重数据、务实严谨的科学态度。在收集、分析数据资料，讨论疑难问题的过程中，培养团结协作的意识。及时关注行业发展，从实践中来、到实践中去。 8. 网络营销推广舆情管理：互联网不是法外之地，网上言论自由要以遵守法律法规为前提，提升法律意识与媒体素养，净化网络环境。在正确辨析网络舆情过程中形成正确的思维理念与价值观念，增进舆情管理的学习深度，充分提升思想政治教育的效能感。 9. 网络营销推广策划方案撰写：注重策划方案的客观性、严谨性、时效性，培养高度负责、严谨细致的敬业精神；多角度、思辨地看问题，提高分析能力、自我管理能力等。 **知识目标：** 1. 网络市场调研：够描述数据的主要来源、Excel 中不同数据类型。能够理解运营数据、转化数据的相关概念、公式与主要工具。能够理解用户画像的主要内容，描述构建步骤与方法。 2. 网络营销推广内容设计：了解新媒体内容的表现形式，能够描述内容定位原则、流程。掌握常见电商标题与文案类型。 3. 微信营销推广：了解微信营销的特点。能够描述个人微信营销的内容，掌握个人微信运营的步骤与方法。能够描述微信公众号申请与认证的流程。能够描述 H5 营销流程与制作注意事项。掌握社群规则，能够描述社群构建与维护的方法与步骤。

续附表 2

教学时间要求	学徒制期间
学习目标	4. 微博营销推广：能够描述微博内容的不同发布形式、特点、优势与用户特点。能够描述微博内容素材库建设的步骤。能够描述微博常用数据维度。 5. 短视频营销推广：能够描述短视频的概念、特征与分类等。掌握常用短视频拍摄设备特征与使用方法、适用情境。能够描述常用短视频营销平台的特征。 6. 直播营销推广：能够描述直播平台的特征与规则。能够描述直播活动流程。 7. 网络营销推广效果评估：掌握营销推广效果监控与评测中常见评估指标及其含义、算法。能够描述微信、微博等常用网络营销推广平台运营效果分析方法及工具。 8. 网络营销推广舆情管理：能够描述网络舆情管理的重点、难点与管理原则。能够描述网络舆情危机的特征与类型。 9. 网络营销推广策划方案撰写：能够描述网络营销推广策划的原则、步骤。能够描述网络营销推广策划书内容。 **能力目标：** 1. 网络市场调研：能够根据分析需求，灵活选择合适的运营数据、转化数据指标，对营销数据进行分析。能够正确使用生意参谋工具。能够运用 Excel 进行数据转化与可视化展示，并得出有效结论。能够使用数据透视表进行消费者偏好分析，构建用户画像。能够根据网络营销推广需求开展网络市场调研，并撰写网络市场调研报告。 2. 网络营销推广内容设计：能够根据网络营销推广需求，完成新媒体内容定位分析。能够灵活运用相关技巧进行网络营销文案的撰写。 3. 微信营销推广：能够完成微信营销选题策划，并进行微信个人号营销。能够根据网络营销推广需要，完成公众号文章写作、美化与推送。能够灵活运用制作技巧，完成 H5 制作。能够根据网络营销推广需求，完成社群构建与维护。 4. 微博营销推广：掌握微博内容规划的方法，能够根据要求对微博选题进行策划。具备制订微博账号运营计划的能力。能够根据网络营销推广需要，进行微博话题策划。能够运用微博数据分析工具进行数据的收集与分析。 5. 短视频营销推广：能够根据网络营销推广需要进行短视频内容定位与策划。能够根据业务需要完成短视频脚本撰写，并灵活运用设备完成短视频拍摄与剪辑。能够灵活运用短视频发布技巧，选择合适的平台进行发布与营销。 6. 直播营销推广：能够根据网络营销推广需求与产品特征，灵活选取合适的直播平台。能够完成直播策划方案撰写。能够根据业务特征进行直播内容定位与直播活动策划。能够组织直播活动的实施。 7. 网络营销推广效果评估：能够根据运营需要制订营销推广效果评估方案。能够对营销推广效果进行监控与分析，撰写效果评估报告。能够根据营销推广效果分析，对微博等主要网络营销推广平台进行运营评估优化。 8. 网络营销推广舆情管理：能够灵活运用网络舆情管理策略。能够对公司的微信、微博、短视频等平台进行舆情危机风险点分析。能够针对可能存在的风险点完成公司网络舆情风险管控应急预案。 9. 网络营销推广策划方案撰写：能够根据网络营销推广需要，撰写网络营销推广策划方案。

续附表2

项目内容与实践组织	教学场所及学习资源
项目一　网络营销认知 【教学目标】 ［知识目标］ 能够描述数据的主要来源、Excel中不同数据类型。 能够理解运营数据、转化数据的相关概念、公式与主要工具。 能够理解用户画像的主要内容，描述构建步骤与方法。 ［能力目标］ 能够根据分析需求，灵活选择合适的运营数据、转化数据指标，对营销数据进行分析。 能够正确使用生意参谋工具。 能够运用Excel进行数据转化与可视化展示，并得出有效结论。 能够使用数据透视表进行消费者偏好分析，构建用户画像。 能够根据网络营销推广需求开展网络市场调研，并撰写网络市场调研报告。 ［素质目标］ 树立“求真务实、实事求是”的市场调研与数据分析工作原则，掌握“具体问题具体分析”的分析思路，具备“用数据说话”的解读问题能力。 将“以人为本”思想作为岗位工作的指导思想和行动指南，树立服务意识，以满足客户需求为出发点，为客户提供多样、个性及定制化服务。 【教学内容】 一、基础知识 1. 数据的来源、类型；运营数据相关公式与概念、分析工具：转化公式、模型。 2. 用户画像主要内容，构建思路、步骤与方法。 3. 网络市场调研数据分类与获取工具、网络市场调研的步骤与方法，调研报告撰写。 二、学徒任务 1. 交易数据分析。 2. 产品SKU分析。 3. 构建用户画像。 4. 网络市场调研报告撰写。	教学场所： 学徒企业 学习资源： 1. 学徒岗位手册 2. 网络资源 3. 网络教学平台
项目二　网络营销推广内容设计 【教学目标】 ［知识目标］ 了解新媒体内容的表现形式，能够描述内容定位原则、流程。 掌握常见电商标题与文案类型。 ［能力目标］ 能够根据网络营销推广需求，完成新媒体内容定位分析。 能够灵活运用相关技巧进行网络营销文案的撰写。 ［素质目标］ 增强在生产与传播内容的过程中，积极宣传正能量的意识。 培养新媒体内容创作者精益求新、开拓创新的工作态度。	教学场所： 学徒企业 学习资源： 1. 学徒岗位手册 2. 网络资源 3. 网络教学平台

续附表2

项目内容与实践组织	教学场所及学习资源
【教学内容】 一、基础知识 1. 新媒体内容表现形式,内容定位原则、流程。 2. 网络营销标题常见形式、网络营销文案撰写。 二、学徒任务 1. 新媒体内容定位分析。 2. 营销文案撰写。	教学场所: 学徒企业 学习资源: 1. 学徒岗位手册 2. 网络资源 3. 网络教学平台
项目三　微信营销推广 【教学目标】 [知识目标] 了解微信营销的特点。 能够描述个人微信营销的内容,掌握个人微信运营的步骤与方法。 能够描述微信公众号申请与认证的流程。 能够描述 H5 营销流程与制作注意事项。 掌握社群规则,能够描述社群构建与维护的方法与步骤。 [能力目标] 能够完成微信营销选题策划,并进行微信个人号营销。 能够根据网络营销推广需要,完成公众号文章写作、美化与推送。 能够灵活运用制作技巧,完成 H5 制作。 能够根据网络营销推广需求,完成社群构建与维护。 [素质目标] 通过家乡农特产品营销推广任务,引导学徒投身乡村振兴、电商兴农,培养服务地方经济和报效家乡的情怀。 遵守平台规则,引导学生养成按规矩办事的工作习惯,将规则意识内化为自身内在品质。 【教学内容】 一、基础知识 1. 微信营销特征、个人微信营销设计与运营。 2. 微信公众号申请、认证,内容编辑与发布。 3. H5 营销流程、内容制作。 4. 社群规则与维护。 二、学徒任务 1. 微信营销选题策划与内容发布。 2. 微信公众号内容编辑与发布。 3. H5 制作与推广。 4. 社群管理与维护。	教学场所: 学徒企业 学习资源: 1. 学徒岗位手册 2. 网络资源 3. 网络教学平台

续附表2

项目内容与实践组织	教学场所及学习资源
项目四　微博营销推广 【教学目标】 [知识目标] 能够描述微博内容的不同发布形式、特点、优势与用户特点。 能够描述微博内容素材库建设的步骤。 能够描述微博常用数据维度。 [能力目标] 掌握微博内容规划的方法,能够根据要求进行微博选题策划。 具备制订微博账号运营计划的能力。 能够根据网络营销推广需要,进行微博话题策划。 能够运用微博数据分析工具进行数据的收集与分析。 [素质目标] 严格遵守新媒体营销职业道德底线和法律红线,输出对顾客有价值的产品。 遵守网络商务活动的相关法律法规,共同营造绿色安全的网络营销环境。 借助微博平台,弘扬社会主义核心价值观,传播企业和社会的正能量,宣扬品牌文化、企业文化和中华民族传统文化,宣传积极向上的流行时代风尚和生活方式。 【教学内容】 一、基础知识 1. 微博内容发布形式、规划原则。 2. 微博话题素材库建立与发布。 3. 微博常见数据维度与分析工具。 二、学徒任务 1. 微博推广内容设计与运营计划制订。 2. 微博话题创建与发布。 3. 微博推广数据分析。	教学场所: 学徒企业 学习资源: 1. 学徒岗位手册 2. 网络资源 3. 网络教学平台
项目五　短视频营销推广 【教学目标】 [知识目标] 能够描述短视频的概念、特征与分类等。 掌握常用短视频拍摄设备特征与使用方法、适用情境。 能够描述常用短视频营销平台的特征。 [能力目标] 能够根据网络营销推广需要进行短视频内容定位与策划。 能够根据业务需要完成短视频脚本撰写,并灵活运用设备完成短视频拍摄与剪辑。 能够灵活运用短视频发布技巧,选择合适的平台进行发布与营销。 [素质目标] 通过短视频营销助农实践项目,引导学徒树立正确的世界观、人生观和价值观,在实践中放飞青春梦想。 了解新媒体营销共享、共赢的特征,培养团队合作、参与奉献、互帮互学精神。 在短视频设计中引入创意、创新,激发创新、创业使命感,树立正确的学习观和成才观。	教学场所: 学徒企业 学习资源: 1. 学徒岗位手册 2. 网络资源 3. 网络教学平台

续附表2

项目内容与实践组织	教学场所及学习资源
【教学内容】 一、基础知识 1. 短视频概念与特征、分类、内容定位，内容策划与创作方法。 2. 短视频拍摄常用工具、拍摄技巧。短视频剪辑常用工具使用方法。 3. 短视频营销特点、主要运营平台、发布技巧。 二、学徒任务 1. 短视频内容定位与策划。 2. 短视频拍摄脚本撰写与拍摄、剪辑。 3. 短视频发布与数据分析。	教学场所： 学徒企业 学习资源： 1. 学徒岗位手册 2. 网络资源 3. 网络教学平台
项目六　直播营销推广 【教学目标】 [知识目标] 能够描述直播平台的特征与规则。 能够描述直播活动流程。 [能力目标] 能够根据网络营销推广需求与产品特征，灵活选取合适的直播平台。 能够完成直播策划方案撰写。 能够根据业务特征进行直播内容定位与直播活动策划。 能够组织直播活动的实施。 [素质目标] 遵守直播平台规则，引导学徒增强法制观念、树立法律意识，懂法纪、明规矩，知敬畏、存戒惧。 直播带货助农增收、让乡村振兴搭上电商快车，增强社会责任感，电商助农践于行，强农兴农记于心。 【教学内容】 一、基础知识 1. 直播营销的概念、特征，主流平台规则。 2. 直播内容策划、内容定位，直播营销活动策划与方案撰写。 3. 直播活动宣传、筹备与技巧。 二、学徒任务 1. 直播平台选择。 2. 直播营销活动策划方案制订与脚本撰写。 3. 直播营销活动实施与数据分析。	教学场所： 学徒企业 学习资源： 1. 学徒岗位手册 2. 网络资源 3. 网络教学平台
项目七　网络营销推广效果评估 【教学目标】 [知识目标] 掌握营销推广效果监控与评测中常见评估指标及其含义、算法。 能够描述微信、微博等常用网络营销推广平台运营效果分析方法及工具。	教学场所： 学徒企业 学习资源： 1. 学徒岗位手册 2. 网络资源 3. 网络教学平台

续附表2

项目内容与实践组织	教学场所及学习资源
[能力目标] 能够根据运营需要制订营销推广效果评估方案。 能够对营销推广效果进行监控与分析，撰写效果评估报告。 能够根据营销推广效果分析，对微博等主要网络营销推广平台进行运营评估优化。 [素质目标] 通过数据的监测、收集与分析，强调数据的真实性、可靠性，提高诚信意识；养成尊重数据、务实严谨的科学态度。 在收集、分析数据资料，讨论疑难问题的过程中，培养团结协作的意识。 及时关注行业发展，从实践中来、到实践中去。 【教学内容】 一、基础知识 网络营销推广效果评估指标，微信与微博营销推广效果分析。 二、学徒任务 1. 营销推广效果评估方案撰写。 2. 网络营销推广效果评估方案总结报告撰写。 3. 微博运营评估优化。	教学场所： 学徒企业 学习资源： 1. 学徒岗位手册 2. 网络资源 3. 网络教学平台
项目八　网络营销推广舆情管理 【教学目标】 [知识目标] 够描述网络舆情管理的重点、难点与管理原则。 能够描述网络舆情危机的特征与类型。 [能力目标] 能够灵活运用网络舆情管理策略。 能够对公司的微信、微博、短视频等平台进行舆情危机风险点分析。 能够针对可能存在的风险点完成公司网络舆情风险管控应急预案。 [素质目标] 互联网不是法外之地，网上言论自由要以遵守法律法规为前提，提升法律意识与媒体素养，净化网络环境。 在正确辨析网络舆情过程中形成正确的思维理念与价值观念，增进舆情管理的学习深度。 【教学内容】 一、基础知识 舆情环境现状、舆情管理特征、管控重难点，舆情危机主要类型与管理原则、管理策略。 二、学徒任务 1. 舆情危机风险点分析。 2. 公司网络舆情风险管控应急预案制订。	教学场所： 学徒企业 学习资源： 1. 学徒岗位手册 2. 网络资源 3. 网络教学平台

续附表2

项目内容与实践组织	教学场所及学习资源
项目九　网络营销推广策划方案撰写 【教学目标】 ［知识目标］ 能够描述网络营销推广策划的原则、步骤。 能够描述网络营销推广策划书内容。 ［能力目标］ 够根据网络营销推广需要，撰写网络营销推广策划方案。 ［素质目标］ 通过案例分析和文案撰写训练，培养职业及日常生活应用文的写作能力。 注重策划方案的客观性、严谨性、时效性，培养高度负责、严谨细致的敬业精神；引导学徒多角度、思辨地看问题，提高分析能力、自我管理能力等。 【教学内容】 一、基础知识 网络营销推广策划原则、策划书内容、策划方案实施。 二、学徒任务 撰写网络营销策划方案。	教学场所： 学徒企业 学习资源： 1. 学徒制岗位手册 2. 网络资源 3. 网络教学平台

参 考 文 献

[1] 张雨雁,应中迪,黄宏．直播电商与案例分析．北京:人民邮电出版社,2022.

[2] 华迎．新媒体营销．北京:人民邮电出版社,2021.

[3] 唐磊．新媒体营销精华．北京:中国水利水电出版社,2020.

[4] 刘旸．短视频与直播电商．北京:人民邮电出版社,2022.

[5] 惠亚爱,乔晓娟,谢蓉．网络营销推广与策划．2版．北京:人民邮电出版社,2021.

[6] 梅琪,王刚,黄旭强．新媒体内容营销实务．北京:清华大学出版社,2021.

[7] 商玮,段建．网店数据化运营．北京:人民邮电出版社,2018.

[8] 许耿,李源彬．网络营销:从入门到精通．北京:人民邮电出版社,2021.

[9] 陈娜,姜梅．微博营销与运营．2版．北京:人民邮电出版社,2021.

[10] 秋叶,萧秋水,刘勇．微博营销与运营．北京:人民邮电出版社,2017.